匡亚明 主编 中国思想家评传丛书

朱之瑜评传

李甦平 著

南京大学中国思想家研究中心

南京大学出版社

中国思想家评传丛书

朱舜水画像
名古屋藩主德川光友笔　绢本墨书
日本名古屋市德川美术馆藏

《中国思想家评传丛书》序

匡 亚 明

伟大的中华民族在长达五千年连绵不断的曲折发展过程中，像滚滚东流的长江那样，以磅礴之势，冲破了重重险阻，奔腾向前，现在更以崭新面貌，雄姿英发，屹立于世界民族之林。这是人类历史上的一个奇迹。产生这一奇迹有诸多原因，其中十分重要的一点，就是我们勤劳、勇敢、智慧的各族人民，在长期的生产活动、社会活动、思维活动和对外交往以及抗击外来侵略过程中，逐渐创造、积累、发展了具有以生生不息的内在思想活力为核心的优秀传统思想文化。这是一种伟大、坚强的精神支柱，是我们民族凝聚力和生命力之所在，是历史留给我们所有海内外炎黄子孙引以自豪的无价之宝。

当然，和各国各种不同传统思想文化一样，在中华民族的思想文化传统中，也是既有精华，又有糟粕，因而全盘肯定或全盘否定，不对；一知半解、信口开河或裹足不前、漠然置之，也不对。郑重而严肃的态度应该是对它进行实事求是的科学的研究和分析，取其精华，弃其糟粕，继承和弘扬这份瑰宝，振兴中华，造福人类。人类历史发展的连续性，就是在不断去粗取精、继往开来和改革创新过程中实现的。继往是为了开来，开来不能离开继往。民族虚无主义和复古主义，都是违背历史发展的辩证规律的。

现在我们国家正处在一个新的继往开来迈向四化的关键时刻。继往就是继民族优秀传统之往，开来就是开社会主义现代化建设之来。对中国传统思想文化从广度和深度上进行系统研究，实现去粗取精的要求，正是继往开来必须完成的紧迫任务。我认为这是中国各族人民，首先是文化界、学术界、理论界义不容辞的光荣职责。但面对这一时间上长达五千年，内容上涉及人文科学、自然科学等各个领域的传统思想文化，将从何着手呢？毛泽东同志早在 1938 年就说过："从孔夫子到孙中山，我们应当给以总结，承继这一份珍贵的遗产。"[1]这是很有远见而又切合实际的英明建议。从孔子到孙中山这两千余年是中国历史上思想文化最丰富的时期，如果总结了这段历史，也就基本上总结了五千年传统思想文化的主要内容。当然，基本上不等于全部。孔子以前和孙中山以后的情况，可以另行研究。因此，我认为首先最好是在时间上从孔子开始到孙中山为止，方法上采取《中国思想家评传丛书》的形式作为实现这一任务的开端。这就是从这段历史的各个时期、各个领域和各个

① 毛泽东《中国共产党在民族战争中的地位》，《毛泽东选集》第 2 卷，人民出版社 1952 年版，第 522 页。

学科(包括文、史、哲、经、教、农、工、医、政治等等)有杰出成就的人物中,遴选二百余人作为传主(一般为一人一传,少数为二人或二人以上合传),通过对每个传主的评述,从各个侧面展现那些在不同时期、不同领域中有代表性人物的思想活力和业绩,从而以微见著、由具体到一般地勾勒出这段历史中中国传统思想文化的总体面貌,揭示其积极因素和消极因素的主要内涵,以利于开门见山、引人入胜地批判继承、古为今用,也为进一步全面系统地总结中国传统思想文化打下基础。自从毛泽东同志提出上引建议后,半个世纪以来,不少专家学者已从各个方面做了许多工作,但对全面完成这个任务来说还远远不够,还要在深度和广度上继续努力。作为"抛砖引玉",本《丛书》只是这个继续努力所应完成的工作的一部分。《丛书》凡二百部,约四千万言,自 1990 年开始陆续出版,争取十到十五年全部出齐。

《丛书》所以用"中国思想家评传"命名,主要是考虑到中国传统思想文化中的核心是生生不息的内在思想活力,而历史事实也反复证明,凡是在各个不同时代不同领域和学科中取得成就者,大多是那些在当时历史条件下自觉或不自觉地认识和掌握了该领域事物发展规律的具有敏锐思想的人。他们取得成就的大小,取决于思想上认识和反映这些规律的程度如何。思想并非先验之物,它所以能反映和掌握这些规律,主要是通过社会实践和对前人思想成果的借鉴和继承。思想一旦形成,反过来在一定程度上又对实践起决定性指导作用。

韩愈说的“行成于思，毁于随”①，列宁说的“没有革命的理论就不会有革命的运动”②，这些话，虽所处时代和所持立场不同，所要解决的问题的性质也不同，但就认识论中思与行、理论（思想的高度概括）与实践的关系而言，确有相通之处，即都强调思想对实践的指导意义和作用。因此我们以“中国思想家评传”命名，就是力图抓住问题的核心，高屋建瓴地从思想角度去评述历史人物，以便对每个传主在他所处时代的具体情况下，如何在他所从事的领域中，克服困难，施展才华，取得成功，做出贡献，从思想深处洞察其底蕴。历史上各个时代富有思想因而能在有关方面取得成就的人，直接阐述自己思想观点的论著虽亦不少，但大量的则是其思想既来自实践（包括对前人、他人实践经验的吸取）又渗透在自己创造性实践之中，集中凝聚在他自己的业绩和事功上，而没有留下论著。另一些人却只留下著作而无其他功绩，对这些人来说，他那些有价值的著作就理所当然地是他的伟大业绩和事功。如果论述一个人的思想而不联系他的业绩（包括著作），必将流于空洞的抽象；同样，如果只讲一个人的具体业绩而不结合他的思想活动，又必将成为现象的罗列。评价思想和评价业绩，两者不应偏废。而不断在实践中丰富和深化的思想活力则是经常起主导作用的因素，强调这个因素，引起人们的正视和反思，正是我们的主旨和目的。当然，思想和思想家，思想家和实践家，都是既有区别又有联系的不同概念，忽视这一点是不对的。《从

① 韩愈《进学解》，中华书局《四部备要》东雅堂本《韩昌黎全集》卷十二第3页。

② 列宁《怎么办》，《列宁选集》第1卷，人民出版社1976年版，第241页。

书》的重点则是放在两者的联系和结合上。至于如何使两者很好联系和结合而又着意于剖析其思想活力,各占多少篇幅或以何种方式表达,则自当由作者根据传主的具体情况创造性地作出妥善安排。

自从人类历史上产生了马克思主义,不仅全人类解放和发展有了划时代的明确方向,学术研究也有了更严密的科学方法,即辩证唯物主义和历史唯物主义的世界观和方法论。根据这一科学方法,在研究和总结中国传统思想文化,特别是联系到《丛书》的撰著时,我认为下列几点应特别引起重视。

一、坚持实事求是的原则。实事求是是贯串在马克思实际活动和理论研究中的主线,离开了它也就离开了马克思主义。只有切实掌握了客观情况,才能得出正确的认识和判断。前者为"实事",后者为"求是",二者相结合,就叫实事求是。事不实则非夸即诬。为了弄清情况,就必须对情况的本质与现象、整体与局部、真与伪、精与粗,作出区别、梳理和取舍,这样才能掌握情况的实质,达到"实事"的要求;然后进一步加以分析研究,找出事物本身固有的真相而非主观臆测的假象,并验证其是否符合人民利益和人类历史前进方向,是否反映科学、技术、文化、艺术的发展规律,这样才能得出正确的认识和判断,达到"求是"的要求。实事求是是治学的基本功夫,是对每个传主的功、过、是、非作出公正评价的必要前提。不论古今中外,对历史人物过高或过低的不公正评价,大都由于未能认真坚持实事求是原则的缘故。

二、坚持批判继承的原则。马克思主义学说就是批判的学说,而批判是为了继承、发展和创新。这就需要我们在实事求是的基础上,既要继承发扬传主业绩和思想中的积极因素,又要批判清除其消极因素。凡传主业绩和思想中体现了诸如爱国主义、民主意识、科学见解、艺术创造和艰苦奋斗、克己奉公、追求真理的精神，即在符合历史前进要求的“立德”、“立功”、“立言”诸方面有显著成就等积极因素者，必须满腔热情地加以继承和弘扬，并紧密结合当前社会主义建设实际，使之深入人心，蔚然成风；凡反映有诸如封建迷信、专制独裁、愚昧落后、丧失民族尊严和违背科学进步等消极因素者，必须以历史唯物主义的观点加以批判，清除其一定程度上至今尚起作用的消极影响，而消极因素经过彻底批判后可转化为有益的教训；凡积极因素和消极因素相混者，更当加以认真清理和扬弃，既发扬其积极因素又摒弃其消极因素。我们力求一点一滴、切实认真地探索各个传主思想和业绩中珍贵的积极因素，使之成为全国各族人民正在从事的继往开来伟大历史工程的组成部分。

三、坚持“百花齐放”、“百家争鸣”的原则。“百花齐放”和“百家争鸣”，是发扬学术民主、促进学术繁荣的正确原则和巨大动力。前者强调一个“齐”字，后者强调一个“争”字，是表示学术上平等、民主和自由的两种不同状态；前者突出的是统一与和谐，后者突出的是区别与争论；两种状态又统一于不断地相互促进和相互补充、转化的持续发展提高过程之中。“百花齐放”、“百家争鸣”的原则体现在撰著评传时，应从“齐放”和“争鸣”出发，综合中外各个时期对有关传主的不同评价，吸取符合客观存在的对的东西，摒弃其违反客观存在的不实的东西，然后创造性地提出经过自己独立思考的、赶前人或超前人的一家之言。同时，对整个《丛书》而言，也有个共性、个性又统一又区别的问题。这就是一方面作者应把“实事求是”、“批判继承”和“百花齐放”、“百家争鸣”这几点作为大家的共性(统一与共识);另一方面,对每部评传的立意、结构和行文(文体、文风和文采等),则主要是作者的创造性思维劳动和雅俗共赏的文字表达艺术的成果,是彼此的个性(区别),不宜也不应强求一律。评传作者都有充分自由去发扬这一个性,力求在对每一传主的评述中探索和展示其积极因素,使之和正在变革中国面貌的伟大社会主义建设实践融为一体,丰富其内容,促进其发展,而不是仅仅停留在对传主思想业绩的一般性诠释上。

我认为,以上三点大体上可以表达《丛书》所遵循的主要指导思想,但也不排除用其他思想和方法得出的有价值的研究成果。

感谢所有关心和支持《丛书》工作的单位和个人,特别感谢《丛书》的名誉顾问和学术顾问。他们的热情关心、支持和指教,使《丛书》工作得以顺利进行。更要感谢所有承担评传撰著任务的老中青学者,他们都以严谨的治学态度,作出了或正在作出对学术,对民族,对历史负责的研究成果。没有他们的积极合作,《丛书》工作的开展是不可能的。《丛书》副主编和中国思想家研究中心、南京大学出版社,在制定《丛书》规划,约请和联系国内外学者,审定书稿以及筹划编辑出版等方面,克服重重困难,做了大量工作,他们的辛勤劳动是《丛书》能按预定计划出版的必要前提。

现在《丛书》开始出版了,我作为年逾八旬的老人,看到自己迫于使命感而酝酿已久的设想终于在大家支持合作下实现,心情怡然感奋,好象回到了青年时代一样,体会到“不知老之将至”的愉悦,并以这种愉悦心情等待着《丛书》最后一部的问世;特别盼望看到它在继承中华民族传统思想文化的珍贵遗产方面，在激励人心、提高民族自尊心和爱国主义思想方面，在促进当前建设有中国特色的继往开来的社会主义现代化物质文明和精神文明的历史性伟大事业中，能起到应有的作用。我以一颗耄耋童心，默默地祝愿这一由一批老中青优秀学者经长年累月紧张思维劳动而作出的集体性学术成果能发出无私的熠熠之光，紧紧伴照着全民族、全人类排除前进道路上的各种障碍，走向和平、发展、繁荣、幸福的明天！

热诚欢迎国内外同仁和各界人士不吝赐教，以匡不逮。是为序。

1990 年 10 月 7 日

内 容 简 介

朱之瑜（朱舜水）是明末清初一位“古怪儒”。本书从朱舜水的学术思想体系及其对中国和日本的影响等方面进行了论述。基于明末的空疏学风，舜水学以“实学”与之相对立。其经济观重实利、历史观重致用、教育观重社会，其哲学讲求践履、政治讲事功。舜水学是对宋明理学中实学传统的继承，而对日本德川朝以后的学术及中国常州学派均产生重要的影响。

A Brief Introduction

This book attempts to evaluate Zhu Zhiyu (Zhu Shunshui), an "eccentric scholar" at the turn of Qing Dynasty, and his influence in China and Japan through the analysis of the system of his academic thoughts. Opposing to the ivory-towered style of study, the Shunshui theory proposed "a practical approach" to study. In this school, economy was viewed in terms of profitability; history was examined on the basis of its referential values; education laid emphasis on its social values; philosophy took practice as its core, and politics was evaluated by its actual effect. The Shunshui theory developed Neo-Confucianism of the Song and Ming Dynasties and imposed a strong influence on Japanese scholarship after Tokugawa period and the Chinese Changzhou School.

目 次

A CRITICAL BIOGRAPHY OF ZHU ZHIYU

CONTENTS

第一章　时代、生平、论著

一、朱舜水生活的时代

朱舜水生活在中国“天崩地裂不汝恤”的明清之际。

明朝末年，土地集中达到了空前的高度。王公勋戚和地主豪绅疯狂地兼并土地。北京、河北、山东、山西、河南、陕西、湖广等地的绝大部分腴田，都被王公、地主、豪绅所侵占。

明末，大明王朝的赋役也很沉重。例如万历四十六年（1618），明政府借口辽东战事紧急，向人民加派“辽饷”，前后三次，共征银五百二十万两，相当于全年总赋税额的三分之一以上。以后，又有各种名目的加派征税，而且不论地方丰歉，土地肥瘠，皆一概按田征银。再加上强征丁银，滥派差役，使得更多的贫苦农民抛弃自己的小块土地，沦为佃农、雇工和奴婢，或成为流民、饥民。

明末，封建国家对农民的人身束缚亦很严重。如有些地区的农民要替地主保家护院，在地主驱使下，无条件地服各种杂役，而且行动不得自由。至于豪绅地主的横暴乡里，王府亲随的荼毒农民，明朝末年更加猖獗。他们在各地"私设公堂"、"吊拷租户"、"驾帖捕民"、"格杀庄佃"，无所不为，引起了广大农民的愤恨。

明末，基于以上种种矛盾，失去土地的农民、破产的手工业工人、关外的大清贵族，成为冲击大明王朝的三股势力。明万历以后，除去被称为"流寇"、"矿盗"、"饥民"、"炭党"的破产农民不断起来反抗外，江苏无锡、浙江嘉兴和福建泉州一带沦为佃民的农民，纷纷聚众宣称不得向地主豪绅输租。与此同时，还有城市中行会的手工业工人，也因为钱贱物贵、生活困难，纷纷组织起来，向东家要求增加工资。全国各地此伏彼起的农民战争如滚滚潮水，冲击着大明王朝。崇祯年间，农民起义军集中在李自成和张献忠的旗帜下，形成了两支劲旅，像两把匕首，刺向大明王朝的心脏。与此同时，民族矛盾也极其复杂、尖锐。当明末农民起义军胜利进军之时，崛起于东北的清贵族已经在关外建号大清，势力日益强大。他们看到明朝政府内部的危机日益激化，早就蓄有消灭明朝的野心。李自成进兵北京，推翻了明朝，清贵族也乘机大举入关。

随之而来的是明清之际的党派矛盾。万历时，以皇帝、宦官、王公、勋戚、权臣为代表的大地主集团，已成为明王朝统治者内部最腐朽、最反动的势力。而另一些中小地主、中下级官吏和一部分地主阶级的知识分子，在政治上是受排挤的。他们认识到当时日趋腐败的政治必将导致明朝的覆亡，为了改良政治，缓和社会矛盾，他们也逐渐形成一股政治力量，和大地主集团展开了斗争。这个大地主集团的反对派，被当时的大地主集团及其党羽称为东林党人。这些“东林党人”经常聚在一起，或“讽议朝政”，或“裁量人物”，抨击当权者。与东林党同时，另一批官吏士绅又组成浙、齐、楚、宣、昆各党派。他们“务以攻击东林排异己为事”。在党争过程中，东林党人反对以皇帝为首的当权派的胡作非为，反对王公、勋戚对土地的掠夺，反对矿监、税监的横征暴敛。“东林党人”的这些主张，基本上符合人民的要求。1627 年，崇祯帝继位。崇祯帝憎恶臣下结党，对敢于评骘朝政的东林党人不抱好感，使东林党人失去了在中枢机关内阁中的地位。在这种情况下，一批青年士子继东林而起，组织了“复社”。复社人士自称“吾以嗣东林”。

就这样，在明清之际，前有“东林”，后有“复社”，面对明末统治者的腐败、农民起义的烽火、清兵的入关……他们忧国忧民，议论时政，抨击时弊，呼号抗清。在抗清运动失败以后，又冷静地回顾和研讨明亡的历史教训，掀起了批评理学的社会思潮。这一社会思潮孕育了明末清初一代人才。

明清之际，李自成攻入北京，崇祯缢死煤山后，王孙贵胄纷纷南下。那时，南方形成两大政派势力。一派以史可法为代表，凡东林、复社人士都追随之。另一派以凤阳总督马士英为代表，阉党余孽阮大铖等都附和之。1645 年 4 月，清军围攻扬州，史可法率部奋战，直至慷慨就义。同年 5 月，清军攻占南京。阮大铖投降清兵，马士英被清军所俘，继而降清。与马士英、阮大铖的投降行为相殊，大部分东林党和复社人士奋力抗清，或以身殉难，或组织义军坚持斗争，或忠贞不屈、绝食而死。

朱舜水就生活在这样一个波澜壮阔、天崩地解的动荡时代。对清军入关的民族仇恨铸成了他“亡国遗民真能不食周粟者”的铮铮铁骨，对明朝沉陆教训的追溯形成了他独具特色的儒学观，对亡国的忠贞驱使他蹈海全节，定居异国，对奸党的不耻决定他屡辞征召，沉寂无闻。

二、朱舜水的生平事迹

考释朱舜水的生平事迹，大约可分为三个时期。

第一时期：睨科举，志经济。

朱舜水的先祖和明太祖朱元璋是族兄弟，在谱系上讲，可以说是皇族。“入国初，先祖于皇帝族属为兄，雅不欲以天潢为累，物色累征，坚卧不赴，遂更姓为‘诸’。故生则为诸，及祔主入庙，题姓为朱。仆生之年，始复今姓。”①朱舜水的父亲名正，号定寰，母亲金氏，生有三子：长子启明，又称之琦，次子重林，又称之瑾，舜水排行第三。父亲在他九岁时便去世了。朱舜水是在贫穷中成长起来的。他在给诸孙男的信中，回忆幼年清贫的生活时，写道：“汝曾祖清风两袖，所遗者四海空囊。我自幼食贫，虀盐疏布。”②

朱舜水自幼聪明好学，最初他跟随同乡慈溪李契玄求学，后又随吏部左侍郎朱永佑及东阁大学士兼吏户工三部尚书张肯堂、礼部尚书吴钟峦研究古学，擅长《诗》、《书》。他曾经从南京松江府儒学生考取恩贡生，考官吴钟峦对他特别赏识，称为开国以来第一人。

① 《答源光国问十一条·六》，《朱舜水集》卷十，第348页。

② 《与诸孙男书》，《朱舜水集》卷四，第45页。

在社会矛盾和民族矛盾的急风暴雨中成长起来的朱舜水，在青年时代就“立经济之志”，用所学的知识经世济民，造福社会。对于仕途，他认为“士惟在有为耳，不在官职之大小崇卑也”①。但成年以后，见“国事日非，世道日坏”，他感时伤事，决定弃绝仕进，隐居田园。他说：“仆幼学之时，固有用行之志。逮夫弱冠不偶，彼时时事大非，即有退耕之心。”②封建社会的衰落以及官僚制度的腐败，使他逐渐产生了退出科举考试的想法。

朱舜水四十岁时，已下定决心不去做官。但是，无奈仕宦门弟的家庭惜他器度不凡，可以大用，于是每逢考试，他又不得不参加，但每每却“徒作游戏了事而已”。舜水曾对妻子讲：

> 我若第一进士，作一县令，初年必逮系；次年三年，百姓诵德，上官称誉，必得科道。由此建言，必获大罪，身家不保。自揣浅衷激烈，不能隐忍含弘，故绝志于上进耳。③

这表明他对明末的官僚科举制已深恶痛绝。事实上，明末的科举制已经变成争夺功名利禄的工具，光宗耀祖的进身之阶。当时的科举考试，以四书五经为内容，以朱熹的注解为标准，严重地束缚了人们的思想。朱舜水对这样的科举制，睥睨为文字

① 《答平贺舟翁书二首·二》，《朱舜水集》卷五，第91页。
② 《答小宅生顺书十九首·一》，《朱舜水集》卷九，第311页。
③ 《舜水先生行实》，《朱舜水集》附录一，第613页。

游戏，非真学问。“以八股为文章，非文章也。志在利禄，不过借此干进。彼尚知仁义礼智为何物？不过钩深棘远，图中试官已耳，非真学问也。”①

此外，朱舜水还对明末热衷仕宦、追逐名利的科举风气，进行了斥责。“明朝以制义举士，初时功令犹严，后来数十年间，大失祖宗设科本旨。主司以时文得官，典试以时文取士，竞标新艳，何取渊源。父之训子，师之教弟，猎采词华，埋头呫哔，其名亦曰文章，其功亦穷年皓首，惟以剽窃为工，掇取青紫为志，谁复知读书之义哉！既而不知读书，则奔竞门开，廉耻道丧，官以钱得，政以贿成，岂复识忠君爱国，出治临民！”② 针对世俗之人以科举为踏入仕途敲门砖的做法，朱舜水表明自己的经世思想说：“世俗之人以加官进禄为悦，贤人君子以得行其言为悦。言行，道自行也。盖世俗之情，智周一身及其子孙。官高则身荣，禄厚则为子孙数世之利，其愿如是止矣。大人君子包天下以为量。在天下则忧天下，在一邦则忧一邦，惟恐民生之不遂。至于一身之荣瘁，禄食之厚薄，则漠不关心，故惟以得行其道为悦。”③

朱舜水为人正直、诚恳，不肯趋炎附势、阿谀奉迎。约在他三十七岁时，有人带了《家谱》找他，自称是朱熹的后裔，认朱舜水为同族。他当即查阅了《家谱》，发现基本相符，只有一世不明。同族人都同意，但朱舜水严肃指出：“一世不明，其不足据便在于此。且子孙若能自立，何必文公？如其不肖，虽以尧、

① 《答安东守约书三十首·三》，《朱舜水集》卷七，第 173 页。

② 《中原阳九述略·致虏之由》，《朱舜水集》卷一，第 1 页。

③ 《与冈崎昌纯书二首·二》，《朱舜水集》卷五，第 101 页。

舜为父，只得丹朱、商均耳。”[1]就这样，毅然予以拒绝。明代以来，朱熹已成为封建社会的圣人，知识分子崇拜的偶像。士子们都以攀附朱熹为荣，但朱舜水却提出“人贵自立，不必攀附紫阳也”[2]。这不仅表明他务实不好虚荣，倔强不肯攀援的性格与情操，而且也说明了他对以朱熹的注释为考试标准的明末科举制的鄙视。

朱舜水这种鄙视科举进仕的思想，一方面是受其祖父和父亲不攀仕途家风的影响，另一方面则是对中国历史上正直的知识分子的优良传统的发扬。这在当时就是发扬了明末东林党和复社人士那种为了国家和民族的命运，敢于伸张正义，忠信正直的品格。

“东林党”和“复社”是明末知识分子以精忠报国为目的而组织起来的学术团体。明朝末年正是中国历史上的风雨飘摇、国事蜩螗之年。神宗统治时期，以皇帝、宦官、王公、勋戚、权臣为代表的封建统治层中最反动、最腐朽的势力，操纵朝政、政治黑暗、军事窳败、财政拮据，而苛征暴敛日渐繁重。人民反抗事件也层出不穷。由于明朝国力渐衰，崛起于关外的满洲贵族也逐渐不服明朝中央政府的管辖，以至发展成为对明朝的威胁。面对这种国事艰难的形势，万历二十一年(1593)任吏部文选司郎中的顾宪成同顾允成、高攀龙、安希范、刘元珍、钱一本、薛敷教、叶茂才(时称东林八君子)于万历三十二年(1604)修复了宋代学者杨时(时称龟山先生)讲过学的“东林学院”(现为江苏无锡市东林小学)，制定了《东林会约》，由此被称为

① 《答源光国问十一条·六》，《朱舜水集》卷十，第348页。

② 《朱舜水别传》，《朱舜水集》附录一，第637页。

"东林党"。

东林党人标榜气节，崇尚实学。他们在讲学中经常触及社会现实问题，议论如何改变政治腐败、民不聊生的状况。例如：他们强烈要求改变宦官专权乱政的局面，竭力反对皇帝派遣矿监、税吏到各地进行疯狂掠夺、横征暴敛，主张既重视农业，也重视工商业，要求惠商邮民、减轻赋税、垦荒屯田、兴修水利，反对屡见不鲜的科举舞弊行为，主张取士不分等级贵贱，按照个人材志，予以破格录用，提倡加强在辽东的军事力量，积极防御满洲贵族的进攻。这些正确的建议和主张，却遭到了以魏忠贤为首的阉党的反对。魏忠贤为了把持朝政，企图将东林党人一网打尽。他于天启五年(1625)十二月，以朝廷的名义，把东林党人姓名榜示全国，共三百零九人。凡是榜上有名的，生者削职为民，死者追夺官爵。一时间，京师内外，遍布魏忠贤的密探。东林党人一被发现，立刻被捕拷打，甚至遭割舌、剥皮的酷刑。面对魏忠贤极端恐怖的黑暗统治，大部分东林党人都不顾个人安危，铁骨铮铮，至死不屈，充分展示了东林党人的凛然气节——赤诚爱国，忠直不阿的高风亮节。

崇祯帝即位后，远忠直、亲邪佞，对敢于评骘朝政的东林党不抱好感。由于他的刚愎自用，拒绝是非，使已经极端腐败的明朝每况愈下。在这种情况下，一批青年士子继东林而起，组织了"复社"。明代士大夫以文会友之风甚盛。崇祯初年，江南有许多文社。著名的有太仓人张溥、张采创立的"应社"，华亭人夏允彝、陈子龙创立的"几社"，还有别的许多社。后来，这些文社合并为"复社"，推文名最大的张溥为盟主，于崇祯六年(1633)大会于苏州的虎丘。大江南北的士人参加复社的，据记载约有两千多人。这是明代，也是中国封建时代规模最大的一个知识分子结社。复社人士自称"吾以嗣东林"。这表明了复社继承了东林党的传统。即论文兼评时政，把关心国事当作自己的座右铭，忠贞报国，真实无伪。因此，复社声讨阉党余孽阮大铖之举，成了明末一桩重大的政治事件。崇祯十一年(1638)，复社人士会集南京，起草了《留都(南京)防乱公揭》。这篇檄文揭露阮大铖在过去充当魏忠贤的爪牙，迫害东林党人的罪行以及他仍在策划卷土重来的阴谋，表示了复社壮士决心"为国除奸"，不翦除阮贼誓不罢休。檄文义正辞严，掀起了一场声讨阮大铖的运动。阮大铖成了过街老鼠，有五六年不敢出头露面。

崇祯十七年(1644)五月，关外清军攻占北京，使全国形势发生了一个根本性的变化。这时，凤阳总督马士英与阮大铖密谋，认为庸怯的福王朱由崧容易控制，就拉拢江南的几个总兵，依仗武力，拥立了福王朱由崧。这就是明末的第一个南明政权。马士英把持朝政，将其密友阮大铖任命为兵部侍郎(后升任尚书)。由此，大多数复社人士坚决不同马、阮同流合污。

朱舜水继承了"东林"和"复社"疾恶如仇、刚直不阿的传统，对马士英的征召，屡辞不就。这充分体现了朱舜水的处世原则和品格——睨科举之制，抱经世之志的为人处世原则和不为高官厚禄，与恶势力同流合污，而为国家、民族的利益，追慕正直、忠贞的品格。用他自己的话说，就是"修身处世，一诚之外更无余事"①。

崇祯十七年(1644)，舜水四十五岁。李自成攻陷北京。崇祯皇帝缢死煤山。不久，福王朱由崧即位于南京，改元弘光。这

① 《杂著·诚二首·一》，《朱舜水集》卷十七，第495页。

时，江南总兵方国安推荐朱舜水，并奉了皇帝的诏命特别征召他，舜水不就任。弘光元年(1645)正月，皇帝又下令征召他，舜水还是不就任。四月，在荆国公方国安再次推荐下，朝廷任命他作江西提刑按察司副使兼兵部职方司郎中，监荆国公方国安军，舜水仍然不就任。据朱舜水自已在《答源光国问先世缘由履历》一文中所讲，从四十五岁到五十八岁，"通计征召荐辟除拟，除亓院疏荐外，凡壹拾贰次，始终不受。"①

朱舜水之所以屡次拒绝征召的原因，是由于南明朝廷的当政者马士英是一位奸相，他与阉党余孽阮大铖等勾结在一起，不以民族利益为重，专以争权夺势、腐化享受为能，致使清兵南下，到处虏掠烧杀，使人民深受其害。朱舜水继承了"东林"和"复社"的传统，对他们深恶痛绝，耻与之同列，所以当马士英派遣亲信，托朱舜水的亲家何东平再三劝勉他出任时，舜水想：如果接受征召，一定会得到马士英的重用，既受重用，自然要感恩图报；如果相与首尾，就是和奸臣同党而成为天下万世之罪人。故而，他不顾身家性命的危险，力辞征召。于是，马士英等人就纷起攻击，责备他违抗皇上的旨意。在封建时代，违抗皇旨是有罪的。朝廷之中，交章弹劾他，说他不遵朝廷之命，没有人君的礼节，声言要抓捕他。在这种情况下，朱舜水不得不星夜遁逃，才免于被逮捕。朱舜水看到马士英、阮大铖等奸人枉法弄权，南京的偏安朝廷毫无振作，深感天下事不可为，乃不得不由海滨逃亡到日本长崎，等待时机，另图别策。

第二时期：抗清兵，荡忠魂。

朱舜水是明朝末年最有民族气节的知识分子之一。在明

---

① 《答源光国问先世缘由履历》，《朱舜水集》卷十，第352页。

清嬗代之际，他为了匡复明室，驱逐满清，曾三赴安南(越南)、五渡日本，奔走于厦门、舟山之间，向日本乞师复仇。耿耿忠心，一腔至诚，表现出了强烈的民族气节和情操。

南明隆武元年(1645)五月，清兵攻陷南京，福王出走。福王败亡后，明室产生了两个领导权力，即唐王和鲁王。不久，清兵攻取福建，杀了唐王。此时，鲁王率领部下进占南澳岛，然后攻取舟山群岛。这时候，朱舜水曾几次往返于日本与舟山之间。在舟山的时候，他和经略直浙兵部左侍郎王翊，深相缔结，并且与舟山诸将密商恢复明朝的方策。他之所以屡次去日本，是想仿效申包胥，借兵复楚之举，借日本援兵资助王翊，以恢复中原。

鲁王监国五年、清顺治七年(1650)，朱舜水漂浮海上，被清军发现，白刃合围，逼迫他髡发投降。但舜水谈笑自若，毫不惧怕，誓死不降。同舟刘文高等人被他的义烈所感动，驾舟送他回舟山。

鲁王监国六年(1651)，朱舜水以五十二岁高龄又去日本借兵，并从日本至安南。当他正要从安南返回舟山时，舟山和四明山寨都被清兵攻陷了。鲁王走避厦门，舜水的最好师友王翊、朱永佑、吴钟峦等人，也都先后为国殉节。尤以王翊死事最惨，足以表现民族气节。据全谢山《鲒埼亭集·王公墓碑》记载：王翊，字完勋，浙江慈溪人，徙居余姚。监国二年，他聚兵结社以屯，蔓延四明八百里，气势颇大。舜水和王翊深相缔结，两人经常密商恢复明室的方策。由此，舜水视王翊为平生唯一知友。监国六年、清顺治八年七月，王翊在清兵围寨数月后，顽强抵抗，最终被清兵所执。他被擒后，在狱中每日从容束帻，掠发修容。临死前写绝命诗道：“平生忠愤血，飞溅于群凶。”书毕，将笔投向清帅面孔，仰天大笑说：我要叫你们见识见识汉官的威仪。清军对他恨之入骨，许多人集合起来，用乱箭将他射死。但王翊至死挺立胸膛，面不改色，壮烈牺牲。王翊殉节那天，正好是旧历中秋十五。朱舜水闻知，大为悲痛。他说："中秋为知友王侍郎完节日，惨逾柴市，烈倍文山。仆至其时，备怀伤感，终身遂废此令节。"[①]又说："十五日为知友王侍郎殉忠之日，此日不喜接见一客，亦不至于谈笑。"[②]朱舜水对亡友的真挚缅怀，表示了他对大明王朝的赤胆忠诚和抗清复明的决心。

鲁王监国九年(1654)三月，鲁王降诏征召朱舜水，但因舜水东西飘泊，住处不定，不能很快到达。舜水在交趾时，才辗转收到诏书。鲁王在诏书中责备他"托谕占城，去而不返，背君苟免，史氏讥之"[③]。希望他尽快回国效力。朱舜水捧着诏书唏嘘慷慨，想转赴厦门，返回舟山。但苦于无交通工具不能返国，于是，只得给鲁王一封书信，陈述他为恢复明王朝而在海外经营、筹资觅饷的苦心。舜水在丁酉《谢恩奏疏》中说："去年委曲求济，方附一舟。意谓秋末冬初，便可瞻拜彤墀，伏陈衷曲。臣数年海外经营，谓可得当以报朝廷，当与藩臣悉心商确，不意奸人为梗，其船出至海口，半月而不果行。复收安南，愤结欲绝。……今谋之十年，方喜得当。意欲恢弘祖业以酬君父，以佐劳臣；……"[④]这表明舜水为恢复大明河山，时时辛劳，日日经营。在他苦心策划下，终获一救国良策。虽然这一良策，今

① 《答田犀书二首·一》，《朱舜水集》卷八，第252页。
② 《答野节书二十八首·二十》，《朱舜水集》卷八，第229页。
③ 《安南供役纪事·附监国鲁王敕》，《朱舜水集》卷二，第34页。
④ 《安南供役纪事·附上监国鲁王谢恩奏疏》，《朱舜水集》卷二，第31页。

人无法考察，但由此可见朱舜水对明王朝一如既往的赤胆忠诚。

正当朱舜水在安南等船返国之时，安南国王需要识字的人担任书记之职，有人推荐舜水，府吏便把他捉到官府去，面试作诗写字。舜水不肯作诗，只写道：

> 朱之瑜，浙江余姚人，南直松江籍。因中国折柱缺维，天倾日丧，不甘剃发从虏，逃避贵邦，至今一十二年，弃捐坟墓妻子。虏氛未灭，国族难归。溃耄忱焚，作诗无取。所供是实。①

府吏把他拘囚起来，严密监视他。后来安南国王召见他，他不肯下拜。这激怒了国王和文武大臣，认为他挟中国的威势，欺凌小国，一定要杀他。同行的人也都劝他下拜。舜水大声说，前天从会安来的时候，已经和亲友作过死别了，今日我为遵守礼节而死，毫无遗憾。于是，安南国王天天派人在他寓所附近杀人，先枭其首，再收骨肉剁碎，抛散满场，招致乌鸢犬豕竞来就食，以恐吓他，但舜水绝不被威武所屈，始终不拜。舜水的行为终于感动了国王，不但不杀他，反而请求他在安南做官，以“太公佐周而周王，陈平在汉而汉兴”相诱。但是，朱舜水坚决不答应。安南国王派人写一“确”字，探问舜水的意思。朱舜水作《坚确赋》回报安南国王，以表自己坚贞的志操。朱舜水在安南的遭遇，证明他不愧是一位爱国的知识分子。这就是朱舜水以五十八岁高龄遭遇到的安南供役之难。

安南供役之难，舜水被羁五十余日，与死为邻。为铭记这

① 《安南供役纪事》，《朱舜水集》卷二，第15页。

段老年之难，朱舜水逐日记有日记，并取“庶人召之役则往役”之义，取名为《安南供役纪事》。其“自序”云：

> 愧我中夏沦胥，外夷闰位，天既不赋瑜以定乱之略，瑜何忍复生其任运之心。是以逋播异邦，流离一十三载，间关瀚海，茹荼百千万端，庶几天日再明，沉州复陆。乃忽有安南国王檄召区区，相见之际，遂为千古臣节所关，不死不足以申礼；然徒死亦不足以明心，不得不亲至其廷，往返辩折。况瑜大仇未复，又何肯轻丧于沟渠？故不亢不挠，以礼譬晓。国王之识习局于褊浅，而才气颇近高明。谗夫鸮张，极力煽其焰；元臣钳口，无或措一辞。独立支撑，四面丛射。逼勒有甚乎卫律，嗟叹无闻于李陵。虽十一日磨厉之锋，不敢轻试；而三百年养士之气，未得大伸。谨将逐日问答、行略、书札，录为一卷。芟其诸臣问难，嫌于繁冗也。隐其行间机务，为彼缜密也。子卿以奉使困饥雪窖，洪皓以迎请流递冷山，节烈尚矣！瑜则无所奉也。无所奉则不必记；然关于国也，关于国则不敢不记。因志之曰《安南供役纪事》云尔。①

舜水的这一“自序”折射出他为维护大明王朝声誉而不卑不亢、视死如归、至诚爱国的高尚人格。这也诚如舜水所说：

> 仆事事不如人，独于“富贵不能淫，贫贱不能移，

---

① 《安南供役纪事》，《朱舜水集》卷二，第14页。

威武不能屈”，似可无愧于古圣先贤万分之一。一身亲历之事，固与士子纸上空谈者异也。①

朱舜水在安南的遭遇证明他不愧是一位爱国的知识分子，也反映了他言行一致、坚贞不屈、精诚无伪、壁立千仞的人品。为此，梁启超赞美朱舜水说：“先生方正强毅，镇静温厚，诸美德皆一一表现，实全人格之一象征也。”②

安南供役之难后，舜水继续奔走海上，“雅有意于经历外邦，而资恢复之势”。他时时以国事为念，“欲审察时势，密料成败，故濡滞沿海，艰厄危险，万死如发”。③ 由于屡受挫折，朱舜水的处境越来越艰难。但他抗清的意志至死不衰，复明的决心始终不变。

永历十三年、清顺治十六年(1659)五月，延平郡王招讨大将军郑成功和兵部侍郎张煌言会师北伐。六十岁的朱舜水应郑成功的邀请，参加了这次战役。收复瓜州，攻克镇江，舜水都亲历行阵。但这次行动最终遭到了失败。朱舜水衡量当时的局势，不禁浮现起了这样一个悲壮的观念：声势不可敌，失地不可复，与其在内地做异族的奴隶牛马，不如蹈海全节，以保存民族正气。于是，六十岁的朱舜水学鲁仲连不帝秦的精神，东渡日本，留居长崎。

遭逢“阳九之厄”的朱舜水虽然身处异国，却心系祖国。为恢复明朝的一统江山，他冷静地回顾和研讨明亡的历史教训，

---

① 《答小宅生顺书十九首·一》，《朱舜水集》卷九，第311页。

② 《朱舜水先生年谱》，《朱舜水集》附录一，第674页。

③ 《舜水先生行实》，《朱舜水集》附录一，第615—616页。

在明亡后的第十七年，写下了著名的《中原阳九述略》。这篇著作共分四章，第一章题名“致虏之由”，是对明亡原因的追述。舜水认为明亡的原因主要有二：一是政治腐败，“中国之有逆虏之难，贻羞万世，固逆虏之负恩，亦中国士大夫之自取之也。语曰：‘木必朽而后蛀生之。’未有不朽之木，蛀能生之者也”。二是学术虚伪，明末科举制成了文人士子攫取个人功名的手段，所以人们穷年皓首于猎取词华、埋头呫哔之中，不知读书以出治临民之义哉！第二章论“虏势二条”，是对清军势力的分析。一条论天启、崇祯年间，边臣失职，致虏披猖；二条论虏入中原后，搜括征发，使天下骚然。第三章讲“虏害十条”，是对满清罪行的揭发。舜水痛斥清人入主中原后的十大罪状有：1. 东人之害，自江以北至南京。2. 沿海有边防、养兵、藏匿、接济之害。3. 近海有造船、帮工、值匠之害。4. 签发舵梢之害。5. 内地有签派船料、搬运木植之害。6. 省会近城各郡有放债举息、买官附营之害。7. 仕宦有配发上阳堡、宁古塔之害，并入旗披甲之害。8. 买官但计有钱，不问色目之害。9. 打老鼠之害。10. 拆房屋之害。第四章为“灭虏之策”，是对灭清复明提出的方策。“灭虏之策，不在他奇，但在事事与之相反。”舜水举例说：“彼以残，我以仁；彼以贪，我以义。解其倒悬，便已登之衽席；出之汤火，斯为沃之清凉。则天下之赤子与天下英雄豪杰，皆我襁褓之子，同气之弟，安有不合群策，毕群力，以报十七年刺骨之深仇哉？逆虏虽有神谋秘策，亦无所再施。况黔驴之技久穷，山鬼之术尽露。全为百姓勘破，毫无足惧。故知一败涂地，必不可支也。”篇末署“辛丑年六月望日，明孤臣朱之瑜泣血稽颡拜述”。耿耿忠义之情，力透纸背。

舜水一直盼望中原能有恢复的一天，为此，他每日向南而泣血，背北而切齿。并且，他滞日期间生活十分节俭，死时居然储蓄了三千余金，这是他企图恢复国家的经费。舜水抗清复明的真心诚意，真可谓惊天地、泣鬼神。这诚如黄遵宪在《日本杂事诗》中所说的那样：

海外遗民意不归，老来东望泪频挥，
终身耻食兴朝粟，更胜西山赋采薇。

第三时期：唱儒学，传道脉。

《清史稿·遗逸传》云："太史公伯夷列传，忧愤悲叹，百世下犹想见其人。伯夷、叔齐扣马而谏，既不能行其志，不得已乃遁西山，歌采薇，痛心疾首，岂果自甘饿死哉？清初，代明平贼，顺天应人，得天下之正，古未有也。天命既定，遗臣逸士犹不惜九死一生以图再造，及事不成，虽浮海入山，而回天之志终不少衰。迄于国亡已数十年，呼号奔走，逐坠日以终其身，至老死不变，何其壮欤！"[①]朱舜水就是这样的逸士。在明亡以后，朱舜水也像与他同时代的重要代表人物顾炎武、黄宗羲、王夫之一样，在不同的地方，以不同的方式，为了一个共同的目的，各自作出了特殊的贡献。

明朝沉陆，内外交困，士大夫们惟知分门户、竞权威，鱼肉闾阎、毁败宪章，神州陆沉而不悟。而犹有能为天地立极、为生民立命、存道术于绝续之交、维人伦于毁败之余者，这就是：

顾炎武反对"空虚之学"，主张"明道救世"，强调研究现实，作为一代学术新风的开创者之一，他在学术上的贡献，突

① 《清史稿》卷五百，中华书局 1978 年版，第 13815—13816 页。

出地表现于大力提倡“经世致用”之学。

黄宗羲作为一代启蒙学者，在《明夷待访录》中勇敢地抨击封建君主专制制度，在《明儒学案》中极力提倡治史要与“万民之忧乐”相联系，同他“为万民，非为一姓”的政治思想相吻合，使他的史学观更具有重要的现实意义，由此成为清代史学的奠基人。

王夫之精研经史，明辨博学，融百家之精华，成一家之宏论，因之在中国哲学史上发挥了承前启后的关键作用。

朱舜水乃避居海外，传播儒学，济世淑人，流芳异域。日本德川时代初期，空言心性之风盛行，是朱舜水力挽狂澜，矫其空虚之风。至天祐之后，日本儒学以经世治民为要，不务空谈虚，重礼尚实，蔚然成风，有益于日本国民。这都有赖于朱舜水之力。舜水是日本儒学发生转机的关键人物，他传儒学于异国，其日本的门人弟子，英才辈出，佼佼者如德川光国等，其著《大日本史》，标“尊王一统”之义，实开明治维新思想之先河。舜水是日本明治维新的启蒙导师。梁启超评论他的功绩说：“德川二百年，日本整个变成儒教的国民，最大的动力实在舜水，后来德川光国著一部《大日本史》，专标‘尊王一统’之义。五十年前，德川庆喜归政，废藩置县，成明治维新之大业，光国这部书功劳最多，而光国之学全受自舜水。所以舜水不特是德川朝的恩人，也是日本维新致强最有力的导师。”[①]此说确有见地。

朱舜水从六十岁起流寓日本讲学，一直到八十三岁去世

① 梁启超：《中国近三百年学术史·两畸儒》，东方出版社 1996 年版，第 101 页。

为止，前后二十三年时间，造就了无数日本学生，“与日本近代文化极有关系”。

朱舜水初到日本时，正是德川幕府锁国时期。按照日本的规定，不留华人已有四十年。但日本学者安东省庵钦佩舜水的学问道德，拜他为师，固请他留住日本，并上书长崎镇巡，破例允许他留居日本。从此，朱舜水在长崎居住了七年，努力传播中国儒学，希望奠定中日两国友好关系的基础。

清康熙三年、日宽文四年(1664)，水户侯德川光国仰慕朱舜水的才识，特遣儒臣小宅生顺到长崎访问舜水。小宅生顺与他谈古论今，倍赏他的才德文行。于是，德川光国报请朝廷批准，正式聘请朱舜水为宾师，请他到首都江户(今东京)讲授儒学。从此之后，舜水在江户、水户等地进行公开的儒学讲演活动，一直到去世。朱舜水记述当时水户学者听讲的盛况说道：“水户学者大兴，虽老者白须白发，亦扶杖听讲。且赞儒道大美，颇有朝闻夕死而可之意。”①

当时，日本许多学者敬慕朱舜水的高风亮节，渊博学识，从四面八方前来请教于他。为此，舜水在给安东省庵的信中说：

> 贵国山川降神，才贤秀出，恂恂儒雅，蔼蔼吉士，如此器识而进于学焉，岂孔、颜之独在于中华，而尧、舜之不生于绝域?②

朱舜水也以传中华之道脉为己志，以诲人不倦的精神，传播中

① 《与安东守约书二十五首·二十五》，《朱舜水集》卷七，第169页。

② 《与安东守约书三十首·一》，《朱舜水集》卷七，第169页。

国儒学。舜水收徒讲学，身体力行，严格要求，批改文字则一丝不苟。舜水与日本学者广泛接触，不分贵贱，以诚相待，不论是来往问答或是相互讨论，都不辞劳苦。日本学者对朱舜水“如七十子之服孔子”，以示对他的尊敬和热爱。

德川光国是日本水户学派的领袖。他对朱舜水竭诚尽敬，执以宾师之礼。德川光国有兴建学校之意，得到朱舜水的支持；康熙八年(1669)光国正式建学宫，请舜水制定释奠仪注，并率儒生释奠礼；光国组织编写《大日本史》，以舜水的受业弟子安积觉为总编；德川光国的史学观点以“尊王爱国”、“大义名分”为宗旨，对后来的日本明治维新运动产生了一定影响作用，而光国的思想渊源即来自朱舜水的思想。

康熙八年(1669)，朱舜水七十岁。他根据古人“致仕”之礼，请求辞归。但无奈德川光国嘉许他的纯笃，诚恳地慰留，舜水只好同意继续讲学。德川光国考虑到朱舜水年迈体衰，在生活上更加关心他。寒暑风雨，必定问候他的起居，供养他的肴馔牲畜；更可怜他久居异邦，乡音断绝，叫他寄信回家，并允许招一孙儿前来侍养。

康熙十八年(1679)，朱舜水八十岁。德川光国又设养老礼节，亲自到他的住所祝寿。康熙二十一年(1682)，朱舜水设宴招集亲友及门人。他勉强坐起，谆谆教诲，作诀别之谈。四月十七日，这位八十三岁的老者，溘然长逝。德川光国叹息不已，亲自送葬、亲题神主，世子也参加了他的葬礼。朱舜水的遗体埋在常陆久慈郡大田乡瑞龙山麓。

三、朱舜水著作考释

朱舜水没有宏篇大作。他去世后，加贺侯前田纲纪命儒臣源刚伯(为朱舜水弟子)编辑他的著作，这就是《明朱征君集》十卷本。

其后，德川光国命水户儒臣编辑朱舜水的著作二十八卷，皆是他在海外所作文字。舜水六十岁以前在中国的作品，一无所及。住在长崎时的著作，是他死后由安东省庵收录的，其中包括他在交趾时的作品。1682年冬，朱舜水住地发生火灾，水户侯命令府下人士取出收藏的朱舜水遗稿，旁搜博采，编辑成书，题有："门人权中纳言从三位源光国辑，男权中纳言从三位纲条校"。卷首有安东守约序，康熙五十四年(1715)刊于京都，即《舜水先生文集》的流行本，世称水户本。

明治末年稻叶君山博士始合校《明朱征君集》十卷本和水户本，其中相同的，都采取水户本，并收录水户本所没有的，又从清人张廷枚《姚江诗存》中辑到朱舜水诗十五首，名《泊舟稿》，系舜水在明所作。又搜集舜水的雕像、墓影、墨迹等，合编为《朱舜水全集》。开卷有男爵后藤新平的序，明治四十五年(1912)东京文会堂铅印本。这就是朱舜水著作中较完备的稻叶本。

辛亥革命时，朱舜水的遗著正式传入中国。1913年，浙江杭州人马浮采取稻叶本，重订为《舜水遗书》二十五卷，卷端有汤寿潜的序。梁启超的《朱舜水先生年谱》即据此本。1936年，世界书局以此本重新发行，称为《朱舜水全书》。1981年，中华书局出版了由朱谦之整理的二十二卷本《朱舜水集》。其内容包括诗、赋、疏、揭、书、启、议、序、记、跋、论、辩、赞、箴、铭、策问、杂帖、答问、杂说、碑铭、祭文、字说、札记、批评、杂著、《中原阳九述略》、《安南供役纪事》等,附录加进了梁启超的《朱舜水先生年谱》等。1984年第二次印刷,为朱舜水思想研究提供了方便。

1992年,台湾学生书局出版了徐兴庆先生编注的《朱舜水集补遗》。这部书是作者根据日本九州历史资料馆分馆柳川古文书馆公布的《安东家史料目录》中的资料,将中华书局出版的《朱舜水集》未刊载的资料,编注而成书。这部书为研究朱舜水思想,提供了新的资料。

第二章　舜水学理论体系(上)

朱舜水和王阳明是同里，又与黄宗羲同在舟山抗清一年(不见有交往之记载)；舜水忠烈过夏峰(孙奇峰)，艰苦迈二曲(李颙)；他学行宗旨与顾炎武无二，精研经史又不逊于王夫之，但王阳明创立的阳明学因可与朱子学相抗衡而成为中华民族哲学思维的一个高峰，顾、黄、王也因开启一代哲学新风，而成为明清之际哲学大家，就连孙奇峰和李二曲的哲学思想，也因其独特性而成为后辈学人研讨的对象。惟有朱舜水的学旨思想，在中国深藏若虚，沉寂无闻。

其实，朱舜水以他的学思、德行和业绩，为中华民族留下了一份宝贵的精神遗产——舜水学。这种被泯灭了的舜水学，以“实”字标宗。也就是说，在哲学思维上，朱舜水强调“学问之道，俱在践履”。在政治和经济思想上，舜水主张“经邦弘化，康济艰难”。在史学观上，舜水高唱“下学上达，通经致用”。在道德教育上，舜水倡导“性成于习，德立于诚”。可见，以“实”为基本特色的舜水学，又为中华民族绚丽多彩的明清哲学，增添了一道风景线。

一、舜水学之哲学观——践履论

朱舜水的哲学思想以批评宋明理学为主脉，以强调实践为特点。他上继陈亮，下启颜元，继承、发扬了中国古代唯实、唯物的优良传统，与其同时代的哲学家黄宗羲、顾炎武、王夫之等共开哲学思想一代新风。

（一）舜水学之“道”：道在彝伦日用。

宋明理学是中国封建社会后期的统治思想。从 11 世纪到 17 世纪，历时七百年之久。理学比中国历史上出现的经学、玄学、佛学的流行时期都长，因此对中国哲学思想的发展具有决定性的作用。在中国哲学发展史上，自宋明理学形成以后，哲学基本问题由天人关系转化为理与气、道与器的关系问题。这一转化，标志着哲学思想的深化。其中，“理”范畴成为理学的基本范畴。

理学的奠基者程颐和程颢曾说过：“吾学虽有所受，天理二字，却是自家体贴出来。”[1]二程关于“理”的论述，主要有：

天理云者，这一个道理，更有甚穷已？不为

① 《河南程氏外书》卷十二。

尧存，不为桀亡。人得之者，故大行不加，穷居不损。这上头来，更怎生说得存亡加减？是它元无少欠，百理具备。[1]

理无形也，故因象以明理。理既见乎辞矣，则可由辞以观象。

理者，实也，本也。

天下物皆可以理照，有物必有则，一物须有一理。

视听言动，非理不为，即是礼。礼即是理也。

雷自有火。如钻木取火，使木中有火，岂不烧了木？盖是动极则阳生，自然之理。[2]

以上论述表明，二程思想中“理”的涵义为：“理”是世界万物存在的根源，亦是独立于世界万物而存在的观念。“理”是形而上者，它超乎形器而无形体，但理非虚而是实。“理”是世界万物的“必然”和“所以然”。“理”是道德伦理的准则和原理。“理”是自然之理或事物的规律。可见，二程思想中的“理”是多层次、多意义的一个哲学范畴。这样一种“理”范畴，经理学大师朱熹的进一步理论化、哲学化，也就更臻于完善化、哲理化。

不过，理学发展至明代末期，即朱学末流时，“理”范畴中作为“实理”的“理”和作为自然规律的“理”的意义，已不被世人和学子所重视，人们着意发挥的是作为伦理道德层面的“理”和形而上的观念的“理”。明代统治阶层也正是抓住这一点，大肆鼓吹“存天理，灭人欲”，使理学成为统治世人的一种

① 《河南程氏遗书》卷二上。

② 《河南程氏遗书》卷二十一上，卷十一，卷十八，卷十五，卷十八。

精神武器。于是，理学家的“理”便压在人们头上，十分沉重，掀也掀不掉。

朱舜水客身海外，无所顾忌，面对“天理横流”的现实，对理学进行了全面的抨击。为了击碎压在人们头上的天理“华盖”，舜水提出了“道”范畴，作为投向“理”的匕首。舜水思想中的“道”，系指通俗浅易、看得见摸得着、有实际效益的“现前道理”，也就是实实在在的具体事物之理、事物之道。舜水认为“道在彝伦日用”。这就是说，“道”不是形而上的精神本体，而是“万物自然之则”。具体事物是第一位的，“道”只是事物的性质，它不能脱离实际事物而存在，而就在彝伦日用之中，衣食住行之间。如舜水说：

> 圣贤要道，止在彝伦日用。彼厌平淡而务空虚玄远者，下者心至颠蹶，上者亦终身沦丧已尔。究竟必无所益也。①

这就是说，有事物即有事物之“道”，并不是超越具体事物悬空有一个“道”。朱舜水的这种“道”论思想，是对陈亮“道非出于形气之表，而常行于事物之间”② 和“舍天地则无以为道”③ 的唯物、唯实的道器观的继承。

诚然，“道”范畴也是理学家使用的一个重要范畴。如在二程哲学思想中，“道”相当于“理”。

---

① 《颜子像赞》，《朱舜水集》卷十九，第561页。

② 陈亮：《勉强行道大有功》，《陈亮集》卷七。

③ 陈亮：《又乙巳春书之一》，《陈亮集》卷二十。

理便是天道也。

天地常久之道,天下常久之理,非知道者孰能识之?

其体则谓之易,其理则谓之道,其命在人则谓之性,其用无穷则谓之神,一而已矣。①

可见,理学家思想中的"道"是形而上之道,是脱离具体事物(器)的道。这重意义的"道"也就是"理",故与舜水学中的"道"的意思截然相悖。

舜水学中的"道",强调"道"存在于具体事物之中,是事物的性质和规律。这种"道"论,可与他同时代的思想家黄宗羲、王夫之引为同调。黄宗羲视"道"为太极、为气。他认为天地间充满着气,万物都由一气构成。气的运动变化,往来交感而形成阴阳二气。一阴一阳就是"道","一阴一阳之为道,道即太极也。离阴阳无从见道"。② "道"就是太极,以太极名道,表明道是最高范畴,但它又离不开阴阳二气,是阴阳二气的统一体。王夫之视"道"为实有太虚之气,即视道为阴阳细缊未散的太虚(太和)本体。他认为阴阳细缊相得的太虚之气,是道本来的实体,而道也就是"于太虚之中具有而未成乎形"的阴阳二气的统一体。与黄、王视"道"为"气"的思想相比较,朱舜水视"道在彝伦日用"之中的思想,更加具有实践性。

理学大师朱熹为进一步完善"理"(天理)范畴,发展了周敦颐的《太极图说》,将"天理"规定为"太极"。他讲,"天理"作为"太极",有二义:一是枢纽的意思,它在事物之中,四面都围

---

① 《二程集》第290页、862页、1170页。

② 《黄梨洲文集·再答忍庵宗兄书》。

绕它而运转,它自身不动;二是主宰的意思,天地的常运常存,人物的生生不息,皆由它在中主宰。这样,"太极"和"天理"就成了互相统一、相辅相成的一对范畴。朱舜水用"道在彝伦日用"思想,跟踪追击批评朱熹的"太极"说是"屋下架屋"。

舜水在《周濂溪像赞三首》第一首云:

> 王安石以智慧术数逢其君,为祸方烈。先生委之不可,争之不能,是故爱莲以闲神志;推"太极""无极"以寄肥遁,意深远矣。后之君子,不解其故,立得为之朝,处不讳之世,方且疲精竭神于先生。屋下架屋,何异画火以祛寒,刍龙而望雨也!①

据《周敦颐年谱》记载:仁宗嘉祐五年(1060)王安石为提点江东刑狱时,闻周敦颐之名,向他求教,二人相遇,"语连日夜,安石退而精思,至忘寝食"。可见,王安石很重视周敦颐。但由于庆历新政限制荫恩制度,周敦颐作为大官的后代,不能青云直上,官运亨通,使他最终倒向旧党,在政治上与王安石对峙。基于这样一种时代背景,朱舜水认为周敦颐图"太极"、著《通书》,寄意高远,并不是要建立什么体系,也没有什么神秘。而"后之君子"(指朱熹)处在可以有为的时候,却要建立太极本体的形而上学体系,实在是"屋下架屋",多此一举。这就如同画火祛寒、刍龙望雨一样,荒唐可笑,徒劳无益。陆九渊和王阳明的"心学"派则认为,"太极"就是人心。陆王一派把"天理"、"太极"、"人心"统一起来,以"心"为万物的本源。对此,朱舜水

① 《周濂溪像赞三首》,《朱舜水集》卷十九,第568页。

讽刺说：

> 既以心为“太极”，则舒惨者乃“阴阳”也。夫子至圣，不言天道；子贡名贤，言“天道不可得闻”。①

这就是说，既然以“心”为太极，那么心的作用、发出的情感就是阴阳了。这乃是本末颠倒，根本错误的。这样，舜水就否定了理学家的“太极”(理、天理)说。

在哲学本体论上，朱舜水以“道”同理学家的“理”相抗衡。他反复告诫弟子：“道”就是“明明白白、平平常常”的“现前道理”，寓于实际事务之中。如孔子只讨论“日用之能事，下学之功夫”，并不离开具体事物去“说玄说妙”。可见“仲尼之道如布帛菽粟，诚无诡怪离奇，如他途之使人炫耀而羡慕。然天下可无云绡雾縠，必不可无布帛；可无交梨火枣，不可无粱粟；虽有下愚，亦明白而易晓矣”②。舜水一再印证和强调的是道不离器，即道不脱离具体事物。以此表明他对理学家所谓不依赖于具体事物而独立永恒存在的“理”的批评。

朱舜水“道在彝伦日用”的思想，开启了颜元“理在事中”的唯物思想。可见，舜水的“道”论在中国哲学唯物思想史上的重要作用。

(二) 舜水学之“学知”：日用之能事，下学之功夫。

朱舜水与王阳明同里，燃灯相照，鸣鸡相闻。对于王阳明的事功，舜水是赞赏的，但对其“良知”说则持批评态度。朱舜

---

① 《答加藤明友问八条》，《朱舜水集》卷十一，第 382 页。

② 《谕安东守约规》，《朱舜水集》卷二十，第 578—579 页。

水明确指出，王阳明“讲良知，创书院，天下翕然有道学之名；高视阔步，优孟衣冠，是其病也”。又说：“陆象山、王阳明之非，自然可见矣。不论中国与贵国，皆不当以之为法也”。他自己也声明“仆非宗阳明也”。在哲学认识论方面，朱舜水提出了“学知”，以批评王阳明的“良知”。

“良知”是王阳明哲学的核心。王阳明所谓的“良知”，也就是“心”，是一个无形象、无方向、超时间、越古今的绝对。他说：

> 夫良知一也。以其妙用而言，谓之神，以其流行而言谓之气，以其凝聚而言谓之精，安可以形象方所求哉？
>
> 盖良知之在人心，亘万古，塞宇宙，而无不同。①

正是这个无形象、无方向的绝对，主宰着客观世界，造就了万事万物。既然“良知”、“心”是世界的主宰者、造化者，那么，世界的和谐与统一，自然也来自“良知”、“心”。当王阳明把视线扩展到“上下四方”、“古往今来”的宇宙时，在他的眼里，无“时”不为“良知”，无“事”不为“良知”，无“物”不为“良知”。世界上千姿百态，各不相同的事物，都统一于“良知”。这是一种彻底的唯心一元论。

王阳明的“良知”说，反映到认识观上，就是主张以“良知”为鉴别是非真伪的标准。因为在王阳明思想中，“良知”（心）不仅是世界的主宰，同时又是人的认识和道德行为追求的目的，是绝对真理的化身。“良知之外更无知，致知之外更无学”。无

① 《传习录中》。

限丰富的人类认识长河,在“良知”这里终结了。

> 尔那一点良知,是尔自家底准则,尔意念着处他,是便知是,非便知非,更瞒他一些不得。①

人们的善恶是非,只有依据人人先天具有的“良知”,才能作出判断,与“良知”合的就是善,就是是;不合的就是恶,就是非。离了“良知”,是无法进行判断的。王阳明还认为,这个完满无缺、知是知非的“良知”是每个人与生俱来、先天具有的。他说:

> 良知者,孟子所谓是非之心,人皆有之者也。是非之心,不待虑而知,不待学而能,是故谓之良知。是乃天命之性,吾心之本体,自然灵昭明觉者也。凡意念之发,吾心之良知,无有不自知者。其善欤?惟吾心之良知自知之;其不善欤?亦惟吾心之良知自知之。是皆无所与于他人者也。②

“良知”作为一种主观认识和道德观念,是不学自能,不教自会的。这就是王阳明“良知”的基本内容。

与王阳明的“良知”相对立,朱舜水提出了“学知”,亦是“日用之能事”、“下学之功夫”,也就是指后天的学习和践履。“学知”强调的是后天个人主观的努力和环境对人的影响。“学知”重视的是实际的学习和亲身的体验。基于这种“学知”思

---

① 《传习录下》。

② 《大学问》。

想，朱舜水批评了王阳明的“良知”说。舜水说：

> 生知之资，自文王、周公而后，惟孔子、颜渊而已。孔子曰：“我非生而知之者，好古敏以求之者也。”又曰：“十室九邑，必有忠信如某者焉，不如某之好学也。”他如“学而不厌”，“下学上达”，不一而足。其于颜渊也，不称其“闻一知十”，而亟道其“不迁怒、不贰过”为“好学”，是可见矣。①

舜水认为，倘若真有生而知之的“良知”，那么惟有孔子和他的高足颜渊配有。但孔子一生不言生而知之，所言者学而知之也。如孔子常说“好古敏求”、“学而不厌”、“不如某之好学也”等，否认自己是生而知之者，强调学而知之的重要性。颜回也不讲“闻一知十”，强调“不迁怒、不贰过”为“好学”。舜水以为孔子和颜回否定了生而知之，也就是否定了王阳明的不学而能、不虑而知的“良知”。为此，针对王阳明的“良知”，舜水特地指出：

> 道之至极者不在于生知安行，而偏在于学知利行……②

认识的来源，知识的获得，不在于生而知之的“良知”，而是出于“学知”。只有通过后天的学习和努力，才能获得真理。这是

---

① 《答佐野回翁书》，《朱舜水集》卷五，第84页。
② 《勿斋记》，《朱舜水集》卷十六，第485页。

一种讲究实践的认识观。

进而,朱舜水站在孔子正统立场上,以"学知为圣人真传"批评了王阳明"良知是染于佛氏"。舜水从儒学正宗观点出发,指出惟有"学知"才是圣人真传,才是实实在在的学问,而王阳明的"良知"说是"染于佛氏"。这就一针见血地抓住了"良知"说的思想根源。

> 王文成固染于佛氏……故专主良知,不得不与朱子相水火,孰知其反以伪学为累耶?①

舜水批评王阳明的"良知"说吸收了佛教"万法唯心"的理论,认人心灵觉为天理、为万物,从而,学而知之的基础——闻见不仅不是认识"良知"的手段,反而是体认"良知"的障碍。故此,舜水将"良知"说称为"伪学"。他站在儒家立场上,斥责熏染上佛法的"良知"说是"三脚猫",是应摈弃的异端邪说。而惟有"学知"才是真真切切的实在知识,因为"学知"是按照圣人的教导,从实际中学习到的知识。

在此基础上,朱舜水又以"学知为圣"批评了王阳明的"良知为圣"观点。王阳明从"良知"说出发,提出了"满街都是圣人"的观点。这一观点在当时固然起到了反对偶像崇拜、解放思想的积极作用,但其本质却是强调"良知"的先验性。舜水也认为人人都可以成为圣人。"民皆尧舜"② 是舜水在日本施教的愿望。但舜水认为成圣的原因不在于"良知",而是由于后天

① 《答佐野回翁书》,《朱舜水集》卷五,第85页。

② 《圣像赞五首·五》,《朱舜水集》卷十九,第560页。

的学习和个人主观的努力。如他说:

> 孟子曰:"求则得之,舍则失之,是求有益于得也,求在我者也。……"旧习也,则祛之而使之脱;志孱也,则振之而使之壮;其权在我,非人之所得操者也。孟子曰:"人皆可以为尧舜。"为之不已,尧、舜且可,而况下于尧、舜者乎?尧、舜非为之而至者乎?抑生而尧、生而舜乎?①

舜水认为尧舜非生而知之的圣人,是可以为之的。圣人亦人耳,尧舜奚不可为之?只要人们发挥自己的主观努力,就可以有所为,就可以成为圣人。这无疑否定了一切圣人是生而为之的说法。朱舜水还指出:天生的圣人"旷代而不一见",但世上"并不乏圣人大贤";反过来说,天生"聪明特达之士"并不少,但有的"离经叛道",甚至成为"各教之罪人"。这些难道用"良知"说可以解释吗?不可以。所以,朱舜水的结论是:"作圣有其道,而不必尽出于生知"。而他所谓的"道",就是指后天的环境对人的影响,指个人主观的学习和努力,一言概之,就是学而知之的方法和途径。

可见,在哲学认识论上,朱舜水坚持学而知之的"学知"论,即强调认识的客观性和实践性。

(三)舜水学之"实行":学问之道,贵在实行。

在中国哲学史上,"知"与"行"是一对古老且重要的范畴。知行学说自先秦哲学以萌芽形式提出来之后,经秦汉至隋唐

① 《与古市务本书六首·五》,《朱舜水集》卷九,第332页。

时期的丰富发展,到宋明时期趋于系统和成熟。在关于知先行后、知行分合、知行难易、知行轻重等问题方面,形成了"先知后行"、"重知轻行"、"知难行易"、"知难行亦难"、"重行轻知"、"知行并重"、"知行合一"等重要学说观点。这些理论从不同侧面深化了中国的知行学说。同时,这些理论间也展开了尖锐的斗争。宋明理学家们都把对封建道德原则的"知"放在第一位,认为"人为不善,只是不知"。反理学的思想家们则揭露了"离行以为知"、"尊知而贱行"的脱离实际的错误,并在知行观上强调"行"的重要作用,特别是把经世致用、利济苍生当作认识的重要目的。

在知行观上,朱舜水十分强调"行"的作用,提出了"实行"范畴。

> 学问之道,贵在实行。……圣贤之学,俱在践履。①

舜水学中的"实行"的意蕴,即为"实历"、"践履"、"重行"。这是朱舜水改革社会、富国强兵的政治抱负和经邦宏化、利用厚生的经济思想在哲学知行观上的反映。"学问之道,贵在实行","圣贤之学,俱在践履"也是朱舜水实践哲学的明显标志。舜水从"实行"角度,对宋明理学家的"安行"说进行了批评。所谓"安行",就是"轻行"、"离行"、"免行"、"苟行"的意思。

宋明理学家的"安行"可分为两大类,即以二程和朱熹为代表的"知先行后"说和以王阳明为代表的"知行合一"说。对

① 《答安东守约问八条》,《朱舜水集》卷十,第369页。

此，舜水用"实行"理论分别进行了批评。

首先，朱舜水提出"日用躬行即是学"、"躬行之外无学问"的观点，用坚持知在行中的知行统一观及重行观，批评了程朱的"知先行后"说和"重知轻行"说。

程朱学派明确提出知先行后说，认为须先明理，然后才能循理而行。如程颐关于知先行后就说过：

> 君子以识为本，行次之。
> 须是知了方行得。
> 须是识在所行之先。譬如行路，须得光照。
> 须以知为本。①

这里，程颐就是通过强调明"理"而强调"知"为先，"行"为后。朱熹的论述比程颐稍为隐晦、曲折一些，如他认为所谓"学问"，不外乎两件事，一是致知，亦穷索义理；二是力行，亦涵养操存。"知"和"行"总是联在一起，相须并提。但是，当究问知先行后时，他又总是明确回答：知在先，行在后，须先知得方行得，知是始学之事，而行以终成之。如朱熹说：

> 未能识得，涵养个甚？
> 义理不明，如何践履？……如人行路，不见得便如何行？②

---

① 《河南程氏遗书》卷十五，卷三十五，卷十八，卷三。

② 《朱子语类》卷九。

朱熹和程颐一样,认为知先行后的次第是不能颠倒,不能超躐的。

朱舜水从"实行"观点出发,反对程朱将"知"与"行"相割裂,并离开"行"去谈论所谓"知"或"学"。如舜水说:

> 兼致知力行,方是学,方是习。若空空去学,学个甚底?习,又习个甚底?慎思明辨,即是此中事。①

这里,他所说的学和习,既不是指单纯的读书作文,也不是指单纯的行,而是包括知、行两个方面在内。朱舜水认为,认识与实践、致知与力行是不能分开的,所谓学,就是二者的结合。因此不能将二者对立起来、分割开来,以为"知"为一回事,"行"是另一回事,亦不能等"知"了之后再去"行"。基于这种知行统一观,舜水批评朱熹欲穷尽事事物物之理而后致知及治国平天下的格物致知说,认为人的寿命是有限的,事物之理则是无穷的,所以舜水主张"随时格物致知尤为近之"。这就是说,认识(知)和实践(行)本来是统一的,离开行就没有正确的知,更谈不到知对行的指导。这种观点的实质就是承认知以行为基础,行是知的来源。这种知行统一观是与程朱的"知先行后"说相对立的。

在知行轻重问题上,程颐主"重知"说。如他认为:

> 学莫贵于知。
>
> 人谓要力行,亦只是浅近语。
>
> 内不知好恶,外不只是非,虽有尾生之信,曾参

---

① 《答野节问三十一条》,《朱舜水集》卷十一,第387页。

之孝，语弗贵矣。①

这是鲜明的“重知轻行”言论。程颐以知为本，行次之；以知为难，行浅近；以知为贵，行弗贵。他始终强调对封建义理道德的认识是最重要的，第一位的。对于程颐的“重行”说，朱舜水以强调“行”的重要作用进行了批评。舜水说：

若夫汲汲世事，皇皇职务，遂谓荒废学业，则必明窗净几，伊吾呫哔，而后谓之学矣；则身体力行者非学，而吟诗作文者为学矣。是殆不然。②

这表明舜水认为只读书作文不能算是学，算是知。只有勤于职务，身体力行，躬行践履才是真正的学、真正的知。这就批评了程颐只认读书为学、为知，而轻视行的“重知轻行”观。

朱舜水并不否定书上的知识，不反对向书本学习，但他认为这只能起“印证”作用，不能视为依据。不得其意时，取古人之书以印之、证之、扩之、充之，“知”的作用惟此而已。相反，正因为知是从行中产生的，所以舜水主张要在实践中学习，提倡“圣贤之学，俱在践履”，强调行在认识过程中的作用。

朱舜水在以“实行”观点批评程朱的“知先”说和“重知”说的同时，还从“学贵实行”观点出发，强调“知”是为了“行”，又对王阳明的“知行合一”说进行了修正。

“知行合一”说是王阳明的独创。他在论证“知行合一”时

---

① 《河南程氏遗书》卷二十五。

② 《答古市务本问二条》，《朱舜水集》卷十，第379页。

说：

> 行之明觉精察处便是知，知之真切笃实处便是行。若行而不能明觉精察，便是冥行，便是“学而不思则罔”，所以必须说个知；知而不能真切笃实，便是妄想，便是“思而不学则殆”，所以必须说个行，元来只是一个功夫。凡古人说知行，皆是就一个功夫上补偏救弊说，不似今人截然分作两件事做。某今说知行合一，虽亦是就今补偏救弊说，然知行体段亦本来如是。①
>
> 某尝说知是行的主意，行是知的功夫；知是行之始，行是知之成。若会得时，只说一个知，已自有行在；只说一个行，已自有知在。②

由此可见，王阳明在论证知和行的“合一并进”关系时，采用的基本手法是混淆“知”和“行”的概念，以达合行于知、销行归知、否定行之客观性的目的。

针对王阳明合行于知、销行归知、否定行的客观性的思想，朱舜水分两个层面进行了批评。一个层面是针对王阳明合行于知、销行归知思想，阐明了“知”与“行”的区别；另一个层面是针对王阳明否定行的客观性思想，阐明了“行”在认识中的重要性。

朱舜水反复强调的“学问之道，贵在实行”的思想，包含两

① 《答友人问》。
② 《传习录上》。

重意义：一重意义是想表明“知”“行”是两个内容不同的概念。因为在中国儒学传统中，“学”是一个与“行”互相区别的概念，如《中庸》以“好学”与“力行”相对。在这里，“学问”属“知”，“实行”属“行”。这就表明“知”与“行”是有区别的，不应该混淆两者的界限。其另一重意义是想阐明在认识过程中，“行”具有“知”不可代替的作用。因为行不仅是知的基础，而且行还是知的目的和归宿。在舜水看来，空洞的理论算不得有用的知识。有用之学必须见诸行事，才算是学。而真正的知，也必须要见诸实践，才算是知。学问之道，“必须身体力行，方为有得”，即必须付诸实行，切切实实地去作，才算真正有所收获。由此可见，“知”必须在“行”中才可获得，“知”也只有付诸于“行”，才能发挥其作用，才能证明其真伪。这就深刻说明了：合行于知，销行归知是错误的。

朱舜水从“学问之道，贵在实行”出发，很重视各种实用科学。他本人亦是一位精通多种技能的实践家。他曾推崇唐朝著名医学家孙思邈：“昔孙思邈功侔造化，德动天地，孰非斯术也哉？”这表明在舜水思想中，对“行”的重视。

在哲学知行观上，朱舜水倡导“学贵实行”的观点，通过“实行”范畴批驳程朱学派和陆王学派的各种各样的“安行”观点。舜水把知建立在行的基础上，突出行的作用和地位，是一种实践论的知行观。朱舜水这种实践论的“实行”观，进一步嬗递为颜元的“因行得知”认识论。从知行观角度也可窥见朱舜水与颜元之间的思想递进关系。

（四）舜水学之“性成于习”：习于善则善，习于恶则恶。

在哲学人性论上，朱舜水主张“性成于习”，强调社会环境和后天人的努力对人性的决定性作用，并以此反驳宋明理学家“性禀于气”的先验人性论。

“性禀于气”的观点始发于北宋的张载。张载认为人性禀气有异，故可将“性”分为“天地之性”和“气质之性”。如他说：

> 形而后有气质之性，善反之，则天地之性存焉，故气质之性，君子有弗性者焉。①

这是说，“天地之性”是本源，是人和物未生之前先验存在的本性；“气质之性”是人生后与每个人的生理、身心相结合的具体本性。张载这一性论思想，又被理学家二程所采用。他们认为“天命之性”即“理”，“自性而行皆善也”；“生之谓性……有自幼而善，自幼而恶，是气禀有然也。”② 二程认为，性的善恶是“气禀”所决定的。理学大师朱熹继承了张载和二程关于“天地之性”和“气质之性”的思想，并有所创发，提出了“气禀有定”论。朱熹这一思想，在《朱子语类》中是这样记载的：

> 问：子罕言命，若仁、义、礼、智、信五常，皆是天所命。如贵贱、死生、寿夭之命有不同，如何？
>
> 曰：都是天所命，禀得精英之气，便为圣为贤，便是得理之全，得理之正。禀得清明者便英爽，禀得敦厚者便温和，禀得清高者便贵，禀得丰厚者便富，禀得长久者便寿，禀得衰颓薄浊者，便为愚、不肖、为

---

① 《正蒙·诚明篇》,《张载集》。

② 《河南程氏遗书》卷一。

贫、为贱、为夭。①

这就是说,倘若禀得"清明之气"或"精英之气",就是"得理之全"或"得理之正",就是"圣人"或"贤人";若禀气"清"而"高"者,就会"贵";禀气"丰厚"就会"富";"禀气长久",就"长寿"。反之,如果由"衰颓薄浊"之气构成,就是愚昧无知的人,"不肖"的人。他们生来就是贫苦、下贱和短命的。

将这种"禀气有定"论推而广之,朱熹认为不仅圣愚、贵贱、贫富、寿夭由"气禀"而定,而且人们的"善"、"恶"道德伦理,也由"气禀"决定。如他说:

> 人之性皆善,然而有生下来善底,有生下来便恶底,此是气禀不同。且如天地之运,万端而无穷,其可见者,日月清明、气候和正之时,人生而禀此气,则为清明浑厚之气,须做个好人;若是日月昏暗,寒暑反常,皆是天地之戾气,人若禀此气,则为不好底人何疑。②

这表明人性的"善"与"恶",取决于气的"清明"和"昏暗"。"性禀于气"的观点伴随着朱子学的官方哲学统治地位,流传绵长,影响久远。

朱舜水认为理学家关于"性禀于气"的观点,其要害是主张人性由天赋而来,抹煞了人性形成过程中的客观因素。因

---

① 《朱子语类》卷四。
② 《朱子语类》卷四。

此，这种天赋的人性论是与事实相违背的。舜水首先指出了这一点。他在回答奥村庸礼关于“性禀于气”的问题时，有一段精彩的论述。舜水说：

贤者受其清，愚者受其浊，儒者固有是说，不足异也。然此天赋之乎，抑人受之乎？既有受之者，则必有予之者矣。果尔，则天地常以清气私贤智，而以浊气困愚不肖，如种瓜得瓜，种豆得豆。然则愚不肖之为不善，乃其理所应尔，是则天地有过，而愚不肖无罪也。又何以天则降之百殃，而人主则施之刑戮耶？至于“虽愚必明，虽柔必强”者，或有改行从善者，又何以称焉？岂清浊气相杂而禀欤？抑前禀其浊而后禀其清欤？亦有素行皆贤，一旦为利回，为害怵，不保其末路者，又何以称焉？尧、舜之民，比屋可封，桀、纣之民，比屋可诛。此尧、舜之民之气皆清，而桀、纣之民之气皆浊哉？试观孩提之童，无不知爱其亲，无不知爱其兄，乳之则喜，威之则啼，薄海内外，天性无少异也。及其长也，父母之训教也无方，世俗之引诱也多故，习之既久，灵明尽蔽，昏惑奸狡横生，相去遂有万万不侔者。《书》曰：“巧言令色，孔壬。”盖大为奸恶之人，言必巧，色必令，其所以营私败俗者，心思无所不至。若夫礼义道德之训，昏昏而不知，是皆习俗之害也。子思子曰：“天命之谓性。”则既莫不与之以仁义礼智矣。刘康公曰：“民受天地之中以生，所谓命也。”如是则天地岂有偏私厚薄于其间哉？人自取其清，人自取其浊耳。譬之水然，渭之源，至清也，及其支流派别，入于潢汙，小秽者小浊，大秽者大浊，是岂渭之有所区别哉？①

这里，朱舜水指出："性禀于气"的理论是不能解释历史和现实中诸多人性问题的。如尧舜之民全是禀"清气"，桀纣之民全是禀"浊气"的缘故吗？他断言，人性善恶决不是由于先天禀赋，而是后天形成的，是由环境、习俗、教育等条件决定的，是随着后天各种条件的变化而变化的。故此，朱舜水针对宋儒"性禀于气"说，提出了"性成于习"的理论。

朱舜水所谓的"习"，即见（习见，常常见到）、闻（习闻，常常听到）、染（习染，沾染）之意。他反对宋儒以禀气清浊来区别人性善恶的观点，主张"习"为人性形成的决定性。舜水讲：

性非善亦非恶，如此者，中人也。中人之性，习于善则善，习于恶则恶，全藉乎问学矣。学之则为善人，为信人；又进而学之，则为君子；又进而学之不已，则为圣人。②

这里的"中人"是泛指大多数人或一般人的意思。朱舜水认为中人之性是无所谓善恶的，人性的善与恶完全由后天的"习"所决定。如初生的婴儿，天性无异，但由于后天环境、教育的相异，决定了长大后的绝然相殊。因此，舜水强调只要志气感奋、竭力习行，就能够成为君子、智者或圣人。

① 《答奥村庸礼问二条》，《朱舜水集》卷十，第 377－378 页。
② 《答古市务本问二条》，《朱舜水集》卷十，第 379 页。

朱舜水从“性成于习”的理论出发,不仅仅肯定环境对于人性善恶的影响,而且敢于揭露社会现实,指出富贵之子多为不善,从而批评了富贵者生而性善、贫贱者生而性恶的错误理论。“又思天下能言之士恒少,而富贵之子受病恒多;非富贵之子生而不善也,其所与游者使之然也。其所与者,软熟谐媚,奔走趋跄者已耳!”[①]人性之善恶,绝非来自天赋气禀,而决定于社会环境和人们之间相互影响的作用。所以,传统的富贵者性善、贫贱者性恶的理论是无根据的。这是朱舜水“性成于习”理论的重要社会意义之所在。

朱舜水从“性成于习”理论,演绎出“赤子之心”的思想。他以为人性原本是无善无恶的,是纯洁自然的。它“浑然天真,绝无一毫私伪。惟知父母为当爱,兄长为当敬而已”[②]。他把初生时的自然属性说成是美好的“天性”,这是一种自然人性论。以后,由于知识渐多,虚伪狡诈随之而起,“习染日深,真淳日斲。赤子之心,尽为外物所铄”。所以,他主张“复初”,即恢复天然美好的“赤子之心”。“诚能幡然改悔,自遂其初,则其直如矢者,反身而具足矣”[③]。舜水将后天的某种社会属性说成是丑恶的,以为去掉它,就能恢复“赤子之心”。这就又陷入了他自己曾批评过的先验人性论之中。这是朱舜水唯实、唯物人性论思想中的缺陷。

(五) 舜水学之“无神”: 恍惚之事,不入言论。

明末清初,伴随着封建社会的没落和瓦解,资本主义因素

---

① 《答奥村德辉书九首·一》,《朱舜水集》卷八,第280页。

② 《答加藤明友问八条》,《朱舜水集》卷十一,第382页。

③ 《野村重直字遂初说》,《朱舜水集》卷十三,第448页。

萌芽的发展,西方的宗教和文化的渗入,使中国的自然科学有了长足的发展。例如,在天文历算、农业生产、医学医药等科学文化方面,涌现出了一代学者:张履祥、梅文鼎、叶天士、王清任、赵学敏等,写出了一批鸿文巨著,像《补农书》、《梅氏历算全书》、《伤寒论》、《医林改错》、《本草纲目拾遗》等。这些自然科学方面的新成果、新发展,对明清之际的无神论思想产生了直接的重要作用。方以智在研究自然科学的基础上,完成了《物理小识》这部无神论著作;王清任在研究解剖学的基础上,提出了"脑髓说",肯定意识产生于人脑,进一步解决了长期争论不休的意识与形体的关系问题;王夫之虽不是自然科学家,亦在当时自然科学的影响下,对佛道宗教神学和传统世俗迷信进行了系统的批判,达到了中国古代朴素无神论的高峰。在这一历史时代背景下,朱舜水也形成了自己的无神论思想。

朱舜水的无神论思想主要表现在两个方面:

其一是对日本社会中世俗迷信的斗争。

德川时代的日本社会有一种风俗,男子以四十二岁为厄,女子以三十三岁为厄。每遇厄岁之年,便择逢厄之男女,受凶免灾。对此陋习,朱舜水以中国的西门豹为河伯娶妇的典故,开导水户侯源光国。西门豹是战国时魏国的一名著名官员。在他任邺令时,邺地的官吏与巫婆相勾结,利用漳水时常泛滥成灾的事实,编造河伯(河神)要娶妇的神话,每年送一女下河入配,借以骗财害命。在河伯娶妇之日,西门豹亲视河伯妇,对巫婆说:这个女子不好,麻烦大巫妪入河报告河伯,求得更好女子,后日送往。随即令吏卒将巫婆扔入河中。巫婆进入茫茫的大河之中,便一去不复回,从而揭露了河伯娶妇的骗局。朱舜水要源光国学习西门豹这种以其人之道还治其人之身的精神,惩治迷信和陋俗,教化人民觉醒,做一位将人民从世俗迷信中拯救出来的无神论斗士。舜水勉励源光国说:

以六十六州之豪杰烈文之辟公,破此数百千年之陋习,觉愚夫愚妇于梦寐困魇,如西门豹之为河伯娶妇,亦一快也。①

朱舜水对西门豹反对迷信巫术的思想和行为的赞美,表明他本人亦是一位反世俗迷信的实行家。舜水多次讲:

不佞以人事为主,其恍惚渺茫之事,不入言论;……②

在他一生中,不论是颠沛流离还是酷刑囚禁,不论是小女早夭还是厄运频仍,舜水始终不怨命、不信神,表现了一位无神论者的情操。

当水户侯源光国面对日本种种世俗迷信而不知所措时,朱舜水又常常用中国历史上无神论者的传记劝导他:

昔者荧惑守心,为宋分野,太史曰:"荧惑守心,灾在君身,勿禳必不免,愿禳而移之大臣。"宋景公曰:"大臣灾,则吾无股肱;无股肱吾何以为身?"曰:

① 《与源光国书三十四首·四》,《朱舜水集》卷六,第120页。
② 《答安东守约问三十四条》,《朱舜水集》卷十一,第395页。

"然则移之岁。"公曰:"岁凶则无民,无民吾何以为君?"于是荧惑退舍。故曰:"宋景公有君人之言,而荧惑退舍。"楚昭王有疾,卜曰:"河为祟。"王弗祭。大夫请祭诸郊。王曰:"三代命祀,祭不越望;江、汉、睢、漳,楚之望也;祸福之至,不是过也。不谷虽不德,河非所获罪也。"遂弗祭。孔子曰:"楚昭王知天道矣,其永世也宜哉!"二者皆诸侯也,谪见于天,象观诸卜,尚不为惑,况其无端者乎?①

在朱舜水无神论思想的影响下,日本水户学派亦具有朴素的无神论传统。

其二是对日本社会中佛教的批判。

朱舜水曾力挽充斥于日本社会的佛教狂澜,成为日本学术界由佛教转为儒教的关键人物。

他的挚友戴曼公独立是明末杭州人,因痛明朝覆灭,渡日不归,并剃发为僧。他曾规劝朱舜水同他一起远弃红尘,投奔佛门。朱舜水复书答曰:"彼时程亦剪发为头陀,诚权宜之计,于理无妨,盖建文主为和尚也。今日普天下俱剃头,此事大不可草草,盖类有相似也。弟于祖宗祭祀坟墓旷绝十七年,罪不可擢发数,但欲留此数茎之发,下见先大夫于九原耳!"②朱舜水矢志不为僧的决心,表明了他对佛教的鄙视和轻蔑。

舜水蔑视葬礼使用浮屠之法者,他说:"作佛事者,俗人之习也。云是超度亡人,早登极乐,脱离苦厄,以愚弄无知者耳。

---

① 《与源光国书三十四首·二》,《朱舜水集》卷六,第118-119页。

② 《答释独立书》,《朱舜水集》卷四,第58页。

未有浮屠氏敢挟持士绅民间短长者也。"①这是对佛教愚弄民众的本质淋漓尽致的揭露。佛教以超度天堂的美景诱惑人们,以沉沦地狱的痛苦要挟人们,以此弘扬佛法,诓骗民众。朱舜水以为它只可以欺凡庸,而不可以欺豪杰。他所谓的豪杰之士便是有洙泗之风的儒者。因为"荒唐迷谬之谈学士大夫安敢出诸口?尔之号自谓普贤,何如我尧、舜之道可法而可传?"②笃守尧舜之道的儒者是耻于谈佛陀之类的荒唐迷谬之言的。这是站在儒者立场上对佛教的批判。

在舜水这种以儒批佛思想的影响下,他的得意门生、日本大儒安东守约一直坚守着树儒风、批佛风的宗旨。守约在给老师朱舜水的信中,反复申明了自己的这一观点:"近世一种阳儒阴佛之辈,涂人之耳目者,不暇枚举。先生慨然以正学为己任,敬想天使先生继斯道之统,故守节不死,将及中兴之时也,宁不自爱乎?守约无他长,只好圣贤之学,未至者也。"③如果没有朱舜水及其门徒这种兴儒批佛思想的熏习,就没有日本学术界由佛教转儒教的契机。这是朱舜水对日本文化的一大贡献。

正如历史上众多的朴素无神论者一样,朱舜水的无神论思想,由于历史与时代条件的限制,不可能是彻底的。在他无神论思想中尚夹着神秘的色彩。如他对卜筮的看法,认为这是圣人的教导,今天卜筮之官虽无,卜筮之法尚存。又如他不惑世俗,不信佛陀,但却笃信儒家神秘的"天人感应"之说。当日

---

① 《答辻达问》,《朱舜水集》卷十一,第421页。
② 《题普贤画像》,《朱舜水集》卷十七,第516页。
③ 《上朱先生二十二首·七》,《朱舜水集》附录三,第748页。

本人向他请教雷灾之故时，舜水说："这是天代人君为政矣。""成王之时，大风拔木偃禾，木与禾有何罪？是天动威以彰周公也。今不宜杀而杀，天其或者以此警戒人君与执政欤？"①这是他朴素无神论思想中的缺陷。

朱舜水的朴素无神论思想发育于明清之际特殊的历史环境之中，成熟于异国日本社会之中，故此，它具有两个特点。

第一个特点是具有明显的实用性。由于中国明清之际实学思潮蔚然勃兴，当时许多重要实学家如黄宗羲、陈确、方以智、王夫之、颜元等，都是在抨击明代社会弊端陋习之中，形成了他们的无神论思想，因此这种无神论本身就具有浓厚的实用性。朱舜水也不例外。又由于朱舜水来到日本之后，批驳当时日本社会的陈俗旧习，是为了使日本社会达"更化善俗"的目的；他挺身而出，批判弥漫于日本社会的佛教，是为了使日本学术界发生由释到儒的转机，所以，他的朴素无神论始终沾染着浓烈的实用色彩。这是他唯实思想在宗教方面的具体表现。

第二个特点是具有强烈的儒学性。朱舜水以儒者自居，以儒风自傲。他批佛教，是站在儒学立场上批佛；批迷信，亦是从儒学立场出发。所以，在与儒学相矛盾、相冲突的世俗迷信和佛教面前，他是坚定的无神论者；但是，在与儒学合拍的"天人感应"神学目的论面前，他又是有神论的信徒。这一矛盾只能从他无神论的儒学性中去寻求答案。

在哲学观上，朱舜水以践履论为其主脉，贯彻于哲学本体

---

① 《答小宅生顺问六十一条》，《朱舜水集》卷十一，第 414 页。

论——“道”,哲学认识论——“学知”和“实行”,哲学人性论——“性成于习”,哲学宗教论——“无神”。其中舜水学的“道”、“学知”、“实行”、“性成于习”、“无神”等范畴的基本内涵,就是“实”的意思。因此,朱舜水的这一思想与明清之际的哲学家黄宗羲、顾炎武、王夫之主张“气”的思想有许多相通之处,尤其是与王夫之的“实有”说更相近。王夫之鉴于气本体论本身未摆脱“原始物质”观念的局限,试图进一步概括物质世界的客观实在性,以“诚”(实有)为其哲学体系的最高范畴,用以阐明哲学本体论问题。王夫之对“诚”的规定是:“诚也者,实也,实有之,固有之也。无有弗然,而非他有耀也。若夫水之固润固下,火之固炎固上也。无所待而然,无不然者以相杂,尽其所可致,而莫之能御也。”[①]王夫之以“水”和“火”等客观事物为例,说明水具有“润下”的本性,火具有炎上的本性。它不是有所待而然的,而是客观事物本身所具有的,是实有的,这就是“诚”。所以,“诚”(实有)就是客观存在的事物,亦是客观社会自身。可见,王夫之的“实有”思想与朱舜水的“实”的思想是相通的。正是在这重意义上,笔者以为朱舜水与黄宗羲、顾炎武、王夫之开创了明清之际一代新哲学——实践哲学。

二、舜水学之政治观——事功论

“为天地立心,为生民立命,为往圣继绝学,为万世开太平。”这是中国宋代大儒张载的一句名言。之所以称它是名言,

① 《洪范三》,《尚书引义》,中华书局1962年版,第100页。

是因为这句话集中反映了中国儒家对人类、对社会的责任感和关怀感。朱舜水发扬了这种积极入世的儒学事功观，对大明王朝表现出了高度的责任感和关怀感。这种责任感和关怀感，构成了舜水学政治观中的"事功论"。

（一）事功论的出发前提——舜水学之"民本"思想。

作为明王朝的忠实遗民和清醒的思想家，朱舜水在分析明亡的历史教训时指出：明室致乱的最大因素有二：一是政治的腐败，二是经济的崩坏。而政治腐败招致"民心"的背离，最关重要。朱舜水曾语重心长地说：

> 崇祯末年，搢绅罪恶贯盈，百姓痛入骨髓，莫不有"时日曷丧，及汝皆亡"之心。故流贼至而内外响应，逆虏入而迎刃破竹，惑其邪说流言，竟有万徒倒戈之势；一旦土崩瓦解，不可收拾耳。[①]

这里，固然有对农民起义的偏见，但也表现了朱舜水对民众的同情心和正义感。在《中原阳九述略》中，朱舜水针对明朝末年官僚士大夫的腐败无能、投机钻营、图谋私利、搜刮朘削的种种罪行，作了淋漓尽致的揭露，给予了无情的鞭笞。进而，得出了与"万徒倒戈之势，一旦土崩瓦解，不可收拾耳"同样的结论：由于官僚士大夫横行无法，使得社会道德沦丧，社会秩序遭破坏，百姓受到朘削，致使社会矛盾激化，导致明王朝的衰亡。朱舜水从研讨明亡的历史史实中，悟出了人民在时代变革中的份量。故此，他在回答"中国何以遂沦于虏"的问题时，明

① 《中原阳九述略》，《朱舜水集》卷一，第1页。

确地讲：

> 失其民也。居官者不知治理，惟知掊剋。一有变故，遂至土崩瓦解。所以有国有家者，但当悉心抚字，民心若固，何忧外患。[1]

这表明，朱舜水看到了民心向背所起的关键作用。因此，他认为明朝的武器和军事技术并不弱，但因民力相背，民心离析，导致国破山河碎。“大明颇有绝高手，铳炮亦甚多。但民心既背，坚甲利兵，适足为盗资耳。”[2]一旦失去民心，即使有好武器，充其量也只能充当运输大队长。更可贵的是他认为百姓“分而听之则愚，合而听之则神。其心既变，川决山崩”[3]。这里，朱舜水所以能深刻地看到民力和民心的重要作用，正是他肯于正视社会现实的结果。

朱舜水从重视民力民心出发，提出了“利民”、“爱民”的社会改革主张。他说：

> 治国有道，因民之所利而利之，岂在博施？《春秋传》曰：“小惠未遍，民弗怀也。”富民当以礼节之，贫民当以省耕省敛以补助之。但要万民免于饥寒，亦不必多历年所。若要更化善俗，非积年不可也。[4]

---

① 《答小宅生顺书十九首·三》，《朱舜水集》卷九，第 314 页。

② 《答小宅生顺书十九首·三》，《朱舜水集》卷九，第 314 页。

③ 《中原阳九述略》，《朱舜水集》卷一，第 3 页。

④ 《答野节问三十一条》，《朱舜水集》卷十一，第 385 页。

这就是朱舜水以“更化善俗”为主要内容的社会革新主张。所谓“更化善俗”就是“节富补贫”，也就是抑制官僚大地主的特权而维持中小地主的利益，其中包括减轻人民的一些负担。所以，他“更化善俗”的社会革新思想，反映了人民的一定愿望。可见，“更化善俗”的社会革新思想，反映了朱舜水“利民”、“爱民”的民本思想。作为儒者的朱舜水，他的民本思想是对儒家“民为邦本”思想的继承和发展。

民为邦本的思想在儒家学说中有典型、集中的反映。可以说，儒家政治理论的基石，便是民为邦本的学说。得民与否，是政治成败的根本所在。孔子主张富民、教民，所重的是“民、食、丧、祭”，民列第一。孟子坚持“民为贵，社稷次之，君为轻”①的基本观点，强调政在得民，失民必定亡国灭身。他说：“暴其民甚，甚则身弑国亡，不甚，则身危国削”。② 又说：“得乎丘民而为天子”。③ 还说：“桀纣之失天下也，失其民也；失其民者，失其心也。得天下有道，得其民，斯得天下矣。”④ 荀子认为：“用国者，得百姓之力者富，得百姓之死者强，得百姓之誉者荣。三得者具而天下归之，三得者亡而天下去之。”⑤

汉唐时期，民为邦本的思想得到了进一步发展。如贾谊认为：“闻之于政也，民无不为本也。……故国以民为安危，君以民为威侮，吏以民为贵贱。”“戒之哉！戒之哉！与民为敌者，民

---

① 《孟子·尽心下》。
② 《孟子·离娄上》。
③ 《孟子·尽心下》。
④ 《孟子·离娄上》。
⑤ 《荀子·王霸》。

必胜之。”[①]

宋元明清时期,民本思想得到进一步强化。北宋张载宣传“民胞物与”;司马光认为“民”是“国之堂基”;王夫之说:“君以民为基……无民而君不立。”[②]

诸如此类的例子,可谓不胜枚举。中国历史上进步的思想家,往往利用传统的“民为邦本”的思想,针砭时弊,劝诫统治者轻徭薄赋,与民休息,甚而作为反对暴君苛政的一种口号。[③]

之所以说朱舜水的“民本”思想,是对儒家传统的“民为邦本”思想的继承,是因为舜水在总结明亡的历史教训时,也同样用“民本”思想针砭时弊,抨击腐朽的晚明社会。

而朱舜水的“民本”思想,对儒家传统的“民为邦本”思想的发展,则表现在舜水还把“民本”思想作为革新社会政治的指导思想。这就是他提出来的“更化善俗”。

“更化善俗”作为朱舜水的“治国之道”,其基点是“因民之利而利之”,其具体措施是“富民当以礼节之,贫民当以省耕省敛以补助之”,其目的是“要万民免于饥寒”。可见,朱舜水认为,改革社会的弊端,振兴社会的发展,其关键便是“民”。“民”是治国之道的核心内容。朱舜水的这种“民本”思想是对儒家“民为邦本”思想的发展。

(二)事功论的实施方案——舜水学之“仁政”思想。

---

① 《新书·大政上》。

② 《周易外传》卷二。

③ 参阅李宗桂:《中国文化概论》,中山大学出版社1988年版,第353—355页。

为了实现“利民”的社会改革，朱舜水主张“常怀一点利民之心”，时时刻刻想到老百姓的痛苦，即提倡“不忍人之政”的“仁政”思想。朱舜水的“仁政”思想来自孟子的“以不忍人之心，行不忍人之政”的仁政学说。不过，在新的历史条件下，朱舜水又注入了新的内涵。这就是以“利民”、“爱民”为其目的，以“功利主义”为其基础的仁政。

首先，朱舜水从仁政的“体用”关系上阐明了行仁政的“利民”、“爱民”目的。当问仁之体用，何物为体，何物为用时，他答道：“当以不忍人之心为体，不忍人之政为用”。① 即是说作为统治者，需要常怀一点爱民之心，只要时时刻刻将此念充满于中，便会自然事事为百姓计。同时，由于朱舜水生活在资本主义萌芽已经出现的明清之际，又同商人有过接触，在人文主义启蒙思想的熏染下，他主张人与人之间应相亲相爱。他说：“‘君子以仁存心，以礼存心；仁者爱人，有礼者敬人。’是他人皆当爱、皆当敬也，何言之相戾欤？”② 他提倡的“人人都应该相敬相爱”的观点，是在新时代下对孔子“仁者爱人”思想的发展。因为这一思想在某种程度上反映了新兴市民阶层争取平等的迫切要求。故此，朱舜水认为统治者应该有爱民之心，即不忍人之心。而有此“体”，必有此“用”。这样，“不忍人之政”即“仁政”的实行就是理在情中的了。而“仁政”的实施，定会膏泽平民百姓。

其次，朱舜水又陈述了行“仁政”的社会基础是以有益于天下为基点。如他说：“仁者吾心恻隐之微，而施之天下，则足

① 《答加藤明友问八条》，《朱舜水集》卷十一，第381页。
② 《策问四首·其一》，《朱舜水集》卷十，第342页。

以保四海。君子未尝有四海之贵,宜先具足保之体。故曰:'以不忍人之心,行不忍人之政,而仁覆天下矣。'"① 这里,舜水强调的是实施仁政的实际效益,追求的是利国利民的功利主义。

进而,为了保障功利主义的实施,朱舜水反对单纯依靠"法治"(徒法)或"礼教"(徒善)的做法,提出了"法"与"礼"相须而行的辩证思想,并批评了宋儒的迂腐之谈。舜水说:"独不闻'徒善不足以为政'乎?'仁心仁闻而民不被其泽'乎?独不闻'尧舜之道,不以仁政不能平治天下'乎?独不闻'诸侯之宝三,土地、人民、政事'乎?独不闻'尧舜之仁,不遍爱人'乎?故曰:'为政以德。譬如北辰,居其所而众星共之。'总之,蕴之于躬则为德,设施于事则为政。无仁德以为之本,则为徒法;无政治张弛以纪纲之,则为徒善。二者相须而行,不可偏废者也。"② 又说:"徒善不足以为政,徒法不能以自行"。③ 这就是说,要治理国家,光靠法不行,因为尧舜之道,不用仁政便不能平治天下;光靠道德教化也不行,因为徒善不足以为政,只有仁心,也不能使百姓被其恩泽。所以要礼法兼施,相互为用。朱舜水的这个思想是深刻的。其深刻性表现在他从社会现实出发,敢于变革前人的思想,提倡"礼"与"法"相须并用。这一思想可以为更化社会陋俗、倡兴利民善俗的实际需要服务。也正是从这一点出发,舜水批评了那些只知静坐空谈的儒生,他们或笃守先王之成说,"如是已足",或食古言而不化,"何必改作"。

---

① 《杂著·仁》,《朱舜水集》卷十七,第491页。

② 《赤林重政字尊五说》,《朱舜水集》卷十,第446页。

③ 《策问四首·其二》,《朱舜水集》卷十,第343页。

朱舜水"仁政"思想的价值导向是"贤君"说。所谓"贤君"思想,是朱舜水在抨击明朝暴政基础上,对具有"仁政"贤明君主的向往。这种"贤君论",显示了他思想的深度和时代的特色。

之所以这样说,是因为朱舜水的"贤君"论具有浓厚的时代气息。明代是专制主义君权制度高度发展的朝代。皇权大肆膨胀的一个标志,是皇帝被进一步神化,所谓"每日清晨一炷香,谢天谢地谢君王。太平气象家家乐,都是皇恩不可量"①。明朝后期,以神化皇帝、崇尚君权为核心的"天地君亲师"的牌位,被千家万户供奉起来,但是,任何一种占统治地位的思想存在,必然会产生与它相对立的思想。自明代中叶以后,随着经济的发展,资本主义的萌芽开始出现,新兴市民阶层伴之产生。他们出于自己的切身利益,开始向传统的君权挑战。于是,批判君权的思想火花在他们中间迸发出来,形成了明清之际抨击君权的社会思潮。

关于"贤君",朱舜水认为尧舜可以称得上是贤君,但三代以后,贤君无几。所以,他热切地盼望着"贤君"的出现,衷心规劝日本水户侯德川光国说:"惟愿上公惟尧、舜而已矣。"②将对贤明君主的希望寄托在源光国身上。

朱舜水理想中的"贤君"形象,可用以下四个标准加以衡量。

标准之一,舜水说:

---

① 石天基:《传天宝》卷四。

② 《答源光国书五首·四》,《朱舜水集》卷六,第133页。

惟望上公(指源光国)推广此心,惠泽加于百姓,老者得所养而安,少者得所长而怀;至于与邦人交而止于信,此上公固有之明德也。足其衣食,革其故俗,如此则人人在于覆载之中,人人胥庆,水户一邦之人民,子子孙孙,歌颂如天之德,垂之无穷。

人君以百宝盈宁、群黎遍德为福,以民被其泽、法传后世为寿。是以至诚无息,不息则久,以至悠久无疆。①

这里,朱舜水把儒家积极有为的入世观作为衡量贤君的第一个标准。君子的贤明表现在能以天下之忧为忧,以天下之乐为乐。老有所养而安,少有所长而怀。法传后世,民被其泽。群黎遍德,百室盈宁。为此,"贤君"之名就会垂久无穷。反之,即使福禄如茨,子孙众多,亦不足为贤君。

标准之二,舜水曰:

龙非仁义无以为灵,人君非仁义无以为国。昔者赵简主是已,栾激事之六年,给使又甚材也,一旦悉明其罪,而明法饬法,得仁君之大道焉,义也。杨因事君五去,下士差兴("兴",疑作"与")为伍。一旦举以为相而不疑,有知人之浚哲焉,仁也。仁义兼施,赏罚明允,国以大治。于是南威齐、楚,西抗强秦,赫奕乎其有光也。②

---

① 《元旦贺源光国书八首》,《朱舜水集》卷六,第114—115页。

② 《源光国字子龙说》,《朱舜水集》卷十三,第444页。

这里,朱舜水将仁义治国作为他理想中贤君的第二个标准。人君若能以仁义治理天下,便会兢兢业业,有贤才不敢弃,有罪恶不敢赦,即不会以私意谋事。这样,君主在人间为国君就如同龙在天上为天吏一般。

标准之三,舜水指出:

> 大舜以大孝之德,侧陋外闻,登庸熙载,则克尽其为臣。重华受终,则克尽其为君。……是以威德动天,无远弗届;是以好生从欲,洽于民心。能使天下后世,观者听者,莫不欣欣而兴起焉。岂非至诚之感神乎!①

这里,朱舜水把以孝德治天下作为贤君的第三个标准。由于舜帝能以大孝之德治理国家百姓生灵,所以当时出现了"六府修,三事治,九功叙,九叙歌"② 的国泰民安、风调雨顺的盛况。

标准之四,朱舜水认为:

> 伏以六律周而岁新,三阳开而运泰,晴曦展绿,淑气催黄,此时君象春而沛泽,民望春以登台,丰亨豫大,肇于斯矣。……今上公(指源光国)以明睿之姿,秉盛壮英豪之气,力行善政,犹青阳之发生,万汇无不芽出畅茂者矣。内则足以为子孙之法,远则足以

① 《源纲条字九成说》,《朱舜水集》卷十三,第445页。

② 《源纲条字九成说》,《朱舜水集》卷十三,第445页。

> 为王者之师。……以贤君而行善政,则探囊而取物,随手即得,无往也。①

这里,朱舜水把行善政,作为贤明君主的第四个标准。他认为贤君必须力行善政,才能有益于世。国君如同春之阳,民众则为物之芽,只有阳光明媚,万物才能滋生。贤明君主一旦施行善政,治国就像探囊取物一般,国家唾手可治。

朱舜水之所以主张"贤君"论,是因为他认为人君的好恶是国家治乱的关键,是人民祸福的枢机,委实是一件不可轻视的大事。故此,舜水又主张人君首先要修身律己,方可成为贤明君主。他认为贤君修炼的途径,可归纳为以下三条。

一曰自强不息。朱舜水说:

> 然舜之德,何以遂至于斯极也?……是犹积德累仁,日新日日新,又日新,以至于斯也。专其心,致其志;非类之徒,无稽之言,勿使得挠其虑;逸欲之端,不急之务,勿使得纷其心。业积而不渝,功高而愈奋。有为者若是,故能迥出云表,俯瞰万物之如斯也。若夫为山未成,功亏一篑,掘井九仞而不及泉,徒使有识者爱莫助之,咨嗟叹息而无已。岂能为法于天下,至于斯极乎?事诚在吾,是以君子必要其成也。②

舜帝以大孝之德治天下,遂有"贤君"留名后世,其功力非

---

① 《元旦贺源光国书八首》,《朱舜水集》卷六,第116—117页。

② 《源纲条字九成说》,《朱舜水集》卷十三,第445—446页。

一朝一夕，而是他日夜精进，自强不息的结果。因为自强而不息则德远，即专心致志，不以无稽之言忧虑，不被逸欲之务分心；悠远则博厚，即业积不渝，功高愈奋；博厚则高明，即胸罗千古，博闻强识。而博厚可以体地，高明可以体天，于是乎，人君便锤炼成了俯可以察民事国情，仰可以洞察风雨丰歉的贤德君主。

二曰纳贤举才。

> 然君子之一身，上以承天之明命，下以作民之父母，是故以一人劳天下，不以天下奉一人。独行其道，非平治之规也；泽不下究，非容民蓄众之理也。故曰："德惟善政，政在养民。"然百姓颠连无告，而吾以耳目有限；晚世理弊多端，而吾之智虑难周；势不得不藉贤人君子相助为理已。贤人之处心也公，而持身也廉。公则生明，廉则生威；明以烛闾阎之隐，威以销奸宄之萌。如是则贤人之耳目，皆吾之聪明；贤人之智虑，成吾人之睿圣。则已登斯民于衽席，而保之如赤子矣。养贤以及万民，古之人岂欺我哉？①

贤君要想自强，必须善于积纳众人之贤德，如同天积众精方能自刚一般。如春秋之时，晋文公最强，倘有孤偃、赵襄、魏犨、颠颉、司空季子、陶叔孤诸贤才辅助之；其后魏文侯最强，则有卜子夏、田子方、段木干诸侯才论思于内，季成、李克、翟璜、西门豹、吴起诸贤将宣力于外，另有贤士无择、赵苍唐咸知

① 《伯养说》，《朱舜水集》卷十三，第451—452页。

大义,弥缝阙遗。由此可见,要成为论道经邦的贤君,必须要纳贤才,积贤德于一身。

三曰革新更化。

> 今者小试之,而民风已变,与往时遂相径庭,非化之必不可更,非俗之必不可善也。诚能修明其道,使百姓实见其美,则欢欣鼓舞,家弦户诵,可弹指而冀矣。①

时代的变异必招致民风的变化,故朱舜水认为圣明君主都是顺乎潮流,适乎民心,非化之必不可更,非俗之必不可善,即进行"更化善俗"的社会改革。这样,才能使百姓见其实惠,欢欣鼓舞。反之,君主无改革的勇气和魄力,回互迟疑,与群众同蔽,逡巡退缩,与颓俗共靡,则治国之道不明,治民之德不立,这样的君主怎能称为贤君呢?

朱舜水的"贤君论",既是对昏君暴政统治的抨击,却又不能挣脱君主专制的羁绊;既反映了他把爱民之心寄托于贤君之身的理想,却又保留了传统的"君为民主"的印记;既陈述了他渴望改革社会、富国利民的抱负,却又流露出中国当代无明主可寻的惋惜心境。这种矛盾表明了朱舜水的两重心理境界,两重认识层面,这就是说,他虽具有启蒙思想因素,但还不是新时代晨曦的歌唱者。一方面,他倡导的"贤君"说,是从侧面对封建君主专制的批判。从他提出贤君的四个标准中可以看到,他是托古代尧舜之德而行改革之实,设立了有"爱民之

① 《贺源光国四十寿序》,《朱舜水集》卷十五,第479页。

心”，行“利民”之政的“贤君”形象，以指责那些贪黩淫污、残暴荼毒的昏君和暴君。从他提出贤君修身的三条途径中，可以看出，舜水希求贤君以自强不息、力革积弊的精神使国富民强，并以此揭露了使人民涂炭、国家积贫的君权的腐朽和暴戾。他对昏君的指责、对腐朽君权的揭露，表明他的“贤君”论思想包含有某些民主主义的启蒙因素。但另一方面，由于明清之际批判君权的思潮毕竟还只是巨石压身的幼芽。自雍正帝执政后，这股反君权的思潮便逐渐平息了。又由于朱舜水囿于儒家和当时社会历史的局限性，所以亦不能夸大他“贤君”论的价值。但朱舜水敢于以“贤君”论向根深蒂固的“君权”论挑战，即使是吉光片羽，也具有一定的历史意义。

（三）事功论的终极关怀——舜水学之“大同”思想。

所谓“大同”思想，是朱舜水对儒家孔孟“仁政”学说的理想化。中国古代“大同”思想始于《礼运》，在《公羊》中则为三世说。西汉大儒董仲舒为维护大一统封建专制体制，着重发挥了《春秋公羊传》中的“大义名分”、“尊王一统”思想，使《公羊春秋》的传播受到王朝的重视和提倡，从而成为官学。但自东汉后，《公羊》义法早已沉沦，这一封建统治者自救图存的方案不复为人所重视。朱舜水时遭国破家亡、颠沛流离之厄，于是他摭拾《公羊》义以为自救救人的良策。所以，朱舜水是自汉董仲舒后，第一个注意到《礼运》大同学说和《公羊》三世说的人。因此，他醉心于尊王一统，醉心于理想的大同世界。朱舜水效法董仲舒，以大同解太平世。他说：

昔者孔子曰：“大道之行也，与三代之英，丘未之逮也，而有志焉。夫大道之行也，天下为公，选贤与能,讲信修睦。故人不独亲其亲,不独子其子;使老有所终,壮有所用,幼有所长。其不幸不全于天者,皆有所养。男有分,女有归。货恶其弃于地也;不必其藏于己;力恶其不出于身也,不必为己。是故纤慝尽闭,至理聿臻,故外户而不扃,质实而无伪,是谓大同。"夫以禹、汤、文、武、周公之治为小康,而以此为大同。①

在朱舜水的大同思想中,人们以"仁义"、"礼制"行为方式对待他人,所以,"是人皆当爱,皆当敬"。这样,社会中人与人的行为关系就建立在了仁爱基础上。因此,出现了夜不闭户、路不拾遗、"老吾老以及人之老,幼吾幼以及人之幼"的社会行为规范。

但是,舜水知道这一理想在中国是无法实现的,因而寄希望于日本。舜水根据公羊义,认为中国和日本无种族上的界限,只有文化与政治上的区别,倘若日本实施王道则进、则强。这就是"大一统",是《公羊》最胜义,也是儒家思想的精华。朱舜水信奉这种思想,并乐道之。故此,他说:"若以贵国为褊小,为东夷,谦让不遑,则大不然。贵国今日之力,为之尚有余裕。"②源光国接受了朱舜水的"大同"思想,遂以"尊王一统"义撰写《大日本史》,于是有了明治维新,以至有了逐渐强大起来的大国日本。这诚如梁启超所云:"舜水之学不行于中国,是

① 《元旦贺源光国书八首》,《朱舜水集》卷六,第113页。
② 《答加藤明友书二首》,《朱舜水集》卷五,第74页。

中国的不幸，然而行于日本，也算人类之幸了。”①

在朱舜水倡大同说二百年后，康有为写《大同书》，并结合《公羊》三世说，“托古改制”，促成戊戌变法。由此可以说，朱舜水的大同思想亦成为中国变法维新运动的理论指南。

朱舜水起千古尘埃，目光如炬，千百年来没人注意到的大同理想境界，被他提出来了。舜水有志于人类大同的实现，开日本维新之端倪，唱晚清变法之先声，诚气象万千，真人杰也哉！

朱舜水的“大同”思想，从中华民族传统思维方式来看，是一种“和合”思维。关于“和合”思维，张立文教授指出：“所谓和合，是指自然、社会、人际、心灵、文明中诸多元素、要素相互冲突、融合，与在冲突、融合的动态过程中各元素、要素和合为新结构方式、新事物、新生命的总和。宇宙间一切现象都蕴涵着和合，一切思维都浸润着和合。在和合的视野下，自然、社会、人己、心灵、文明（文化）就是和合。”②从和合思维来看，所谓大同世界就是太和世界或太平世界，亦即大同太和世界和和平世界。

“民本”思想—“仁政”思想—“大同”思想，其核心便是儒家提倡的“内圣外王”精神。朱舜水将这种精神赋注于更化善俗、改革社会之中，构成了舜水学的事功论。这种事功论也标明了舜水学的基本特征——突出“实”的思想。

---

① 梁启超：《中国近三百年学术史·两畸儒》，第103页。

② 张立文：《和合学概论——21世纪文化战略的构想》，首都师范大学出版社1996年版，第71—72页。

第三章　舜水学理论体系(下)

一、舜水学之经济观——实利论

在经济思想方面,朱舜水以开物成务、经邦宏化为学,期于有为有用、体用赅备,大而农工行政之祥,小到制度文物之备,靡不淹贯。“经邦弘化,康济艰难”的经世济民理论构成了舜水学的经济理论的重要内容。

(一) 舜水学经济观之价值:“衣食足而后礼义生”。

生活在明清之际的朱舜水,目睹资本主义萌芽在封建经济内部的持续发展和新兴市民势力的日益壮大,逐渐形成了重视经济的理论观点。即把人民的物质生活条件作为其伦理观点和治理国家的基础。

关于经济与道德的关系,舜水继承了《管子》中“仓廪实则知礼节，衣食足则知荣辱”[1]和西汉司马迁关于“仓廪实而知礼节，衣食足而知荣辱。礼生于有，而废于无。故君子富，好行其德；小人富，以适其力。渊深而鱼生之，山深而兽往之，人富而仁义附焉”[2]的思想，指出：

> 衣食足而后礼义生，此教化之厚，不可不留意也。[3]
>
> 伏以治道有二，教与养而已。养处于先，而教居其大。盖非养则教无所施，此奚暇治礼义之说也；非教则养无所终，此饱食暖衣，逸居无教之说也。[4]
>
> 富之教之，立可有成。[5]

朱舜水的这些思想，既是儒家的传统思想，又是新兴市民阶层的福音。《管子》和司马迁认为，道德伦理标准是否有实践意义，要依据人民的物质生活条件来判断，所以提出“仓廪实则知礼节，衣食足则知荣辱”的深刻思想。朱舜水在商品经济初步发展的时代，从务实的立场出发，明确指出社会道德伦理根植于社会经济之中，即必须在一定的物质生活条件下，道德伦理标准才能发生作用。基于这样的思想，他强调在人民的衣食富裕之后，“礼义”等伦理道德才能产生，才会发生作用。这样，就将抽象的伦理道德观点全部建筑在人们的物质生活条件上

① 《管子·牧民》。

② 《史记·货殖列传》。

③ 《答平贺舟翁书二首》，《朱舜水集》卷五，第90页。

④ 《元旦贺源光国书八首》，《朱舜水集》卷六，第115—116页。

⑤ 《答安东守约书三十首》，《朱舜水集》卷七，第185页。

面。这就意味着,道德行为是与人们的物质生活条件相联系的,道德并不是天赋的。

进而,朱舜水又阐述了教(道德伦理)与养(物质生活)的辩证关系。他认为要人们接受封建的伦理道德规范,就必须首先满足人们起码的物质生活要求。如果人们连衣食都成了问题,那怎么谈得上"礼义"呢? 此即"非养则教无所施"之义。这表明朱舜水已感觉到了经济生活对于道德的形成有重要的影响。同时,如果不施行封建伦理规范的教化,人们就会一味地追求饱食暖衣,而无所适从。此即"非教则养无所终"之义,它说明朱舜水意识到了道德或精神对于物质生产、经济生活的影响作用。在"教"与"养"的先后顺序上,舜水肯定了"养处于先",而"教居其大","教之养之,立可有成"。即经济因素、物质条件居第一位的思想。朱舜水的这些思想是比较深刻的。

关于经济与治国的关系,朱舜水秉承了儒家传统的"重民"思想,以"民生"即以百姓的经济生活作为治国的根本。他说:

> 君臣、父子、夫妇、昆弟、朋友,无地间之定位也。士、农、工、商,"国之石民也"。男耕而食,女织而衣,民生之常经也。所谓本根者,如斯而已。而又"壮者以暇日修其孝弟忠信",国何患不治? 何患不富?①

这就是说,以士、农、工、商为国家的基干,以男耕女织为基本的生产方式,在衣食充足的基础上,又修以孝悌忠信的治国、

① 《答野节问三十一条》,《朱舜水集》卷十一,第388页。

富国之道。这样，就把“民生”这一基本的经济问题提高到了“治国之本”的重要地位。朱舜水视经济问题为治国之本的思想是很深刻的。这也正是舜水学经济观的价值之所在。

朱舜水之所以将经济问题作为治国之本的关键，这是他总结明亡历史教训的结果。舜水在追溯明朝末年由于经济凋敝而导致农民起义的历史教训时说：

> 水旱灾荒，天时任其丰歉；租庸丝布，令长按册征收。影占虚悬，巨猾食无粮之土；收除飞洒，善柔赔无土之粮。敲骨剥肤，谁怜易子；羡余加浓，岂顾医疮！①
>
> 且幽、冀、兖、豫五省，苦于俵马驿马；俵马自孳生印烙之弊，驿马有恤马需索等弊。江南有白粮糙粮、粗布细布之弊。一经签役，立致倾家。总来官不得人，百弊丛集。②
>
> 百姓者，黄口孺子也，绝其乳哺，立可饿死。今乃不思长养之方，独工掊尅之术，安得而不穷？既被其害，无从表白申诉，而又愁苦无聊，安得不愤懑切齿，为盗为乱，思欲得当，以为出尔反尔之计？③

朱舜水的这些论述，深刻反映了他已意识到经济不振、人民生活困苦的必然结果是引起农民起义的爆发，封建统治者江山

① 《中原阳九述略》，《朱舜水集》卷一，第 2 页。
② 《中原阳九述略》，《朱舜水集》卷一，第 3 页。
③ 《中原阳九述略》，《朱舜水集》卷一，第 3 页。

的动摇。为了达到巩固朱明王朝的政治目的,朱舜水认为必须从经济问题入手,即视经济问题为治国安邦的首要问题,其它问题为末节。否则,以末节图治,就犹如治丝益棼,徒劳无益。

朱舜水“衣食足而后礼节生”的思想,反映了明清之际新兴市民阶层力图用物质原因来说明精神、道德现象,竭力从经济问题上寻求治国、富民之道的尝试,这是极可宝贵的思想。其宝贵处正是舜水学经济观的价值之所在。

(二) 舜水学经济观之内容:“经邦弘化,康济艰难”。

朱舜水作为明清之际的思想家,他经济思想的突出特色便是“实利”论,即主张讲利取益的经世致用之学。由于朱舜水把经世致用之学作为其经济思想的主旨,这就决定了他在考虑问题时,总是把物质经济的实际利益和功用问题无论在理论上还是实践上,都放置在首要地位。具体讲,朱舜水的“实利”论包涵有以下五个方面的内容:

第一,强调对“重义鄙利”传统观念的批评。

中国传统文化的特点之一是将经济观点依附于伦理道德规范。故此,经济效益这一经济问题是通过“义利”这对伦理范畴的讨论表现出来的。

中国文化史上的儒宗孔子认为伦理规范对财富的获得具有限制的作用,即意味着财富的获得要服从于伦理标准。这样,相对伦理规范而言,财富则退居于次要地位。因此,孔子“罕言利”①。在此基础上,他又认为有些人天生就通晓“义”,即天生的好义;而另外一些人则天生只知“利”,只好利。这就

① 《论语·子罕》。

是为后世儒家奉为经典的“君子喻于义,小人喻于利”[①] 之说。

西汉大儒董仲舒将孔子的这种伦理财富观深化为儒家的基本经济观点:“正其谊(义)不谋其利,明其道不计其功”。[②]这样,孔子关于“罕言利”这个对待经济问题的基本态度,经董仲舒推崇而形成了基本格局,支配中国社会达两千余年。中国封建社会后期,经济发展停滞的诸多重要原因中,儒家经济思想对社会经济基础所起的反作用亦是其中之一。

以朱熹为代表的理学家推崇孔子和董仲舒超越功利,维护道义的思想,进一步从理论上完善了“义利”范畴,并提出了“重义轻利”说。朱熹曾对“义利”范畴做了这样的规定:义是“天理之所谊”,利是“人情之所欲”。朱熹在解释《论语·里仁》“君子喻于义,小人喻于利”章时说:“义者,宜也,君子见得这事合当如此,却那时合当如彼,但裁处其宜而为之,则无不利之有,君子只理会义,下一截剩处更不理会”。“小人则只计利害,如此则利,如此则害”。[③]“宜”即适合、合当之义。君子不顾利害,只看是否“天理”所当作,这便是“天理之所宜”,这便是“人情之所欲”,“利”矣。禀承儒家“罕言利”之脉络,朱熹倡导“重义轻利”说。他不仅把“重义轻利”思想作为《白鹿洞书院学规》揭示出来,教导他的门人弟子,而且还将“重义轻利”说与他哲学体系的基本范畴——“理”联结起来,诉诸本体论的论证。他以为君子之学,不能专在利害上计较、巧智上使用,而

---

① 《论语·里仁》。

② 《汉书·董仲舒传》。

③ 《朱子语类》卷二十七。

应该“穷理而守之”,“唯理是从”,极言之,便是“正义”、“明道”之论。这正如他在《拙斋记》中所云:

> 尝闻天下之事不可胜穷,其理则一而已矣。君子之学,所以穷是理而守之也。其穷之也,欲其通于一;其守之也,欲其安以固,以其一而固也,是以近于拙。盖无所用其巧智之私,而唯理之从。极其言,则正其宜不谋其利,明其道不计其功,是亦拙而已矣。①

这样,便把哲学(理)与道德伦理(义利)统一起来了,使“理”带上了浓厚的道德色彩,也使“重义”具有至高的地位。在“重义轻利”说的基础上,朱熹与事功派首领陈亮展开了南宋历史上有名的“王霸义利”之辩。

陈亮(1143—1194)是“浙学”中“永康学派”的创始人。他出于改革社会弊政,提倡功利的目的,与朱熹展开了一场激烈的论战,长达三年之久。其中涉及到义理与功利之争、王霸之争、动机与效果之争等哲学问题。关于“义理”与“功利”之争,朱熹强调“存天理,去人欲”,以天理与人欲不两立。他在《答陈同甫书》中说:“至若论其本然之妙,则惟有天理而无人欲。是以圣人之教,必欲其尽去人欲而复全天理也。”② 又说:“学者须是革尽人欲,复尽天理,方始是学。……人欲与天理,此长彼必短,此短彼必长”。③ 天理与人欲,两者不能并存而只能是一

① 《拙斋集》,《朱文公文集》卷七十八。

② 《答陈同甫书》,《朱文公文集》卷三十六。

③ 《朱子语类》卷十三。

方战胜另一方。在朱熹看来，天理即是义理，人欲即是功利；义理就是讲仁义道理，功利就是讲利欲。因此，"革尽人欲"，就是去利欲，去功利；"复尽天理"，就是只讲义理，只讲仁义。

朱熹所说的人欲，既包括物质欲望要求，也包括陈亮所说的功利之学。朱熹不仅以功利是出于"计功谋利之私"，而且指责陈亮是"在利欲胶漆盆中"①，所以他对陈亮功利之学的传播十分忧虑："江西之学（陆九渊的心学）只是禅，浙学却专是功利。禅学后来学者摸索一下，无可摸索，自会转去。若功利，则学者习之便可见效，此意甚可忧！"② "习之便可见效"说明陈亮的功利之学在当时是行之有效的。

陈亮在论战中，以"堂堂之阵，正正之旗"，公开反对朱熹空谈义理，而主张"义利双行"。陈亮在《问答·七》中说："耳之于声也，目之于色也，鼻之于臭也，口之于味也，四肢之于安佚也。性也，有命焉。出于性，则人之所同欲也；委于命，则必有制之者不可违也。"人的耳、目、鼻、口的私欲就是性，性是不可违背的，因此，也可以叫做命。陈亮以人的私欲为人的本性或天性，这就一反朱熹以理为性的说教。既然私欲是人的本性，是不可违抗的，那就是合理的，是不能去掉的。由此看来，朱熹要"尽去人欲"，岂不是违背天性吗？

陈亮虽然以利欲为天性，主张利，但他并没有如朱熹那样，以"人欲"否定"天理"，以"利"否定"义"。他认为既然肯定利欲为天性，也要讲义理。他说："诸儒自处者曰义曰王，汉唐

---

① 《朱子语类》卷一百二十三。

② 《朱子语类》卷一百二十三。

做得成者曰利曰霸。一头自如此说，一头自如彼做；说得虽甚好，做得亦不恶；如此却是义利双行，王霸并用。如亮之说，却是直上直下，只有一个头颅做得成耳。”①“义利双行”就是天理与人欲并行不悖，这显然与朱熹的义利之说不两立，“存天理，灭人欲”相对立。

生活于明清之际的朱舜水，以南宋这场“义利之辩”为镜，明鉴大明江山倾倒的原因，使他反对理学家脱离实际的义理之学，而旗帜鲜明地公开提倡功利主义。因此，他同情陈亮，不以朱熹为然。他支持陈亮说：

> 仆谓治民之官与经生大异，有一分好处，则民受一分之惠，而朝廷享其功，不专在理学研穷也。晦翁先生以陈同甫为异端，恐不免过当。②

朱舜水斥责理学是无补实际的无用之学。他批评宋儒虽“辨析毫厘，终不曾做得一事”，不仅对社会毫无用处，而且还会使“后生小子”变得空话连篇，“于天人理欲义利公私之际，与之辨析毫芒”，竟不知自己说了些什么，接触实际更是瞠目结舌，无所适从。

朱舜水进一步揭露说，这种义理之学不仅无用，反而是祸国殃民的大害。明中叶以后，“讲道学者，又迂腐不近人情”，“而国家被其祸”，造成了国家的破亡。作为明朝遗民的朱舜水，与其同时代的许多开明进步学者一样，从明朝覆灭的切肤

① 陈亮：《又甲辰秋与朱元晦秘书》。

② 《答野节问三十一条》，《朱舜水集》卷十一，第386页。

之痛中，悟到了只有研究义理之经、而无经世理民之学，徒讲义理、耻谈功利，必定引起经济的崩溃，进而导致国家的灭亡，这是一条经济原则。

最后，朱舜水揭掉了理学家不讲功利的所谓“清高”、“超脱”的表层面目。他说：

> 以从八股为文章，非文章也。志在利禄，不过藉此干进。彼尚知仁义礼智为何物？不过钩深棘远，图中试官已耳，非真学问也。①

他严厉地斥责那些“浮夸虚伪以文其奸，以售其术”的无耻“小人”，以为“君子”绝不能为。因为他们口头上不谈功利，但绝不是不要功利。相反，这正掩盖了他们最狭隘的功利，最虚伪的功利。

朱舜水通过对讲义鄙利传统观念的批评，继陈亮之后，举起了功利主义旗帜，与空言义理的理学针锋相对。

第二，强调对“实利”、“实功”思想的弘扬。

朱舜水在批评了“重义轻利”传统观念之后，又提出了“实利”（功利、益利）和“实功”（功用、效用）的思想。

朱舜水认为儒者担任国家职务，就应该“以临民为业，以平治为功”。所以，当吉永太守向他请教“格物致知”时，舜水开导太守要在经世中随时随地格物，才能致治民之知，才能使百姓泽其惠，朝廷享其功，实现国强民富的宏愿。否则，欲穷尽事事物物之理，然后再致知以及治国平天下，则人寿几何？河清

① 《答安东守约书三十首·三》，《朱舜水集》卷七，第173页。

难矣。朱舜水从国家和人民的“实利”出发,改造理学家穷研经理的“格物致知”说,注入了讲究经济利益的思想。

他还认为评价一种学说,要看它是否产生实际效果,是否产生实际利益,即国家能否得到好处,人民能否得到利益。为此,他指出为学应当有实功、有实利、有实用,尤如布帛菽粟对于穿衣吃饭一样,衣之即不寒,食之即不饥,可以解决实际问题。贤君能主之于上,宰相能严之于下,不出数年,风俗立改。这样,不论上下、男女、智愚、贤不肖者,皆可享其功利。反之,那种于字句之间标新立异的学问,或说玄说妙而千万年无人能见的学问,其实质是未有一句一字真实,徒使无数聪明人被欺骗。朱舜水力图以社会效用、经济利益为标准来衡量学问的真伴、虚实、功弊,是有创见的,在当时历史条件下,也确实是难能可贵的。

更为可贵的是朱舜水提倡“取益”说。与他同时代的黄宗羲明确提出“自私”、“自利”说。他反对封建君主专制也以此立论,认为“君”的自私自利妨碍了人民的自私自利。这种思想道出了自私自利是新兴市民的特点。朱舜水的“取益”说虽然没有明确提出“自私”、“自利”概念,但其思想已蕴含其中了。他提出,君主是取人之财,益在帑藏;取人之善,益在一身,因此,朱舜水提倡“取益”说,并特为他的日本学生管原纲利取字为“取益”。朱舜水倡导的“实利”、“实功”思想,透露出市民社会倾慕经济实利、社会实功的真实精神。

第三,强调对“巨儒”标准的修正。

中国传统的“巨儒”标准,是以儒家的文化标准为评判尺度,而不考虑其实际业绩如何。朱舜水以经世致用为准绳,对中国传统的“巨儒”标准加以修正。关于“巨儒”,他说:

巨儒鸿士者，经邦弘化，康济艰难者也。①

他认为真正的巨儒、硕儒，不是皓首穷经、空谈心性、无所事事的儒生，而是身兼经邦弘化之材和康济艰难之学，擅长经国理民的人，即指那些能够治国安邦、利国富民、开物成务、穷经致用的英才。朱舜水能够从经济效益出发，评判巨儒鸿士，这种观点是对世俗看法的纠正，亦是资本主义萌芽的反映。这种讲究效益的经世论思想是他与一般儒者相殊的一个鲜明标记。

舜水痛惜明中叶以后，巨儒鸿士者几乎没有，故将培养经国理民人才的希望寄托于日本，并以此思想反复开导日本友人。如他多次对源光国和加藤明友说：

惟望上公加意民生日用，以周家积德累仁为法，百姓登于春台，则人君之福寿，操左券而取之矣。②

台下经国理民，以愚言之，为学当见其大，实实有裨于君民，恐不当如经生寻章摘句也。③

他希望源光国注意百姓衣食日用，只有济民、富民，才能经世、治国。他深望加藤明友勿学寻章摘句的宋儒，只相信书上注脚，教导他治学之道应在国计民生彝伦日用中学经国理民的宏才。

① 《答林春信问七条》，《朱舜水集》卷十一，第383页。
② 《元旦贺源光国书八首》，《朱舜水集》卷六，第117页。
③ 《答加藤明友问八条》，《朱舜水集》卷十一，第381页。

以上思想表明朱舜水倡导的“实利”、“实功”反映了市民社会倾慕经济实利、社会实用、人民实功的真实思想。

第四,强调对工艺技术的普及。

朱舜水达于政事,又长于工艺,娴于技术,富有巧思。他不但以儒家的经书典籍教导他的日本门生,而且还将中国的科学技术、工艺技能——工程设计、建筑技术、农艺园林、地理知识、衣冠裁制等介绍到日本。这不但推进了日本的文明开化,而且表明了朱舜水对工艺技能、生产技术的重视,反映了新兴市民阶级以工为本的进步心理。

朱舜水的弟子安积觉在《舜水先生行事》一文中,称赞他的赅博精密说:“农圃梓匠之事,衣冠器用之制,皆审其法度,穷其工巧。识者服其多能而不伐,该博而精密也。”①

舜水在江户的小石川(今东京后乐宾馆一带)模仿中国的西湖和庐山风景,为德川光国设计了“后乐园”(取范仲淹的“后天下之乐而乐”的意思)。这是日本的著名园林之一。另外,舜水商榷古今,剖微索隐,创作了《学宫图说》,并按图监造了东京汤岛的“圣堂”。这个“圣堂”有文庙、启圣宫、明伦堂、尊经阁、学舍、进贤楼、射圃、门楼等精巧的建筑群。此外,舜水还制作古升、古尺,揣其称胜。作簠、笾、豆、登、铏之属,因图虽存而制莫传,他便依图考古,研核其法,巧思默契,指画精当,授之工师。并为水户侯源光国制作明室衣冠,朝服、角带、野服、道服、纱帽、幞头等俱全。其他如养蚕制丝的技术、医药种痘的处方、农田水利的规划等,他也都很熟悉。《朱氏舜水谈绮》中还记载了舜水将中国的百工技艺名称及其所从事的工艺技能情

---

① 《舜水先生行实》,《朱舜水集》附录一,第624页。

况一一介绍到了日本。这些工艺技术的名称有:庖人、屠户、冶工、锻工、裁缝、画工、舵工、笔工、木匠、锯匠、泥匠、石匠、皮匠、漆匠、银匠、货郎等。这反映了朱舜水对工艺、技能、生产等经世技术的重视。所以,源光国尊称他为"经济家",说倘若在旷野无人的地方,士农工贾各业朱舜水可兼而通之,大至礼乐行政,小到田园、酒食、盐酱诸事,他都可以胜任愉快。这诚如梁启超所言:"舜水不独为日本精神文明界之大恩人,即物质方面,所给他们的益处也不少了。"①

第五,强调对"弃井田之法,效井田之制"土地论的实施。

土地问题是作为农业大国的中国的一个重要问题,所以,历代政治家和学者都对土地问题作过深入论述。朱舜水也不例外。具体讲,"弃井田之法,效井田之制"的土地论构成了朱舜水经济思想的一部分内容。关于"井田"制问题,舜水说:

> 井田之法,固后世万万不能行;而井田之制,沟涂封洫,旱涝蓄泄,制度详尽,则田官所不可不知者也。②

这就是舜水"弃井田之法度,而效井田之制度"的看法。如要进一步理解朱舜水这种"井田制"思想,就必须探求中国历史上关于"井田制"的发展及明清之际思想家们对"井田制"的看法。

在中国历史上,"井田制"是人们长期争论不休的土地方

---

① 梁启超:《中国近三百年学术史·两畸儒》,第103页。

② 《答平贺舟翁书二首》,《朱舜水集》卷五,第90页。

案,因而也是一个重要的土地问题。最早出现的“井田”制是周代奴隶制度的一种用于监督奴隶劳动的形式。奴隶主把土地划成一些方块,作为计算奴隶劳动的单位。周王朝规定每方块为百亩(约合现在的 31.2 亩),称为“一亩”。这就是“一夫”耕种的面积。九百亩为一方里,构成一个“井”字形,所以叫“井田制”。

在中国历史上,最早提出“井田制”思想的,是战国时代大思想家孟子。但孟子的井田制已与周朝的井田制截然不同。孟子的井田制理想是:“方里而井,井九百亩,其中为公亩,八家皆私百亩,同养公亩;公事毕,然后敢治私事。”① 在奴隶制时代,奴隶是一无所有的,根本无所谓“私田”。孟子主张把土地分给农民,每家各有“私田”百亩。中间的“公亩”一百亩,八家共同耕种,这就是劳役地租。孟子说:“耕者助而不税”。②“助”,就是使人民代耕“公亩”,榨取劳役地租。孟子的这种井田制体现了农民的土地要求,所以,孟子的“井田制”具有历史的进步性。后代思想家,不论是否赞成实行“井田制”,一般都把“井田制”看作是消除贫富不均现象的理想土地分配方案。

随着君主政权的建立,土地兼并矛盾日益尖锐化。董仲舒第一个指出“井田制”很难实施。董仲舒死后三十年,有人主张恢复“井田制”,而桑弘羊则认为“是民何必井田”,于是出现了关于井田问题的一次大辩论。这之后,历代都有思想家对“井田制”进行分析评论。概括而言,汉唐关于“井田制”的争论,反对者说不清谈于实行的理由,而拥护者又盲目加以美化,无视

---

① 《孟子·滕文公上》。

② 《孟子·公孙丑上》。

其中的矛盾。宋以后，又有许多学者提出各种论点，论证“井田制”不可能实行，但赞成恢复“井田制”者也不乏其人。这两种对立观点一直持续到明末清初。

明末清初的王夫之认为“归田授田”，古代绝无其事，并对八家共耕“公亩”之说作了驳斥。作为启蒙思想家，王夫之反对“井田制”的思想具有时代进步意义。因为他指出土地是自然物，“非王者之所得私”；用自己的“力”开垦土地的人，才是土地所有者，“不待王者以授之”。这一思想代表了他为地主土地私有财产制辩护的时代精神，也反映了广大农民对土地的迫切要求。

而同为启蒙思想家的黄宗羲却主张恢复“井田制”。其主张的基本内容是使一些无地农民获得同等份额的土地，交纳一定量的实物税。至于这一主张的具体方案，他未能提出。所以，他主张恢复井田，只是徒有其名而已。但黄宗羲强调将官田分配给农民，这意味着他的井田思想是主张和封建皇室及官府争夺土地，是市民阶层反封建斗争的一种形式，亦具有鲜明的时代感。因此，他和王夫之实是异曲同工，殊途同归。

明白了王夫之和黄宗羲关于“井田制”的态度后，便不难理解朱舜水的井田观点了。一方面，他与王夫之有同感，怀疑历史上所谓井田法度的真实性。同时，出于他“经邦弘化，康济艰难”的思想，他反对复古、模拟古人的所为，所以发出了“井田之法，固后世所万万不能行”的呼声。——这是他“弃井田之法”的观点。再一方面，朱舜水基于自己丰富的农业生产经验，深感历代农民总结出来的“沟涂封洫，旱涝蓄洩”等具体制度是有利于农业生产的。从发展生产的实际出发，他又主张“井田之制，沟涂封洫，旱涝蓄洩，制度详尽，则田官所不可不知者也”。——这是他“效井田之制”的观点。

以上论述表明朱舜水经济思想的要点是“经邦宏化，康济艰难”的经世济民的“实利”观。这种经济观既表现了朱舜水与同时代的中国著名思想家顾(炎武)、黄(宗羲)、王(夫之)相区别的明显特质，又构成了舜水学对日本社会发生重要作用的理论。其中，他视经济为治国之本的思想，使日本像德川光国这样的政治家、学者认识到治国安邦之本在经济问题，从而，视经世理民为富国强兵的要诀。舜水强调“实利”、“实功”的思想，对日本学术界发生了震撼作用，使因袭中国宋儒的“重义轻利”思想发生了动摇。舜水重视工艺技术和关于土地论的思想，对日本农业经济的发展起到了具体的指导作用。

二、舜水学之历史观——致用论

在历史思想方面，朱舜水主张“通经致用”的史观、“六经供我驱策”的史意、“遴其粹然”的史法。这些构成了舜水学强调致用的历史观。

(一) 研史救国——舜水学历史观的形成。

梁启超曾明确指出过：

> 黄梨洲、顾亭林、王船山、朱舜水，便是这时候的代表人物。他们的学风，都在这种环境中发生出来。[1]

① 梁启超:《中国近三百年学术史》，第 18 页。

梁启超这里的意思是说,朱舜水与黄、顾、王一样,他们的学术思想包括历史观,都是“在这种环境中发生出来的”。所谓“这种环境”,就是指浙东地区特殊的地理环境、文化环境和社会历史环境而言。

关于地理环境,清代乾隆元年刊刻进呈的《浙江通志》卷一有关于浙东地域划分和地理状况的记述:

> 元至正二十六年,置浙江等处行中书省,而两浙始以省称,领府九。明洪武九年,改浙江承宣布政使司。十五年割嘉兴、湖州二府属焉,领府十一。国朝因之,省会曰杭州,次嘉兴、次湖州,凡三府,在大江之右,是为浙西。次宁波、次绍兴、台州、金华、衢州、严州、温州、处州,凡八府,皆大江之左,是为浙东。

这里所说的“大江”,指的是钱塘江,即浙江的下游。大江之左的“浙东”,即所谓“上八府”;大江之右的“浙西”,即所谓“下三府”。而浙东地区,山清水秀,土地肥沃,物产丰富,水运畅通,都邑盛丽。绍宁一带,更有“鱼米之乡”的美称,尤其是宁波。内河与海运都很便利,经济也很发达。早在两汉、三国时期,宁波与海外已有交往,舟师出海,多从宁波出发。隋唐时期,明州(即宁波)与日本、朝鲜、南洋诸国,已建立了通商关系,成为对外通商、通航的主要港口。由此促进了宁波的制造(特别是造船业)、贸易、交通和金融事业的发展。所以,浙东各地被称为“财赋之上腴”。这种优越的经济地理条件,对于文化和学术思想的发展是极为有利的。而出生在浙江余姚的朱舜水,其史学思想的形成,就得利于这种天时地利。

关于文化环境，绍兴(会稽)是春秋末期越国国都。两宋数百年间，浙东各地学者辈出，讲学论道之风颇盛。诚如全祖望所说："吾乡自宋元以来，号为邹鲁"。[①] 两宋以来，浙东地区永嘉、金华、宁波三地，学术活动频繁。北宋神宗元丰年间，就有所谓"永嘉九先生"。清代孙诒让曾说过："宋元丰间作新学校，吾温蒋太学元中，沈彬老躬行，刘左史安节，刘给谏安上，戴教授述，赵学禄辉，周博士行己，及横塘许忠简公景衡，同游太学。以经明行备知名当世。自蒋、赵、张三先生外，皆学于程门，得其传以归，教授乡里。永嘉诸儒所谓'九先生'者也。"[②] 宋室南迁以后，"中原文献之传，聚于金华"[③]，形成了以吕祖谦为代表的金华学派和以陈亮为代表的永康学派，统称"婺学"。对此，近人金毓黻说："考浙东学派起于宋，时有永嘉学派、金华学派之称。永嘉之著者为陈傅良(止斋)、叶适(水心)；金华之著者为吕祖谦(东莱)、陈亮(同甫)。祖谦与朱子同时，于朱陆二派之歧异，则兼取其长，而辅之以中原文献之传。"[④] 宁绍地区学术思想的发展，比金华、永嘉地区更早一些。早在东汉时期，上虞就出现了著名的哲学思想家王充。北宋仁宗庆历年间，宁波就有"庆历五先生"从事讲学活动。所谓"庆历五先生"即指杨适、杜醇、王致、王说、楼郁五位学人。《宋元学案》卷六有他们的传略，全祖望在案语中指出："庆历之际，学统四起"，"浙东则有明州杨杜五子"。宋室南迁之后，宁波一带学风

① 《槎湖书院记》，《鲒埼亭集》外编卷十六。

② 《许景衡横塘集》跋。

③ 《淳熙四先生祠堂碑文》，《鲒埼亭集》外编卷十四。

④ 《近代史家述略》，《中国哲学史》第9章。

更盛，当时又涌现出了“淳熙四明四先生”，即袁燮、杨简、沈焕、舒璘四学子。他们四人都是陆象山的门人，将陆学传入浙东，对于阳明心学的兴起，产生了一定作用。这种良好的学术条件，有益于考究历史的变迁发展，朱舜水也正寄希望于对历史变迁的探求，而寻找拯救晚明的灵丹妙药。

关于社会历史环境，明清之际是中国历史上“天崩地解”的时代。而浙东地区又是这“天崩地解”的焦点地区。其原因如梁启超所分析的：

满洲人的征服事业，初时像很容易，越下去越感困难。顺治朝有十八个年头，除闽、粤、桂、滇之大部分始终奉明正朔外，其余各地扰乱，未尝停息。就文化中心江浙等省，从清师渡江后，不断的反抗。郑延平（成功）、张苍水（煌言）会师北伐时（顺治十六年），大江南北，一个月间，几乎全部恢复。……但不久又有三藩之乱，扰攘十年，方才勘定（康熙十年至二十一年）。所以，满洲人虽仅用四十日工夫便奠定北京，却须用四十年工夫才得有全中国。他们在这四十年里头，对于统治中国人方针，积了好些经验。他们觉得用武力制服那降将悍卒没有多大困难，最难缠的是一班“念书人”——尤其是少数有学问的学者。因为他们是民众的指导人，统治前途暗礁，都在他们身上。满清政府用全副精神对付这问题……那时满廷最痛恨的是江浙人。因为这地方是人文渊薮，舆论的发纵指示所在，反满洲的精神到处横溢。所以自“窥江之役”（即顺治十六年郑、张北伐之役）以后，借“江南奏销案”名目，大大示威。被牵累者一万三千余人，缙绅之家无一获免。这是顺治十八年的事。其时康熙帝已即位，鳌拜一派执政，袭用顺治末年政策，变本加厉。他们除糟踏那等下等念书人外，对于真正知识阶级，还兴许多文字狱，加以特别摧残。最著名的，如康熙二年湖州庄氏史案，一时名士如潘力田(柽章)、吴赤泻(炎)等七十多人同时遭难。此外，如孙夏峰于康熙三年被告对簿，顾亭林子康熙七年在济南下狱，黄梨洲被悬购缉捕，前后四面，这类史料，若仔细搜集起来，还不知多少。这种政策，徒助长汉人反抗的气焰，毫无效果。①

这里，梁启超注意到了浙东地区矛盾斗争的异常尖锐性和复杂性，并指出了浙东地区是人文渊薮、舆论的发纵指示所在地，亦是洋溢着反满情绪的地方。所以，浙东地区多有富有民族气节的学者。朱舜水便是其中一人，他“对于明朝之亡，认为是学者社会的大耻辱、大罪责”。舜水“不是为学问而作学问，是为政治而作学问”。他“所作学问，原想用来作新政治建设的准备，到政治完全绝望，不得已才作学者生活”。作为一名学者，舜水研究历史、撰写历史，也不违背其为救国的政治宗旨。因此，梁启超将朱舜水与黄宗羲、顾炎武、王夫之、颜习斋并列为清初五大师并赞扬说：“清初几位大师——实即残明遗老——黄梨洲、顾亭林、朱舜水、王船山……之流，他们的许多话，在过去两百多年间，大家熟视无睹，到这时忽然像电气一般把

① 梁启超：《中国近三百年学术史》，第18—19页。

许多青年的心弦震得直跳。”①

可见，朱舜水研究历史、撰写历史，是为了政治斗争即反清扶明的需要，而浙东地区尖锐、复杂的政治斗争，又奠定了朱舜水“致用论”的历史观。

（二）通经致用——舜水学历史观的特征。

朱舜水的历史思想，形成于研史救国致用论的社会文化背景之中，这也决定了他历史思想的基本特征，也是以“致用”为其标志。具体说，有以下三个基本特征。

特征之一，研史读经致用。

关于社会历史发展的动力问题，是历史观最基本和最重要的问题。对于这个问题，朱舜水从研讨明亡的历史教训中而悟道。他在流寓日本期间，潜心研究明朝覆灭的历史，用血泪写出了总结明亡教训的警世篇——《中原阳九述略》。在这篇文章中，表现了朱舜水重视民心、民力的作用，信任人民力量的历史观。他认为明朝灭亡的根本原因是：

> 百姓者，分而听之则愚，合而听之则神。其心既变，川决山崩。以百姓内溃之势，歆之以意外可欲之财；以到处无备之城，怖之以狡虏威约之渐。增虏之气以相告语，诱我以众以为先驱。所以逆虏因之，溥天沦丧。非逆虏之兵强将勇、真足无敌也，皆士大夫为之驱除难耳！②

① 梁启超：《中国近三百年学术史》，第35页。

② 《中原阳九述略》，《朱舜水集》卷一，第3页。

这里的士大夫，指的是明末的官僚贵族。由于这些官僚贵族的倒行逆施，使“民心背离”，为清统治者做了清道夫。而民心的“背离”、“变异”，则可以直接导致国家山河的“土崩瓦解”，即使有铳炮军器，一旦“民心既背，坚甲利兵，适足为盗资耳”。朱舜水重视“民心”、“民力”思想的实质，是认为人民的力量可以主宰历史的变动。这是一种进步的历史观。这种进步的历史观，还反映在朱舜水曾怀疑史书、资料的可靠性，而强调人应该自信、自重。这在客观上是一种主张历史由人民自己创造的观点。如朱舜水说：

> 陶氏《辍耕录》云：“蒙古入中国，中国方有木棉。”是凿凿有据也。然书籍言布非一，岂尽非木棉乎？犹曰无有指实。汉公孙弘布被，必非麻也、葛也、纻也。杜诗云：“布衾多年冷似铁，娇儿恶卧踏里裂。”必非麻、纻、葛为之矣，是以元以前中国已有木棉矣。深衣为次等礼衣，取其冠裳，天子诸侯公卿皆服之，麻既不可为已。纻葛遇秋风交，则卷如绳索，此岂冠冕礼服，无冬无夏可以服之者乎？不辨自明矣。褐为毛布，注者何不并以此注之也。①

这说明，古书资料并非绝对可靠、可信，人应该相信自我、相信客观史实。这一思想反映了朱舜水看到了人民在历史中的重要作用。

朱舜水这种进步历史观最突出地表现在文化史观方面。

---

① 《答野传问三条》，《朱舜水集》卷十，第 360 页。

舜水的文化史观，一方面表现在“史”与“经”的关系上。

关于“史”与“经”的关系，他认为“史”最益人神智，得“史”所以求“经”。

> 一部《通鉴》明透，立身制行，当官处事，自然出人头地。俗儒虚张架势，空驰高远，必谓舍本逐末，沿流失源。殊不知经简而史明，经深而史实，经远而史近，此就中年为学者指点路头，使之实实有益，非谓经不须学也。得之史而求之经，亦下学而上达耳。①

这里，朱舜水大胆地将中国封建社会所崇拜的六经教条，从神圣的宝座拉下来，依据历史观点，指出“经”为“史”之源流演变，所以经简史明、经深史实、经远史近，必须得史求经，下学上达。

为此，他劝导中年学者，读史是一种事半功倍的简易读书法。

> 中年尚学，经义简奥难明，读之必生厌倦，不若读史之愈也。《资治通鉴》文义肤浅，读之易晓，而于事情又近。日读一卷半卷，他日于事理吻合，世情通透，必喜而好之。愈好愈有味，由此而《国语》，而《左传》，皆史也，则义理渐通矣。②

---

① 《答奥村庸礼书十二首》，《朱舜水集》卷八，第 274 页。

② 《答奥村庸礼书二十二首》，《朱舜水集》卷八，第 256—257 页。

朱舜水反对人们崇拜“离事而言理”的经，更反对离开历史观点而通经，主张寓经于史之中。这种观点的实质就是主张通经以致用，即通过读史，以明史中之经意，由此途径达到治民、治国的致用目的。所以，这种寓经于史的文化史观是与舜水学的“圣贤之学，俱在践履”和“圣贤要道，止在彝伦”的践履哲学思想，又是密切相关联的。

舜水文化史观的另一表现是在“古”与“今”问题方面。

关于“古”与“今”的关系，舜水认为不知“古”是可耻的，只有专心致志地刻苦学史，才能于“今”有所成就，即博“古”可以通“今”。

朱舜水认为求学的方法有两种：一种是实验的方法，即向实践学习；一种是历史的方法，即向历史学习。对此，他说：

> 《书》曰：“学古有获。”《志》曰：“懵前经而不耻，语当世而解颐。”是言不知古之可耻也。可耻则宜恐宜惧矣。气恒奋而不靡，志恒苦而不弛，何脚跟之不能立定，而圣贤之不可几及哉？①

他倡导世人学史、知古的目的不是为古而古，而是要明古而知今。这是一种“古为今用”的学古而致用的文化史观。在这种文化史观指导下，朱舜水一方面主张应把治史、博古同国家的兴亡联系起来。“读书之有益于治理”，这就是说，读历史书的目的是为了总结历史的经验教训，以利于今世社会的现实需要。朱舜水这种钻研史籍，经世致用的思想，来自于他把自己

① 《答明石源助书》，《朱舜水集》卷五，第83页。

的“半生涯送在悲惨困苦的政治活动中”的经历。在当时激烈的社会政治活动中，他不可能“为学问而做学问”，而是“为政治而做学问”。所以，他研究历史，都是为反对清朝封建统治的政治斗争服务的，亦都是为寻求治国治民、富国富民的道路服务的。

在“古”与“今”的关系上，朱舜水还主张应把古人的学行当作一件历史实际的参考，明其源而知其变，鉴往知来以了解一切事情的因果本末关系。环境不同，历史有异，则学问事功就有区别。如他在回答有关朱（熹）、王（阳明）学术思想之相殊问题时说：

> 来问朱、王之异，不当决于后人之臆断。……愚谓此当争其本源，不当争其末流。孟子于伯夷、伊尹、柳下惠尚曰“不同道”。周公、召公分陕而治，德教相似，治效相方，犹且不相悦。……是故古今人惟无私而后可以观天下之理，无所为而为而后可以为天下之法。①

所以，舜水在日本讲学时，对于日本当时的政教，以为可以有为，但须明古知今。《朱舜水集》载他和德川光国的函件，居首一篇即以《礼运》大同之说为本，以史为鉴，说明日本政治改革的道理，后又成为明治维新的先声。

特征之二，学史供我驱策。

朱舜水历史思想的第二个特征，表现在读史书的目的，在

① 《答佐野回翁书》，《朱舜水集》卷五，第84—85页。

于破除人们对君权和圣人先哲的迷信。舜水这种破除迷信、解放思想的启蒙思想,具体表现在三个方面。

首先,表现在对专制思想的冲决。

朱舜水是一位具有强烈爱国意识的政治改革家。他看到了清朝封建专制统治的黑暗,以为只要群策群力,就可以冲决满清的专制统治,把敌人逐出中原。所以,他号召:

> 民之憔悴于虐政,未有甚于此时者也。立功成名,声施万世,未有易于此时者也。时乎时乎!遇此千万年难遇之期,而弃之轻于鸿毛,吾谓智者之所不为也,仁者义者之所不为也,有志者之所不为也,……①

在千万年遇难之际,他号召志士仁人奋起抗击清朝专制统治。这一思想同样反映在他提出的"贤君"主张中。他的"贤君"论具有向"君权"挑战,企求民主平等的启蒙思想因素。

其次,表现在对权威的揶揄。

朱熹号称理学集大成者。他的思想被封建统治者钦定为官方御用哲学。他的著述被规定为科举考试的标准答案。朱熹是中国封建社会后期统治权力和学术权威的集中代表。如果说朱熹是性理学权威的化身,那么,王阳明以他精深的心学哲学体系成为明代心性学的绝对权威。面对这两尊偶像,世人士子只有毕恭毕敬,岂敢有非分之想。唯有朱舜水敢于藐视权威,反对权威。在《朱舜水集》卷十九《赞》中,朱舜水对中国历

---

① 《中原阳九述略》,《朱舜水集》卷一,第 13 页。

史上的许多名人大家，极尽赞美之语，却唯独没有提到朱熹和王阳明。而在《朱舜水集》中，对朱、王两位权威的指责之词，倒处处皆是。他认为："伊川先生及晦庵先生，但欲自明己志，未免有吹毛求疵之病。"①批朱熹的《文公家礼》是自相矛盾；批朱熹"以'龙'注'宠'者非，天子美诸侯之诗，如何注作'宠'字？"②批朱熹"借丝粟之说，以为委曲出脱，此道学先生之病。"③对于王阳明的指责更甚。他认为"王文成公亦有病处"，其病症结是"高视阔步，优孟衣冠"，并指出"若王阳明先事之谋，使国家危而复安，至其先时击刘瑾，堪为直臣；惜其后多坐讲学一节，使天下多无限饶舌"④。对于阳明心学中的佛教思想，朱舜水更是给予一针见血的批评。他讥笑王阳明是"淫老佛"。此外，自从汉朝"罢黜百家，独尊儒术"以来，孔子逐渐被封建统治者尊奉为圣人、"大成至圣先师"，成了人们顶礼膜拜的偶像。朱舜水的学术思想虽来源于先秦儒家，他说过："孔子之道，宜可万世无弊已。"⑤认为由于历史变异，社会发展，对孔子之道有"从其善者，改其不善者，阙其疑而臬兀者，三人行，尚有我师。若愚不肖，必不可化"。否则会带来弊端。朱舜水从研求历史角度出发，教导人们应自信、自重，不要迷信所谓权威、先圣。这是一种极可宝贵的思想。

第三，表现在对教条的冲破。

他开导读书人应从"书本"、"八股文"和"注释"的教条框

---

① 《答安东守约问三十四条》，《朱舜水集》卷十二，第402页。

② 《批毛诗》，《朱舜水集》卷十八，第517页。

③ 《杂评四条》，《朱舜水集》卷十八，第550页。

④ 《答小宅生顺问六十一条》，《朱舜水集》卷十一，第405页。

⑤ 《答佐野回翁书》，《朱舜水集》卷五，第85页。

框中解放出来。他认为书本是供人印证之资,如果没有在实践中的体验,就不会知道书上的道理。他说:

> 孟子云:"尽信书不如无书",非不要书也,但当以理推断,不可刻舟求剑耳。书如人之杖,老者、力不足者倚此而行,若两足不能步履,而竟以杖行,此必无之理也。①

这种思想在皓首穷经的思想界,如同闪电霹雳,起到了解放思想的作用。那些志在利禄,图八股文试官的士子们,视八股文为永恒不变的教条。对此,朱舜水批评他们说:"以八股为文章,非文章也","非真学问也"。② 继而,他从明亡的历史教训中指出,正是由于人们思想被八股教条所羁绊,不知仁义礼智为何物,亦无意于修身、齐家、治国、平天下,才招致了明朝的灭亡。还有一些碌碌书生常常被注释、注脚牵着走,对此,朱舜水说:

> 注脚离他不得,靠他不得。如鱼之筌,兔之蹄;筌与蹄却不便是鱼兔,然欲得鱼得兔,亦须稍藉筌蹄。太繁太多,到究竟处,止在至约之地,所谓"博学而详说之,将以反说约"也。若义理融会贯通,真有"活泼泼地"之妙,此时六经皆我注脚,又何注脚之有?③

---

① 《答野传问三条》,《朱舜水集》卷十,第360页。

② 《答安东守约书三十首·三》,《朱舜水集》卷七,第173页。

③ 《答安东守约问八条》,《朱舜水集》卷十,第369页。

这与“非圣则不读”的迂腐说教正好相反，是富有解放思想意味的说法。总之，朱舜水认为人们通过学史、治史，便能够明白事理，开拓思想，达到“至能自开手眼，则六经皆供我驱策”①的学史目的。

特征之三，治史遴其粹然。

朱舜水历史思想的第三个特征，是“治史之道，遴其粹然”。这就是说，朱舜水在研究历史的方法上，主张坚守所学，兼取诸家之长。在日本，他常对门人说：

> 学问之道如治裘，遴其粹然者而取之。若曰吾某氏学、某氏学，则非所谓博学审问之谓也。②

他主张兼收并蓄各家之长，而不应沉溺于某种学术派别之中，更不应热衷于学术派别的相互攻击之中。他批评朱陆门徒的互相驳难说：

> 是朱者非陆，是陆者非朱，所以玄黄水火，其战不息。譬如人在长崎往京，或从陆，或从水。从陆者须一步一步走去，由水程者一得顺风，迅速可到。从陆者计程可达，从舟非得风，累日坐守。只以到京为期，岂得曰从水非，从陆非乎？③

① 《与小宅生顺书三十六首》，《朱舜水集》卷九，第299页。
② 《舜水先生行实》，《朱舜水集》附录一，第624页。
③ 《答安东守约问三十四条》，《朱舜水集》卷十一，第396页。

他以为各家学说，各有所长，亦各有所短，故此，反对树立门户，反对学术垄断，认为只有兼采诸家之长，才是治史的正确途径。朱舜水这种取长补短，虚怀若谷的治史治学精神，是很可贵的。他本人更是身体力行。如他早年学经学、古学，中年又转趋于经世致用的实学；又如他尊孔孟但又不迷信之，主程朱但又有所指责，赞阳明事功但又批其学旨。朱舜水兼收并蓄，俨然形成以标榜"实理"、"实用"、"实功"、"实行"、"实学"为荣，以传播华夏文化于东瀛为乐，自成一体的"舜水学"。这诚如汤寿潜对他的评价："先生生余姚，而讲学不宗阳明，不交太冲，信乎能自立者。"[①]在治史方法上，朱舜水一直遵循着这样一条多元价值观。

朱舜水以"致用"论标宗的史学思想与清代浙东学派又称浙东史学有许多共通之处。

浙东是中国传统的素负盛名的文化之邦。南宋时期，一个与理学相对立的"浙东学派"曾在这里诞生。清朝初期，这里又兴起了一个新的"浙东学派"，主张"六经皆史"、"六经皆器"，在史学方面，取得了显著成绩。"浙东学风，从梨洲、季野、谢山起，以至于章实斋，厘然自成一系统，而其贡献最大者，实在史学。"[②]所以，这个"浙东学派"又称"浙东史学"。它以黄宗羲为"开创者"，后继者有黄宗羲的学生万斯同，还有被钱穆称为"浙东史学大柱"的全祖望，而浙东史学的殿军，则是被置于"晚近世浙学""成室"者地位的章学诚。这就是被后人所称道的"清代浙东史学"学派。

---

① 《舜水遗书序》,《朱舜水集》附录四，第 798 页。

② 梁启超：《中国近三百年学术史》，第 116 页。

如果称黄宗羲为清代“浙东史学”的“开创者”，那么，朱舜水则可以被冠之曰与黄宗羲并列的另一位“开创者”。这可以从朱舜水在史观、史意、史法方面与清代浙东史学的历史观的相通之处，加以明证。

朱舜水“研史读经致用”的史观与清代浙东史学的进步史观，有许多共通之处。反对空谈心性，倡导参证史迹而经世致用是浙东史学的治学特色。黄宗羲在“身遭国变，期于速朽”的爱国主义思想指导下，撰写出了《明夷待访录》和《明儒学案》等不朽的巨著，将史学研究与国家之兴亡相联系，具有强烈的经世致用的色彩。而他把治史同万民之忧乐相联系的思想与朱舜水的读经致用、古为今用的历史观是脉脉相通的。万斯同秉其师教，措意于治乱，每与人议论史事，飙发云峰，凡古今之兴衰消长，莫不抉其利弊，源其始终。这种思想同朱舜水的博古而知今的主张颇为相似。章学诚在清代汉学极盛之时，独主史学之说。他的《文史通义》一书，集中反映了他的历史观。“章学诚有他的古代史论，他对于人类历史的起源，好像洞察到一些由原始公社、氏族公社至文明史的演变。他对于社会的演进，都是基于客观的必然之势这一公式来说明的”。“有时候他曾怀疑古史资料的可靠性，大胆地提出历史是劳动人民创造的，不一定要归之于圣人。”① 这些思想都可以在朱舜水的历史观中找到渊薮。“学诚在史学上的重要见解，是在于他的古代文化史论。清初学者，如傅山，已经有五经乃王制的命题。学诚则更进一步，演为‘六经皆史’、‘六经皆先王之政典’和‘六经皆器’诸命题。这些是在当时被认为最放肆的学说，也是

① 侯外庐:《中国早期启蒙思想史》，第507、508页。

他被后人所最注意的学旨。"① 这些思想又与朱舜水的"得史求经,下学上达"的文化史观有机地联系着。

朱舜水"学史,供我驱策"的史意与清代浙东学派的为反清反封建而研究历史的目的有相近处。如清代浙东学派的史学思想亦具有鲜明的反封建专制的启蒙色彩,这是历史的定论。由于这个学派是在封建专制统治和民族压迫异常深重的条件下形成的,所以这个学派的一些代表人物,本身就参与过抗清斗争,经受过封建专制势力的种种迫害。黄宗羲的生平事迹就颇具代表性。对此,侯外庐曾在《中国早期启蒙思想史》中作过这样的概述:"宗羲坚持了对当时魏忠贤逆党曹钦程、李实、许显纯、崔应元、马士英、阮大铖黑暗势力的斗争,亲眼看到中国农民二十年的暴动,并身受清朝的统治和压迫。他从十九岁替父尊素(东林名士)草疏申冤起,到复兴证人书院(原为刘宗周所设),自云'濒于十死'。"② 钱穆在《中国近三百年学术史》中也说:宗羲所处的时代,"外族入主,务以芟薙为治,贤奸忠佞之辨无所用。一二遗老,留身草泽,惊心动魄于时变之非常,游神太古,垂意来叶。既于现实政治,无堪措虑。"③ 于是,黄宗羲转向总结历史教训,方有《明夷待访录》和《明儒学案》等史书问世。他通过对历史总结这一方式,来开导世人对封建专制进行抨击和反抗。这表明,以黄宗羲为首的清代浙东学派史学思想的启蒙作用,是由于明清嬗代之际那个特殊的历史时代所决定的。关于清代浙东学派启蒙思想的历史作用,

① 侯外庐:《中国早期启蒙思想史》,第509页。

② 侯外庐:《中国早期启蒙思想史》,第144页。

③ 钱穆:《中国近三百年学术史》,中华书局1984年版,第35页。

梁启超评价说：黄宗羲《明夷待访录》中“这类话，的确含有民主主义的精神，虽然很幼稚，对于三千年专制政治思想为极大胆的反抗。在三十年前，我们当学生时代，实为刺激青年最有力之兴奋剂”①。

朱舜水“治史，遴其粹然”的史法与清代浙东学派的“学博而不定一尊，道高而不主门户”的治史方法相偶。章学诚在《浙东学术》一文中，开宗明义地指出：“浙东之学，虽出婺源（指朱熹），然自三袁（指袁燮及其子袁肃、袁甫）之流，多宗江西陆氏（指陆九渊），而通经服古，绝不空言德性，故不悖于朱子之教。至阳明王子，揭孟子之良知，复与朱子牴牾。蕺山刘氏（指刘宗周），本良知而发明慎独，与朱子不合，亦不相诋也。梨洲黄氏出蕺山刘氏之门，而开万氏弟兄经史之学，以至于全氏祖望辈尚存其意，宗陆而不悖于朱者也。惟西河毛氏（指毛奇龄），发明良知之学，颇有所得，而门户之见，不免攻之太过，虽浙东人亦不甚以为然也。”②可见，浙东学派的学者们，虽然各有自己的宗主，但都颇留意于汲取别家之长。以浙东学派宗主黄宗羲而言，不论是治史还是著书，都能兼取朱陆之所长，兼蓄汉宋之精华。他能理智地取阳明学所长而弃其所短，并能对程朱学派加以公允地批评。在《明儒学案》中，他明确地表示，做学问，对于不同学派都应一视同仁加以研究。无怪乎全祖望说他是“以濂洛之统，综会诸家。横渠（张载）之礼教，康节（邵雍）之象数，东莱（吕祖谦）之文献，艮斋（薛季宣）、止斋（陈傅良）之经

① 梁启超：《中国近三百年学术史》，第56页。

② 章学诚：《文史通义》卷五。

术，水心(叶适)之文章，莫不旁推交通，为从来儒林所未有”[①]。黄宗羲真可谓是个坚守所学，而又兼取诸家所长的代表人物。万斯同秉其师训，在学术上亦无门户之见，深受学界好评。他著《儒林宗派》，“凡汉后唐前传经之儒，一一具列，除排挤之私之消朋党，持论独为平允”[②]。全祖望破除门户之见，替黄宗羲续《宋元学案》，对各家各派均平等看待。章学诚撰写《原学》、《言公》、《说林》批评学界互相攻击、自我标榜的风气，希望改变“纷争门户”的不良学风。可见，清代浙东学派在治史的方法上，能坚持不定一尊、不主门户的持平观点。这与朱舜水的兼众家之长、收先儒之美、并朱陆之精、蓄汉宋之英的观点，是非常相近的。

以上论述表明了朱舜水的史学思想与清代浙东学派的史学思想是脉脉相系的。这就证实了这样一个历史事实：朱舜水与黄宗羲应被一并视为清代浙东史学的祖师。百年来，朱舜水被埋没的这一历史荣誉应当恢复。

同时，朱舜水不仅是中国浙东史学的祖师之一，而且也是日本水户学派(尊史派)的创始人。日本水户学派在朱舜水史学思想指导下，修纂成了日本第一部正史——《大日本史》。《大日本史》中的史学思想和政治思想，为日本社会的明治维新运动奠定了思想基础和理论基础。从朱舜水—日本水户学派—《大日本史》—明治维新这一连带关系中，可以明晰地看到朱舜水史学思想对日本近代社会发展所起到的推动作用。

---

① 《鲒埼亭集·黄梨洲先生事略》。

② 《儒林宗派》，《史部·传记类》二。

三、舜水学之教育观——社会论

朱舜水自六十岁起，东渡日本，“为建学，设四科，阐良知之教，日本于是始有学，国人称为朱夫子”[①]。朱舜水以渊渊之学术，烨烨之文采，笃笃之实情，殷殷之慈心，堪为日本教育史上的一位大教育家。这诚如《余姚县志》对他的评价：“在日本，则上自列国之君，下逮承学之士，皆待以宾师，执贽恐后。”[②]称朱舜水为教育家，不仅因为他为日本培育了一代文化精英，而且还在于他有着丰富独特的教育思想。这便是寓于他教育思想中的“社会论”思想。朱舜水“社会论”的教育观，构成了舜水学的重要内容。

朱舜水教育观中的“社会论”思想，主要表现在教育的社会宗旨、施教的社会内容、教育的社会意义三个方面。

朱舜水关于教育的社会宗旨有三：一为冲破“道学”，旨在解放思想，拯救国家。二为“兴贤育才”，兴经邦弘化之贤人，育改革社会之栋材。三为“尊王爱国”，通过这一桥梁，达移风易俗、更化善俗之目的。这三者合而为一，即是治国治民，富国富民。

朱舜水在总结明亡教训时，曾精辟地将八股文、科举制度为导致明朝覆灭的罪因之一。他说：

---

① 《明遗民所知录传十七朱之瑜》，《朱舜水集》附录一，第 640 页。

② 《光绪二十五年修余姚县志卷二十三朱之屿》，《朱舜水集》附录一，第 641 页。

> 大明之党有二：一为道学诸先生，而文章之士之黠者附之，其实蹈两船，占望风色，而为进身之地耳。一为科目诸公，本无实学，一旦登第，厌忌群公，高谈性命。一居当路，遂多方排斥道学，而文章之士亦附之。仆平日曰：明朝之失，非鞑虏能取之也，诸进士驱之也。进士之能举天下而倾之者，八股害之也。①

这里，朱舜水视道学先生和八股文为祸国的妖孽。他以为明朝以制义取士，士子们只以功名为心，不务实学。由于人们将八股文作为进爵升官的敲门砖，主司以时文得官，典试以时文取士，所以父之训子，师之教弟，采猎词华，埋头经典，竞标新艳，以剽窃为功，掇青紫为志，其名亦曰文章，其功亦穷年皓首，谁还知道读书是为了治国安邦的道理呢?鉴于此，朱舜水试图通过他的教育思想，将世人从道学的义理和经学的奥秘中解放出来，也从八股的迂腐和科举的功名中解放出来。他对八股科举制的积极批判，亦是教育思想的一个改革。科举制的弊端在于以功名利禄笼络人心，以典籍经文钳制思想，最终使人心日非，思想日僵，致使国破家亡。基于这种批评，朱舜水强调改变皓首穷经的教育，施以济国济民的实学；革除空谈高论的风气，树致力于治国理民的学风。这种冲破道学束缚，解放思想，务求利国利民的思想，是朱舜水教育的社会宗旨之一，亦是构成他整个教育社会观的基础。

由于朱舜水生平最反对那些只会"咕哔读经"、纸上空谈的迂腐儒生，所以他主张培养对国计民生有用的巨儒鸿士，提

---

① 《答野节问三十一条》,《朱舜水集》卷十一，第390页。

倡推荐对社会改革有用的济世英才。朱舜水认为“兴贤育才”是维系着国家兴荣、政教修明、风俗淳美的首要大事，故他特意写了《劝兴》赋，以明他建学育才的急切心情。《劝兴》云：

> 敬教劝学，建国之大本；兴贤育才，为政之先务。宁有舍此而遑他事者乎？舍此而营他事，则僻邪诞慢之说，竞进而杂糅之矣。欲求政教休明，风俗淳美，何可得哉！①

他在给张定西侯的书信中也奉劝说：

> 得郡得县，惟以得士为先。②

朱舜水对人才重要性的深刻认识，是颇有见地的思想。关于“人才”的标准，他一反中国传统的唯知读书穷经、高谈阔论、不识民情、不理国政的迂腐书生之准绳，认为“所称得士者，明古今，知兴废，直躬谠论，为藩台所敬而事之之人。非仅读书识字事藩台之人也”③。

由此可见，舜水所说的“人才”，既有明古知今的博闻强识，又有懂国家兴衰之理的卓越见解；既有折众的辩锋，又有治世的才能。总之，他所说的贤者即为兴国之贤士，他所说才子即为改革之良才。为培养这样的贤士良才，朱舜水多次奉

① 《劝兴》,《朱舜水集》卷十七，第 501 页。
② 《致张定西侯书》,《朱舜水集》卷四，第 40 页。
③ 《致张定西侯书》,《朱舜水集》卷四，第 40 页。

劝日本当权者,能谨庠序之教,申孝悌之义,培育英才,方为一世之豪,万古之光。

朱舜水本人在日本讲学期间,更是以身作则,努力培育贤才。他“发于言而征于行。涵育薰陶,亹亹不倦,务欲成就人才,以为邦家之用”[①]。朱舜水“兴贤育才”主张的要点是把人才与社会改革紧密联系起来。他认为唯有善于经邦弘化的人才,才能安国安民;唯有穷于变革的鸿士巨儒,才能富国利民,人才是社会改革成败的关键。为此,他将毕生的心血,用于培育人才、推举贤才。朱舜水不愧是一位爱才、惜才、育才、树才的有识之士。

朱舜水又从日本社会实际出发,提出“尊王爱国”的社会教育。他认为日本山川人物秀美,物产丰富,唯是风俗礼义为欠,实为万代之可惜。为使日本移其旧风气,易其旧习俗,他说:

> 建学立师,乃所以习长幼上下之礼,申孝悌之义,忠君爱国而移风易俗也。[②]

这里,他把“建学立师”与“忠君爱国”联系起来,把“礼教”与移风易俗联系起来,想通过提倡和维护先进的民族文化,建设统一强大的国家,这是有进步作用的。

朱舜水“尊王爱国”教育思想的特点在于融更治善俗于尊王爱国之“礼教”的学习之中。他以为“礼教”与治理国家有极

① 《舜水先生文集后序》,《朱舜水集》附录四,第 786 页。
② 《答加藤明友书二首·一》,《朱舜水集》卷五,第 74 页。

大关系，人们通过对“礼教”的学习，可以达到移风易俗、更治善俗的目的。而朱舜水所谓的“礼教”，又是以“孝”为其核心思想。

> 圣贤千言万语，无非教人以孝而已。夫岂无他道之可言哉？盖以孝之道，大而能周，约而能博，微而能著，积厚而生生不息，足以与天地而无敝也。譬诸树木之有根本，黍稷之有嘉种，枝干饰节叶华实，无不于此具焉。君子岂不濬其源，而徒沿其流乎？故曰：“君子务本，本立而道生。孝弟也者，其为仁之本与。”岂惟仁哉？人心之德，尽于仁义礼乐智信。仁之实为事亲；义之实为从兄，而智为知斯二者，礼为节文斯二者，乐为乐斯二者。又曰：“事亲弗悦，弗信乎朋友。”然则千变万化，皆所以发明此孝弟，而弟又所以广其孝也。若舍亲亲而侈言仁民爱物，是之为悖德，是之谓不知务，况敢言仁哉？
>
> 然则孝者止于事其亲而已乎？曾子曰：“居处不庄非孝也，事君不忠非孝也，莅官不敬非孝也，朋友不信非孝也，战阵无勇非孝也。五者不遂，灾及其亲，敢不敬乎！”故“孝始于事亲，中于事君，终于立身”，诚以“立身行道，扬名于后世，以显父母”，足以为孝之终也。
>
> ……孝之为道大也！孝之为道，治平天下之极则，非止于独善其身而已，君子可不知所务乎？①

① 《孝说》，《朱舜水集》卷十三，第438—439页。

由于“孝”与修身、齐家、治国、平天下有着密切关系，所以，朱舜水主张通过对以“孝”为中心的“礼教”的学习，可以达到“尊王爱国”的目的。舜水的这种“尊王爱国”教育思想对于德川光国后来的“尊王一统”的改良主义，有重要影响。总之，朱舜水教育的社会宗旨是力图达到利国富民的社会目的。

朱舜水关于施教的社会内容，可以概括为社会事功学。

在中国学术史上，明代是性理学发达的时代。但另一方面，当时讲理学的人，又多高谈性理，不切事情；徒尚空谈，无补实际，最后造成明朝的灭亡。直到明末，国家遭遇变故的时候，一般才俊之士才觉悟过来。他们痛矫理学的弊病，摒弃浮华的习尚，专门研究实用学问，希望以学术来治理国家，弘扬教化，济世救人。他们以为读书是为了行道，不是为了干禄，而所谓道，就是经邦弘化，康济艰难的道理。在这种以研求对国济民生有用的学问的学风下，朱舜水主张施教的内容必然是来自社会之需求、用于社会之急需的具有社会价值的学问。这种学问可称之为社会事功学。

之所以称它是社会事功学，第一个原因是它是一种有利于民事、可当于事功、可望可及的学问。

朱舜水在国家变故之后，奔走海外，深知迂腐的学问无裨实用，而认为开物成务、经世济民才是真正的学问。因此，在学风上，他和“颜李学派”相似，一反玄虚之学风，而返诸实事。他说：

> 世之学圣人者，视圣人太高，而求圣人太精。谓圣人之道，一皆出于自然，而毫无勉强。故论议臻于

> 寥廓，析理入于牛毛，而究竟于圣人之道去之不知其几千万里已！几千万里而已也，容有至之之时；卒之马牛其风，愈趋而愈远，是皆好高喜新之病害之也。……（颜渊）及其问仁也，夫子宜告之以精微之妙理，入于言思俱断之路，超越于“惟精惟一”之命，方为圣贤传心之秘；何独曰“非礼勿视，非礼勿听，非礼勿言，非礼勿动”？夫视听言动者，耳目口体之常事，礼与非礼者，中智之衡量，而“勿”者下学之持守，岂夫子不能说玄说妙，言高言远哉？抑颜渊之才不能为玄为妙，骛高骛远哉？夫以振古聪明睿知之颜渊，而遇生民未有之孔子，其所以授受者，止于日用之能事，下学之功夫；其少有不及于颜渊者，从可知矣。故知道之至极者，在此而不在彼也。①

这里，朱舜水以圣人孔子和颜渊为例，阐明了真正的学问不在乎玄妙高远，关键是于日用能事有益。他赞美不离民生日用彝伦之间的“下学功夫”，讥笑吟诗作赋和宋明理学一类的所谓“精微之妙理”。朱舜水说：“空梁落燕泥”，工则工矣，但对于治理国家，有何益哉？“僧推月下门”，核则核矣，但对于国计民生，有何补哉？“鸡声茅店月，人迹板桥霜”，新则新矣，但对于事理机缘，有何当哉？性理学更不可行于人世。朱舜水还指出：

> “足容必重，手容必恭”，《礼》特言其大要尔。自

① 《勿斋记》，《朱舜水集》卷十六，第484—485页。

朱子言之,俨然泥塑木雕,岂复可行于世!①

朱舜水这种反对脱离社会、鄙弃玄妙高远之言的学风,始终贯彻不渝。

例如,他在日本讲学时,许多日本人想要和他讨论宋明理学方面的问题,均遭他婉言拒绝。他在给安东守约的书信中,屡次斥责空谈性命天理而不即事以求理的错误。他拿良工与宋明理学作一比喻:古时候有位非常巧妙的工匠,能够在棘端雕刻沐猴,耳目口鼻刻得十分相像,连身上的毛发都可以看得到。但是,这种工艺虽然巧妙,可是对人类社会能有什么益处呢?朱舜水通过这个例子,以表明自己的学问在不用时便退藏起来,万一能够大用,就可以使时和年丰,政治还醇,风俗归厚,而绝不像宋儒一般,辨析毫厘,不曾做得一事。朱舜水这种返诸实事的学风,决定了他所追求、所弘扬的是一种可望可即、实实在在的学问。如他说:

圣贤之学,行之则必至,为之则必成。譬之农夫然,深耕易耨,则坚好颖栗;卤莽而布之,则灭裂而报之矣。非若他道之荒谬,可望而不可即,可喜而不可食也。②

他以为传授这种学问的结果,就如同农夫耕种一般,种豆得豆,种瓜得瓜。施教"事功"学,一定会取得有益于国政,有补于

① 《答安东守约书三十首》,《朱舜水集》卷七,第190页。

② 《答木下贞干书六首》,《朱舜水集》卷八,第202页。

民生的社会效益。

称之为社会事功学的第二个原因,因为它是一种具有广泛社会性,又只有在社会实际中才能学到的学问。

朱舜水认为他施教的学问,可以用"明白平常"四字标宗。即:

> 先儒将现前道理每每说向极微极妙处,固是精细功夫。不佞举极难重事,一概都说到明明白白平平常常来,似乎肤浅庸陋。①
>
> 吾道明明现前,人人皆具,家家皆有;政如大路,不论上下、男妇、智愚、贤不肖,皆可行得,举足即有其功。②

这些话表明,朱舜水施教的学问内容的广泛社会性,具体表现在它的简易性和普及性方面。所谓简易性是说,这种学问很明白、很平常,近乎"肤浅"。所以,他施教的学问不像理学家那样专门讲究雕文刻镂、锦绣纂组,而是存在于木豆瓦登、布帛菽粟之中。所谓普及性是说,这种学问男女、智愚、贤不肖者,人人均可学得。所以,他施教时,从不高谈阔论,而只以孝悌忠信的道理诱掖奖励,而他所谈所论,又从不离家家、人人的彝伦日用。

舜水施教内容的广泛社会性,决定了从学者的广泛社会性。他说:

---

① 《答安东守约书三十首》,《朱舜水集》卷七,第181页。

② 《答小宅生顺问六十一条》,《朱舜水集》卷十一,第407页。

> 古来为学,不问其贫富贵贱,不问其事冗事简,惟问其好不好耳。好则最烦最不足者,偏有馀力馀功。不好则千金之子,贵介之胄,只以嗜酒渔色,求田问舍,何复有一念及于学问!且学问者亦何必废时荒业,负笈千里,而后为学哉?家有母,学为孝;家有弟,学为友;家有妇,学为和;出而有君上,学为忠慎;有朋友,学为信:无往而非学矣。①

这段话具有三层重要意义。其一是朱舜水强调不论从学者的出身如何,只要勤于学习,历世磨钝,都可以成为大器。例如茅容,是个樵夫。郭林宗劝令为学,卒为大儒。由此推论,世上没有不可教育的人。只要认真学习,农夫之子,可以升为司马司徒,辩论官材;陶匠之徒,可以进为将材、帅材,挥戈跃马。所以,只要人们发愤求学,便可成德达材。

其二是朱舜水指出"学者求师当如海"。这就说求学者应把社会作为自己的老师。好学,则稠人群聚之时,必有我师;事务纷错之际,皆有其学,无地无时非学问。朱舜水还举"一字为师"的例子,阐述"求师当如海"的道理。

> 昔有一名公元老,命吏书牍曰"于宝",其吏跪而复曰:"命是晋臣,合是干宝。"此老瞿然起敬,改容称谢,与各部堂曰:"此吾一字之师也。"若能如此,则何学不成?傲然自足,则何德不隳?故曰:"学者立志当

① 《答小宅重治书》,《朱舜水集》卷九,第297—298页。

如山，求师当如海。”以此思学，无弗得矣。①

舜水指出，求学者以社会为课堂，不仅要做到“求师当如海”，而且还应向社会的各个方面学习。这就是他在上文中提倡的：在家庭生活中，在与父母、兄弟、妻儿的接触之中，要自觉地学习孝悌、仁和；在社会生活中，在与君主、朋友的交往之中，要自觉地学习忠信。这表明，社会生活和社会实践是人们学习的大课堂。人们只要有心学习，就可以在社会这个大课堂中，学到知识，受到教育。

其三是朱舜水认为求学者在社会中学习，必须具备的道德素质。他以为求学者必须具备“四德”，方能在社会实践中学有成效。一德为“实”，不实则不会诚心诚意地求学问；二德为“虚”，若不虚必自满，满则不能受；三德为“勤”，作学问要精勤，懒惰游戏必不成器；四德为“恒”，若无恒心，再聪明的人也是学不成的。

一则实。不实则不成，如作室而无基，虽有梗楠豫章，凌云巧构，无地可施。二则虚。不虚则先自满，假教之亦不能受。“甘受和，白受采。”不甘不白，盐梅麯蘖，著于何所？三则勤。读书全要精勤，懒惰游戏作辍，必无有成之理。四则恒。士人第一要有恒。“人而无恒，不可以作巫医”，况乎学问修身，为第一等事？若希冀近功，必非真心实学之人。先要检点此

① 《答奥村德辉书九首·五》，《朱舜水集》卷八，第283页。

四者有无,然后可以言学。①

这里,朱舜水指出"诚"是求学的基础,而"虚"则是求学的条件。人们只有虚以待人、虚以处事,才能从周围的人和事中,学到无尽的知识。而"勤"是求学的实践条件。人们只有勤于实践,奋于实践,才能在实践中不断精进,不断奋进。而"恒"是求学的意志条件。人们必须具备坚忍不拔的意志,一往直前的恒心,才能在求学、求知方面,收到效益。

除此"四德"外,朱舜水还指出"立志"和"竭力"也是人们在求学过程中必须注意的两个问题。他所说的"立志",是指通过学习,树立正心修身、扩充知识、不断进步的信念。而他所谓的"竭力",是指努力调动和发挥人的主观能动性,使人在道德修养、学习知识方面百尺竿头,更上一层。如他所言:

慨焉激励者,其愤悱者也。慨然也,志者;激励而竭力者,气也。志气感奋,其学有不成者乎?竭力二字,受用无穷。竭力以事君必忠,竭力以事亲必孝,竭力以读书修己,则必为贤为圣。人之所以不肖者,皆不能竭其力者也;或竭其力于无用之地耳。②

为学非难,立志为难。志既坚定,则寒暑晦明,贫富夷险,升沈通塞,均不足以夺之矣。如此而学有不成者乎?然学者,所以祈进者也,所以基大者也。而自以为进者恒退,自以为大者并其小而失之。足下进

① 《谕五十川刚伯规》,《朱舜水集》卷二十,第579—580页。

② 《答奥村德辉书九首·一》,《朱舜水集》卷八,第280页。

寸退尺，学小遗大，即此欿然不自满之念，真善为学也，善立志也。①

朱舜水认为“立志”和“竭力”是求学过程中两个十分重要的问题。因为只有通过“立志”和“竭力”，人们才能充分发挥自己的主观能力，努力学习。

在求学过程中，舜水认为作为引鉴之用，还有“废学五端”，必须提出。这五端是：

一曰耽嗜曲蘖，恒舞酣歌。二曰娆童艳妾，驰骋渔猎。三曰志存干没，贪得无厌。四曰营营官途，苟求尊显，攀附奥援，趋骛容悦。五曰朋比匪人，巧中所欲，诱入荒迷，流连丧志。五者皆害学者也，……②

沉醉于歌舞，迷溺于渔猎，流连丧志，苟且求官，诱入迷途——朱舜水认为这五者是人们求学的大忌。求学者如果沉陷其中，则性情昏蔽。性情昏蔽则于知识无所得，无所求，最终导致终身无所获。

进一步，朱舜水又提出求学的目的不可追求名利人爵。因为若以学为市，修其无爵，以要人爵；既得人爵，弃去天爵，名之为学，实以学为戏。这种人只能是“终身为学，终身未之学”。

朱舜水施教的内容不说妙说玄，骛远骛高，而是根植于民生日用彝伦之间，有益于国家社稷，具有社会价值。同时，他施

① 《答矢野保庵书》，《朱舜水集》卷五，第 86 页。

② 《与奥村德奥书八首》，《朱舜水集》卷八，第 277 页。

教的内容明白简易,人人皆可在实际中学习,又具有广泛的社会性。社会价值和广泛的社会性表明了朱舜水弘扬的学问确是一种来自社会、用于社会的社会事功学。

朱舜水关于教育的社会意义在于他十分重视教育与治国安邦的关系。他指出:学兴则国兴,学废则国废。他说:

> 自古以来,未有圣教兴隆,而国家不昌明平治者。①
>
> 庠序学校诚为天下国家之命脉,不可一日废也。非庠序之足重,庠序立而庠序之教兴焉,斯足重尔。②

朱舜水高瞻远瞩,强调教育与兴邦的联系,认为教育的好坏关系到一个国家的兴衰,发展教育与治理国家有极大关系,这是有深刻道理的。

关于教育与治国的关系,朱舜水有精辟的见解。他考察了中国虞、夏、商、周以至于明的兴衰史,指出:

> 虞、夏、商、周以至于今,未之有改也。是故兴道致治之世,君相贤明,其学校之制,必厘然具举,焕乎可观。于是人才辈出,民风淳茂,而运祚亦以灵长。至若衰世末俗,不念经国大猷,事事废弛,以致贤才郁湮,民风偷薄,弱肉强食,奸宄沸腾,而国运亦以随之

---

① 《答安东守约书三十首》,《朱舜水集》卷七,第183页。

② 《学校议》,《朱舜水集》卷十四,第461页。

矣。①

在这里，舜水总结出了“兴道致治之世，君相贤明，其学校之制，必厘然具举，焕乎可观”的规律。并以此推之，认为明朝衰亡的一个重要因素是“教育之隳废”。圣教隳废，则奔竞功利之路开，而礼义廉耻之风息。他语重心长地告诫日本友人说：“知中国之所以亡，则知圣教之所以兴矣。”② 从明亡教训中，他深深体会到：敬学兴教与建国兴邦有着休戚与共的密切关系。重视教育，则庠序立，于是人才辈出，民风淳茂。否则，庠序衰，教育废，导致贤才湮没，民风偷薄，弱肉强食，致使事事废弛，而国运亦随之衰矣。由此可知庠序（教育）的重要性。

所以，当听说水户侯源光国要兴办学校、倡明教育时，朱舜水夸奖他的远见卓识：

闻水户上公以姬旦之尊，欲兴庠序之教，此诚贵国万年之圣政，丕显于后昆，增光于史册，是何如重典也。③

这里，他将办学校、兴教育看作是治理国家的百年大计。这是朱舜水慧眼之所见。

舜水学是一个有机的整体。舜水学以哲学的“践履论”为其核心，以此作为舜水学体系的起点展开其逻辑结构，并贯彻

① 《学校议》，《朱舜水集》卷十四，第462页。

② 《答安东守约书三十首》，《朱舜水集》卷七，第183页。

③ 《答长崎镇巡黑川正直书》，《朱舜水集》卷五，第176页。

到各个方面:从实践的观点看来,明代的政治腐败是民心背离的主要原因。而政治的事功主张,就在于利民。舜水以政治的事功论为其思想宗旨,尽管不能实现大同的理想社会,但政治的事功论仍然有其现实意义,并与经济发展相联系。经济的“实利”是政治“事功”的基础,政治的事功又为经济的实利开辟道路,二者相辅相承。诚然,“事功”论与“实利”论又都不能脱离中国固有的传统。人们往往从尊史中,以通经致用,从史实中探索革新富国的道路或规律,而“践履论”在教育思想方面的展开和贯彻,是为社会革新培养人才,以达治国理民的目的。

朱舜水以哲学的“践履论”为其纲领,以政治思想的“事功论”为其宗旨,以“实利论”的经济思想为其基础,以史学思想的“致用论”和教育思想的“社会论”为实现革新变易、富国利民的手段和方法,从而构成了其舜水学理论体系。

从“践履论”、“事功论”、“实利论”、“致用论”和“社会论”来看舜水学的特色,便只是一个字——“实”。

第四章　舜水学与实学

一、舜水学与中国实学

中国传统文化的发展曾经历了先秦诸子百家之学、两汉经学、魏晋玄学、隋唐佛学、宋明理学和近代新学等几个阶段。但多少年来，对于明清之际的意气奋扬、著作宏富、启迪着民族智慧、光大着东方文明的经世致用之学，即为兴邦治国、化民成俗服务的实学思潮，人们却注意不够。

中国历史上，从明中叶至清中叶，随着封建社会危机的爆发和资本主义萌芽的产生，在思想领域中，出现了一股崭新的社会批判思潮，亦可称实学思潮。它以清新的社会思想和理论，开创了中国社会思想史的一个新阶段，堪与西欧的“文艺复兴”相媲美。[1] 这股实学思潮具有先秦百家争鸣的风格，东汉党锢坚贞的气节，魏晋玄学别开生面的学风，宋明理学综罗百代的气魄。它在历史的进程中，有承前启后、推陈出新的作用，在封建社会黑暗的统治中，发出了异彩。这股实学思潮是反映“天崩地陷”大变革时代精神的思想主流，它遍及经济、政治、哲学、文学、科学、艺术等社会领域。它的特点是注重实学、实政、实用、实功、实践。它的实质是反对空谈心性和逃避现实，力倡经世致用的务实之风；抨击君权、封建道德，宣扬人文主义、个性解放；主张工商皆本、发展生产，注重科学、“实政”、民族气节。它的价值在于：它所创立的实学、实习、实用的实践学风，本质上带有与中国固有的玄虚慎独，涵养本心的传统学说彻底决裂的意旨，历史地负有打破旧道德、旧礼教、旧传统，以求解放个性，解放生产力，为迎接中国历史上新的发展时期的到来，为中国社会的近代化开拓道路的历史使命。至于它没有能够完成这个历史使命，原因复杂，不能完全归咎于实学思潮本身。因此，它在中国思想史上具有特殊的地位和重要的作用。

（一）实学思潮的产生

实学思潮产生的原因，可以从社会经济、思想嬗变、科学技术诸方面加以探究。

1. 实学思潮根植于中国资本主义生产关系的萌芽

资本主义生产关系萌芽的出现、新兴市民阶层的形成，使社会中阶级关系发生了新的变化：某些地主阶级革新派的自我批判、自我觉醒，市民阶层争取平等权利、发展自由经济的

---

① 参见梁启超：《清代学术概论》。

愿望，表明了新的社会关系和新的经济基础要求有新的思想武器为自己打通发展的道路。

中国资本主义萌芽孕育于明代嘉靖年间。这是中国社会经济发展的新时期。这种资本主义萌芽表现于：

其一，全国工商业大城市如雨后春笋般地迅速出现。在明代商品经济发展的状况下，自然而然地产生了许多大商业城市。北京和南京工商业均很发达，很多街道以商品名称命名。如南京有绫庄巷、锦绣坊、颜料坊、铜作坊、铁作坊等，北京也有缸瓦市、米市、煤市、骡马市等等。到明末，南京发展成“百物皆仰给于贸居”的大商业城市。围绕着北京、南京两大经济中心，全国发展起 40 个以上的工商业都市，尤其是江浙一带，集中了全国 1/3 的大都市，成为中国经济重心区域。如以丝织业为中心的苏州城，便是“城连万雉，列巷通衢，华区锦肆，坊市棋列，桥梁栉比。梵宫连宇，高门甲第，货财所居，珍异所聚。歌台舞榭，春船夜市，远士巨商，它方流妓，千金一笑，万钱一箸，所谓海内繁华，江南佳丽者……”①其间的繁盛情况是：“货物店肆充溢金阊，贸易镪至辐辏，然依市门者称货鬻财，多负子母钱，远方贾人挟资以谋厚利。若枫桥之米豆，南濠之鱼盐、药材，东西汇之木簰，云委山积。”②明中叶以后的杭州也是“内外衢巷、绵亘数十里”、民物繁庶的“水陆之要冲，盖中外之走集，而百货所辏会”的大工商业城市。③ 其他各大工商业城市亦都是“生齿浩繁，民居稠密”（松江），“商工辐辏”（景德镇），

① 《苏州府志》卷二，转引莫旦《苏州赋》。

② 《苏州府部风俗考》，《职方典》卷六七六。

③ 《衢巷市镇》，《杭州府志》卷三十四。

"水陆珍者，舟楫捆载，靡不备至"（武汉）。工商业大都市的出现，反映了社会分工的发展，农业人口向工业人口和商业人口的转移，证明了商品经济的高度发展。

其二，新兴市民阶层的出现。谢肇淛《五杂俎》卷四说："江南大贾，强半无田，盖利薄而赋役重也。江右荆楚之间，米贱田多，无人可耕，人亦不以田为贵也，故其人虽无甚贫，亦无甚富，百物俱贱，无可化居转徙故也。"朱国桢《涌幢小品》说："弘治时，世臣富；正德时，内民富；嘉靖时，商贾富；隆万时，游侠富；然流寓盛，土著贫矣。"这表明嘉靖以后，由于大江南北工商业的发达，出现了新兴的市民阶层。这个阶层代表了以"大贾"、"富工"为主力的城市市民的利益，是中国资本主义萌芽的突出表现，是未来资产阶级的"前身"。新兴市民有自己的奋斗目标：为突破行会和地域的限制，努力争取广阔的市场；为保障私有财产不受侵害，坚决反对封建政权的财政压榨；为粉碎传统的身份蔑视，积极要求政治上的平等，等等。由于新兴市民中有很多人同时又是地主，他们的利益在某些方面是一致的，所以地主阶级的先进知识分子中有不少人成为这个新兴阶层的理论代言人。如万历年间出现的"东林党"人。"东林党"中不少人出身于长江三角洲一带的工商业者家庭。"东林党"领袖顾宪成的父亲是个商人，高攀龙的父亲"自是一意治生。……公所谓治生，第取交质什一，然必躬亲，必诚信，远近乐就之，家以是起"。① "东林党"中也有不少人出身于富有地主，且仕居高位。但在政治态度上，他们敢于触及社会现实问题，斥责朝廷，抨击时弊，尤其是对于腐朽封建势力阻止和破

① 《高子遗书》卷四。

坏工商业发展的行为,更是痛加批驳(如李三才反对矿监、税使的言行,在当时影响颇大)。当时,"东林党"反对"阉党"的斗争,在客观上为资本主义萌芽开辟了发展道路。这以后,新兴市民阶层及城市平民对封建思想的批判运动,形成了尖锐的新与旧、传统与反传统的斗争。这一斗争,到明清之际发展成早期启蒙思潮,即实学思潮。

其三,农村资本主义经营方式的出现。由于工商业繁荣和所得税利润的刺激,江南比较开明的地主阶级也就兼营工商业。他们由种植粮食作物改为种植可以出售的经济作物。如由种稻改为种桑。据《吴兴掌故》载:"蚕桑之利,莫盛于湖:大约良地一亩可得叶八十筐,每二十斤为一筐,计其一岁垦锄壅之费,不过二两,而其利倍之。"①当时出现了"富者田连阡陌,桑麻万顷"的景况。由于纺织出来的白色丝绢需要染色,于是豫南地带,就把良田改种蓝靛,皖南和苏杭有些地方,把稻田改为种植红色茜草。纺织业的发达,需要大量原棉。河南是产棉重要地区,但因本地棉织业不发达,就变成了江南棉织业的原料供给地。张履祥记叙了河南南阳大地主李义卿的经营情况:"南阳李义卿文达公,贤之曾大父也。家有广地千亩,岁植棉花,收后载往湖湘间货之。是时价颇贱,停于邸舍,越三月,适临江三商议值三百两交易讫。"②这种情况一直延续到清初。茶叶的生产亦十分繁盛。《明史》卷八十《食货志》载:"有官茶,有商茶,皆贮边易马。……商人于产茶地买茶,纳钱请引,引茶百斤,输钱二百,不及引曰畸零,别置由帖给之。"又载

① 徐献忠:《吴兴掌故·物产类》。
② 张履祥:《近古录》卷一。

产茶地区有:"南直隶:常、庐、池、徽;浙江:湖、严、衢、绍;江西:南昌、饶州、南康、九江、吉安;湖广:武昌、荆州、长沙、宝庆;四川:成都、重庆、嘉、定、夔、泸。"此外,福建、广东的商品作物还有荔枝、龙眼、桔、柚、香蕉、橄榄及各种香草鲜花等。由种植农作物到经营商品作物,这一改动引起了农村生产关系的变革。明末清初,张履祥在他的《补农业书》中写道:"自古农人只有劝之一法,《小雅·大田》诸诗可考也。曾孙田畯其与农夫贵贱悬隔,然其相亲不啻家人父子。今士庶之家,骄蹇呵詈,使人不堪,毋论受者怨之,自顾岂不可耻?劝之之道,……既廪称事,别忙闲一也,异勤惰一也,分难易一也。""至于工银酒食,似乎细故,而人心得失,恒必因之。纹银与九色银,所差不过一成,等之轻重所差尤无几。假如与人一两,相去特一钱与三分五分耳,而人情之憎与悦远别。""酒食益甚,丰啬多寡,待农之物,所差总亦无多,或缺酒食,不过半盏一箸,便怏怏而云:短少鱼肉亦然,岂特缺少,冷热迟速,亦所必计。"① 这是一篇地主阶级的反省书。张履祥意识到:地主阶级对于雇农的"骄蹇呵詈"是可耻的行为,是阻碍劳动者发挥生产积极性的重大原因。因之,他提出地主对雇农应取"劝之之道"即:一是别忙闲,异勤惰,分难易;二是解决工银问题;三是解决酒食问题。在这个反省书中,张履祥还主张地主与农民应平等,把雇佣关系改为契约关系。这是明清之际社会发展的一般要求,也是封建社会解体过程中的必然现象。农村经营方式的改变,必然激起广大农民争取平等、反对封建的意愿。

其四,钱庄、会票的出现。由于商品流通的扩大,明代产生

① 张履祥:《补农业书》下。

了银行前身的金融业——钱庄。钱庄势力颇大，嘉靖八年钱庄可以颁布禁止铸造和使用私钱的条例。明末，钱庄已经成了具有近代意义的金融机关。承担明末汇税业的是“会票”。会票来源有官方发放和民间发放两种。钱庄、会票的出现，对加速和扩大商品流通、刺激生产发展起到了一定作用，客观上反映了它是封建社会解体过程中商品经济发展的产物。

其五，市民文化的出现。经洪武到正德一个多世纪的休养生息，社会经济发展到相当高的水平，新兴市民阶层诞生，与之相应，出现了一批反映市民要求、代表市民利益的文化人、书籍、书坊、书店、墨画等。这是资本主义萌芽在文化领域中的反映。冯梦龙、凌濛初编写了《三言》(即《警世恒言》、《醒世通言》、《喻世明言》)、《二拍》(即《初刻拍案惊奇》、《二刻拍案》)。书中公开鼓吹经商的好处，反映了地主阶级逐渐衰落，市民阶级逐渐兴起的时代特点，表达了市民生活和市民意识。为了适应市民商人的嗜好，还将这类书绘图绣像，供茶肆酒楼说笑弹唱之用，形成市民文学。新兴的书商为了发展他们的营业，都注意书籍的宣传。嘉靖末年北京的汪谅家刻的《史》、《文选》等书，后面都有汪家刊刻书籍的目录和广告。徽州制墨商人刻有《程氏墨苑》和《方氏墨谱》等书。徽州书商还开办了许多书店，南京有“世德堂”和“富春堂”，闽北有“勤慎堂”和“慎独堂”等。在杭州西湖上还出现了“凭山阁”等类的书坊。书坊中不仅有刻工，还有编辑先生负责组稿、阅稿、编辑书籍。由此可见市民文化的勃兴。

明中叶嘉靖年间出现的资本主义生产关系的萌芽，对于当时社会的政治思想和意识形态发生了很大的影响。由于新兴市民阶层逐渐形成，促使明中叶以来的阶级关系和阶级斗争发生了某些新的变化。当时，中国封建社会存在的各阶级集团是：皇室、宦官、贵族、各种类型的大地主、中小地主、大贾、富工、城市平民和各种类型的农民。他们因利益不同，彼此间存在着不同程度的矛盾，但总趋势是根据各集团的利益，形成了封建势力与反封建势力的斗争。在反封建的斗争中，农民、城市平民、市民阶层、地主阶层革新派需要一种崭新的思想和学说，用以批判维护封建生产关系的理论学说——宋明理学。而这种新型的理论武器也就在这场封建与反封建的斗争实践中，应运而生了。由于明代农民和地主的关系，由传统的雇佣变为契约关系，使农民提出了追求平均，反对压迫的要求；由于市民阶层以经商务工为主，故他们主张以工商为本，强调“利民厚生”；由于市民文学的出现，谋求个性解放，宣扬人文主义的呼声日益高涨；由于地主阶级改革派的自我反省，使他们意识到只有改革旧传统的束缚，才能发展生产、富国利民。这些要求、主张、反省等等汇集成了明清实学思潮。

2. 实学思潮来源于宋代程朱道学之中

追溯实学思潮的学术思想演变：它发源于宋代程、朱道学，经陆九渊“心学”、永康学派、明中叶的阳明学派、泰州学派，不断地修正、演化，在明末清初之际，诞生了与程朱道学相背离的实学思潮。

在中国思想史上，最早提出“实学”概念的是理学集大成者朱熹（1130—1200）。他在《中庸章句题解》中说：“始言一理，中散为万事，末复合为一理。放之则弥六合，卷之则退藏于密。其味无穷，皆实学也。”在这段话里，朱熹提出了其理学思想体系的最高范畴——理，阐述了一理与万事的关系和“理”的无不包摄、无所不在的本体特性，是程朱关于理一元论的宇宙观的纲领性论述。这里值得注意的问题，也是以往被人们所忽略的问题，是朱熹将他的“道学”又称为“实学”。这有两方面的含义。

一是朱熹所讲的“实学”是针对隋唐以来空疏无物的佛学和倡导虚无的老学(道家思想)而发的。对于佛道思想，虽说理学家几乎无不“出入佛老”，但朱熹一方面和谐地吸取了佛学的思维成果和道家的宇宙生成说，融会贯通，使之成为他哲学体系的重要组成部分；另一方面，为了将“理”与佛教的“空”和道教的“无”相区别，他从儒家立场出发，对佛教的“一切皆空”、道教的“半截有，半截无”，采取了否定和批判的态度。他说：“释氏以天地为幻妄，以四大为假言，则是全无。”“所谓终日吃饭，不曾咬破一粒米；终日著衣，不曾挂着一条丝。”① 佛教这种完全违反现实生活常识的观点，往往失之过谬，不能自圆其说。故此，朱熹批驳说：“要之，佛氏偏处只是虚其理，理是实理，他(指释氏)却虚了，故于大本不立也。”② 如果“虚其理”，便会“无物”、“无理”，“一切皆无”，最终在理论上导致否定本体“理”的实在性，而使“大本不立”。所以，朱熹反复强调：“佛说万里俱空，吾儒说万理俱实。”③“佛氏空，吾儒实。”④ 这样，“虚其理”与“实其理”便成了朱熹和佛教的重要区别之所在。朱熹还认为道家把“有”、“无”看作两截，易使人陷入“有”、“无”的矛盾之中，叫人捉摸不得，同样会导致否定“理”的实在性之弊病。总之，他认为释老之失，都是不知“莫实于理”的道

① 《朱子语类》卷一二六。
② 《朱子语类》卷一二六。
③ 《朱子语类》卷十七。
④ 《朱子语类》卷一二六。

理。《语类》记有:"如释氏便只是说空,老氏便只是说无,却不知道莫实于理。"① 为此,朱熹又常常把自己哲学体系的基本范畴"理"称为"实理",把自己的学说叫做"实学"。

二是朱熹所讲的"实学"确实是对自己理论学说的一种称谓。关于朱熹的理学,传统观点一言概之:理学者,性命义理之学也。其实,在朱熹的哲学思想中,"理"、"格物致知"、"知行"这些基本范畴,都具有多层次的深刻意义。关于"理",朱熹认为它是宇宙的主宰者和万物的本源,是超感觉、超时空的绝对,是道德伦理的准则,是无形影、无内容的不生不灭的绝对观念。这无疑是朱熹哲学的本质特征。但与之同时,朱熹又承认"理"为事物之规律。一物有一物之"理",理是具体事物之"理"。由于理作为事物的规律,是不能脱离具体事物的,所以,他又提出了"理在事中"、"理不外事"这样的哲学命题。这种意义上的"理"就是具体的理,实在的理,即"实理"。朱熹在"理"范畴上的这种分野,在他的"格物致知"和"知行"诸范畴上均可寻觅到。关于"格物致知",朱熹的基调是通过接触形而下的事物,去穷究它们所体现的形而上之"理"。但"格物"毕竟不能脱离具体事物,否则就会流入朱熹自己所反对的释氏之失。他讲:"释氏只讲见性,下稍寻得一个空洞无稽底,性亦由他说,于事上更动不得。"② 佛教的"明心见性",由于"离物",故流于"空洞",只有不离物而格物,才可免于"空洞无稽",以显其"实"。这是与他"实而不虚"的本体"理"的特性相联系的。由于一物各具一理的"理"是"实理",因此,他在讲到格一草、一

① 《朱子语类》卷九十五。

② 《朱子语类》卷十五。

木、一事、一物之理的时候,是不违背常识的。如他把格物比喻为“吃果子”:“先去其皮壳,然后食其肉,又更和那中间核子都咬破始得。若不咬破,又恐里头别有多滋味在。若是不去其皮壳,固不可。若只去其皮壳,不管里面核子,亦不可。……格物,谓之事物之理,各极其至,穷到尽头,若是里面核子未破,便是未极其至也。”[①]朱熹关于格果子的理论是朴素实在的,是地地道道的“实学”。关于“知行”的主要论述,朱熹说:“论先后,知为先;论轻重,行为重。”[②]“学之之博未若知之之要,知之之要未若行之之实。”[③]“知行常相须,如目无足不行,足无目不见。”[④]这里包括四个论点:第一,就知行的先后说,知先于行;第二,就知行的轻重说,行重于知;第三,知行相须,既相分,又相依,相互促进;第四,“学”—“知”—“行”的递进关系,表明学的根本目的在于行,“功夫全在于行上”[⑤]这是朱熹哲学所有达到的最终目的。固然,朱熹的知行说,主要是就心性修养而言,是关于如何自觉地认识和实行封建伦理道德的问题,即是一种道德实践哲学。但他毕竟提出了“行”是检验“知之真不真”的标准,指出了“行”是“知”的目的,强调要注重“践履笃行”等具有积极因素的命题。由此观之,便可明了朱熹将自己的“理学”又叫做“实学”的隐衷所在。

朱熹哲学本身固有的矛盾性,决定了他的理学体系必然要分化,这种分化又决定了他之后的文人士子对朱熹哲学的

① 《朱子语类》卷十八。
② 《朱子语类》卷九。
③ 《朱子语类》卷十三。
④ 《朱子语类》卷九。
⑤ 《朱子语类》卷十三。

不同理解、不同发展,而形成了相殊的众多学派。这批学派,以社会效益为分野,可以归纳为两大类:一类是不断强化朱熹哲学中的“性命义理”思想,几经发展,最后形成脱离实际、空谈心性的“空寂寡实之学”,这就是明清之际的实学家所着力抨击的对象。一类是继承、发扬了朱熹哲学中的“实理”、“实学”思想,几番演变,酿成了“不贵空谈、而贵实行”的“经世之学”,即明清之际的实学思潮。

永康学派的创始人陈亮(1143—1194)是第一个自觉批判程朱道学不问世事、不理是非、只知穷理修身弊病的思想家。少年时便“颇不自量,盖尽与一世豪杰角其短长”的陈亮,经过长时间的观察分析,终于发现:远离社会、空谈心性的学风,与南宋统治者对金的妥协态度有着密切的联系。于是,他在一片主和声中,举起两面大旗:力主抗战和批判理学,并因而成为一代骄子,为后人所景仰。由于陈亮“专言事功”,“谈王说霸”,与朱熹涵养本心、整顿人心的思想截然相反,因此,从孝宗淳熙九年(1182)到光宗绍熙四年(1193),陈亮与朱熹展开了一场大辩论。这就是历史上有名的历时十一年之久的“王霸义利”之辩。“王霸义利”之辩的实质,是究竟做一个什么人的问题,是做一个像陈亮所说的“实事实功”的英雄豪杰,还是做一个像朱熹所讲的“醇儒自律”的君子儒?“成人之道”应以“专言事功”而“嗤咄性命”为佳,还是以“谈性命而避功利”为益?

朱熹也主张抗金,以治国平天下。但他认为谈王霸、言事功,是舍本逐末,势必要“驰骛功名之心”,陷入利欲“窠窟”,背离“圣人立教之指(旨)”。他主张在纷乱的世界中,领悟性命,体悟“密旨”,也就是以“醇儒之道自律”,正心诚意,一切“勿出于先圣规矩准绳之外”。这样,就可以忘却“世俗是非毁誉”,随遇而安。因为“世间万事，须臾变灭，皆不足置胸中，惟有穷理修身为究竟法耳”[①]。陈亮对朱熹以“醇儒自律”的腐儒风气，进行了尖锐而深刻的批判：“始悟今世之儒士，自以为得‘正心诚意’之学者，皆风痹不知痛痒之人也。举一世安于君父之仇，而方低头拱手以谈性命，不知何者谓之性命乎？”[②]“书生拘人执法之说……，正言以迂阔而废，巽言以软美而入；奇论指为横议，庸论谓有典则。……而用依违以为仁，戒喻以为义。牢笼以为礼，关防以为智。……至于艰难变故之际，书生之智，知议论（即理学，元人刘因有‘宋学议论’句，概指此）之当正，而不知事功之为何物？知节义之当守，而不知形势之为何用？宛转于文法之中，而无一人能自拔者。”[③]“今之君子欲以安坐感动者，是真腐儒之谈也。”[④]在这当中，陈亮指出所谓“学者”、“儒士”、“书生”这些理学先生们，只知空谈性命，而不知实事、实功为何物；只知把无用的“巽言”、“庸论”看成“典则”，而将有用的“正言”、“奇论”视为“迂阔”、“横议”；只知“安于君父之仇”、“隐忍事仇”，而不知富国强兵之术；只知“玩心于无形之表”，而不知仁义礼智不过是“依违”、“牢笼”之类；只知安坐感动，而不知不动则万事俱灭。陈亮对朱熹等宋儒的批判，相当有力。这些批评触及到了理学在民族危难之秋所暴露出来的无补于实用的本质。这些批评也表明了陈亮对朱熹哲学的修正和改造。“朱子以事功卑龙川（陈亮），龙川正不讳言功

① 《朱子语类》卷八。

② 《上孝宗皇帝第一书》，《陈亮集》卷一。

③ 《戊申再上孝宗皇帝书》，《陈亮集》卷一。

④ 《又癸卯秋书》，《陈亮集》卷二十。

利。”[①] 陈亮在“明心思性”风气盛行之时，理直气壮地举起了功利主义的旗帜：“禹无功，何以成六府；乾无利，何以俱四德。”[②]《宋史·陈亮传》说，陈亮是“志存经济，重许可，人人见其肝肺”，南宋人士，不论是赞同或反对陈亮的，都一致承认陈亮的思想“实有经济之学”。陈亮的“经济（经世济民）之学”是对朱熹理学“空言心性”的矫正。

经过一条艰难曲折的道路，陈亮终于建立了与理学相抗衡的“永康学派”，亦叫做“事功学派”，对社会产生了极大影响。朱熹曾惊呼：“江西之学（陆学）只是禅，浙学却专是功利。禅学，后来学者摸索，一旦无可摸索，自会转去。若功利，学者习之便可见效，此意甚可忧。”“陈同甫（陈亮）学已行到江西，浙人信响已多，家家谈王霸……可畏！可畏！”[③]永康学派以注重事功、讲究利功、务建实迹的功利主义思想开明末清初以“经世致用”为宗的实学之先河。

如果说陈亮是自觉地批判了程朱理学卑弃事功弊病的话，那么，陆九渊（1139—1193）则是无意识地触及到了这一点。因为陆九渊常以躬行践履之学自诩。他的少年时代正逢金兵侵扰、南宋政府抗战派遭到投降派高宗、秦桧的镇压和迫害之际，他见“夷狄乱华”，很是感慨，便说：“曾谈《春秋》，知中国夷狄之辨。二圣之仇，岂可不复？所欲有甚于生，所恶有甚于死。今吾人高居无事，优游以食，亦可为耻，乃怀安非怀义

① 黄宗羲：《宋元学案·龙川学案》。
② 黄宗羲：《宋元学案·龙川学案》。
③ 《朱子语类》卷一二三。

也。此皆是实理实说。”[1]这里，陆九渊反对金统治者的侵扰，主张恢复失去的故土。他还以一些人的不忧国忧民、高居而无事、优游以食为耻。因此，他决心立志习武，以图报国复仇。他认为“做得功夫实，则所说即实事”[2]。以实事实功为要务，而以苟且偷安为非“义”。这就是他的“实理实说”。显然，这种思想是对朱熹等理学家鄙薄实事实功的批判。

陆九渊对朱熹鄙弃事功思想的批判是不自觉的，而对于朱熹“心理”思想的进一步主观化，则是完全自觉的。在心与理问题上，朱熹不仅承认心外有理，而且承认心外有物。陆九渊反对朱熹心外有理、心外有物的思想，提出了“心即理”的重要命题。他说：“心，一心也；理，一理也。至当归一，精义无二。此心此理，实不容有二。”[3]“人皆有是心，心皆具是理，心即理也。”[4]

这样，陆九渊的思想体系就具有了鲜明的个性特色，即它以“明心”（立心）为根本，以其他皆为枝叶，形成了“心学”学派，而在宋儒中揭出了新的旗帜。陆九渊认为“心即理”，“宇宙便是吾心，吾心即是宇宙”，所以认识“理”、“宇宙”，也就是认识“本心”。同时，在他的思想中，“心”是具有伦理属性的实体，是“天之所以予我者，非由外铄我也”。他所谓的认识“本心”，并不是指锻炼、增强人的思维能力，而是通过内心进行体认、省察。由此，陆九渊彻底否定了朱熹哲学中的唯物主义因素，

---

① 《语录》，《陆九渊集》卷三十五。
② 《语录》，《陆九渊集》卷三十五。
③ 《与曾宅之》，《陆九渊集》卷一。
④ 《与李宰》之二，《陆九渊集》卷十一。

使朱熹哲学向着空谈心性方向迈进了一步。

明中叶出现的阳明学派从“执空”和“著实”即“心上功夫”和“事上磨炼”两个方面，进一步修正、发展了朱熹哲学，是实学思潮形成过程中的重要一环。明中叶，新经济因素的萌芽和旧的传统思想的冲突，在人们的知与行中产生了深刻矛盾。王守仁(1472—1529)认为明朝是“文盛实衰”，人们只求“知”，不顾“行”。知与行的矛盾，是封建社会的解体在意识形态上的反映。王守仁不可能从社会经济变化中去找寻知行矛盾的根源，只有提出“知行合一”说加以调解。他反对背诵词章、口耳谈说、空疏悬虚之学，主张要在身心上着实体验践履，把道德信念化为道德实践。虽然他强调的是道德实践论，但其“重行”、“重实践”的思想具有极大的合理性。他讲：“凡谓之行者，只是著实去做这件事。”① 著实去做这件事，就是实践行动。又说：“以求履其实而言谓之行。”② 履其实，就是实地践履。王守仁的这种思想，至晚年发展为“事上磨炼”。他主张“人须在事上磨炼做功夫乃有益”。所谓在“事上磨炼”，就是“日用事为间体究践履，实地用功”③。王守仁“知行合一”、“在事上磨炼”思想中的合理因素，在于它是著实的，侧重实践的。这也是对朱熹哲学中“重行”思想的发展，同时这对王门后学——“泰州学派”有很大影响。

但是，王守仁的学说，就其全部体系和内容而言，又与明中叶新经济因素萌芽相矛盾。与货币权力增长有密切关系的

---

① 《答友人问》，《王文成公全书》卷六。

② 《传习录中·答顾东桥书》，《王文成公全书》卷二。

③ 《传习录中·答顾东桥书》，《王文成公全书》卷二。

人的“私欲”，在封建社会解体过程中所起的历史作用是瓦解封建社会传统习俗。王守仁为了维护封建社会，竭力诋毁与“忠孝仁义”封建道德相矛盾的人的“私欲”。为此，他修正了朱熹“格物致知”思想，提出了“致良知”说。王守仁自称“致良知”是“从百死千难中得来”，是“孔门正法眼藏”。他如此重视“致良知”，是企图借助封建的道德教化，去掉人的“私欲”，加强对人心的钳制。他所谓的“良知”就是“心”，这个“心”不仅是世界的主宰，同时又是人的认识和道德行为所追求的目的，亦是绝对真理的化身。他的“致良知”说教，不外乎教导人们在“心上作功夫”。他认为，向人心之外探求事物的道理，是徒劳无益的。他曾批评朱熹的“外心以求理”是“错训格物”，不合于《大学》“致知格物”的旨意。他所言的“格物致知”不是探求客观世界的规律，而是将人心的“良知”安置在事事物物之中，让事物从人心(良知)那里得到事物之理。因此，人们只要“静处体物”，即静坐澄心就可以了。这是主观化的超越。他的“致良知”说，在陆九渊“心即理”基础上，又从“执空”一面将朱熹哲学进一步引向深渊。这也是明清之际实学家着力抨击王学的原因。

泰州学派是中国封建社会中第一个具有平民色彩的学派。这个学派的兴起，和当时资本主义萌芽出现所造成的封建关系某种松弛的社会状况有一定联系。泰州学派作为平民学派，具有以下三个特点：

一是倡导“百姓日用之学”。所谓“百姓日用之学”就是以“百姓”(即所谓愚夫愚妇)为本位，把是否合乎“百姓日用”(即包括吃饭穿衣欲求在内的日常生活需要)作为判别是非的标准。这样，泰州学派就改造了“百姓日用之道”这个古老的哲学命题，赋于它平民的要求和特点，而在中国思想史上形成了颇具独创性的“百姓日用之学”。其独创性表现为：他们强调的“日用”是指劳动人民的生产活动和生活活动（即人们的往来、视听、持行、劳动等等），并且认为只有劳动人民的生产活动和生活活动才是真理。这是对王守仁重“行”、尚“事上磨炼”思想的修正和发展。其独创性还表现于：他们认为“圣人之道”就是“愚夫愚妇能知能行”的“日用之学”，就是劳动人民天天实践着的事情，虽然并不高深、奥妙、奇特，但它是真实的学问。否则就是“异端”。这实际上就等于把高谈“性命义理”而与百姓日常脱节的官方思想——朱熹哲学宣布为异端。其独创性也表现于他们力图用“百姓日用之学”填平圣、愚之间的鸿沟，达到人我平等的目的。这种思想在一定程度上反映了时代的要求。所以，泰州学派的“百姓日用之学”透露出了16世纪中国社会开始出现的新时代的气息。

二是注重平民教育。泰州学派在“短衣徒跣”的劳动人民中聚徒讲学。他们所讲的都是百姓当下有用的学问，反对讲“闲泛语”，反对搬弄经书陈言。

三是以功利主义为核心的思想。泰州学派主张的有欲论、功利论是与封建理学家强调的“存天理、去人欲”之说尖锐对立的。在资本主义萌芽出土的历史背景下，这种思想具有启发人们反对封建专制主义的进步作用。总之，泰州学派的三个特点表明：它是中国思想史上最早的一个启蒙学派，其思想对于明清实学发生了一定影响。

继泰州学派兴起的明末“东林党”是中国历史上第一个具有新兴市民阶层特色的学术团体。东林学派继承并发展了泰州学派自由讲学、自由结社的学风。它的最大特点是把讲学同政治活动结合起来，把关心国事当作自己的座右铭，身体而力行之。他们继承并大大地发扬了历史上正直的知识分子的优良传统，要求澄清吏治，改革弊政，敢于为民请命，坚决反对恶势力，为了国家民族的利益，甘愿赴汤蹈火，万死不辞。在学术上，东林学派标榜气节，崇尚实学。黄宗羲记载顾允成愤疾当时学术界放诞不务实的学风时，说："一日，(见允)喟然而叹，泾阳(顾宪成)曰：'何叹也？'曰：'吾叹夫今之讲学者，恁是天崩地陷，他也不管，只管讲学耳。'泾阳曰：'然则所讲何事？'曰：'在缙绅只"明哲保身"一句，在布衣只"传食诸侯"一句。'泾阳为之慨然。"① 他们反对"天崩地解，落然与吾无事"、逃避现实的学风，主张在讲学中触及社会现实问题，议论如何改变政治腐败、民不聊生的实际学问。所以，东林学派的兴起对扭转空言心性、骛虚好高的士风起了积极作用。《明史·高攀龙传》中说："初，海内学者率崇王守仁，攀龙心非之。与顾宪成同讲学东林院，以静为主，操履笃实，粹然一出于正，为一时儒者之宗。"东林学派的出现标志着实学思潮的形成。

但使实学大放异彩的是秉承东林学派之遗风的明末清初三位伟大的先哲：顾炎武、黄宗羲、王夫之。其中，顾炎武批判了宋儒程朱空谈心性之弊，主张以"明心见性之空言，代以修己治人之实学"②，指明所谓"格物致知"，不是"多识于鸟兽草木之名"，而是国家民族"当务之为急"，将"经世致用"注入程朱哲学肌体内。黄宗羲虽然推崇阳明之学，但批判了王学中"四无之教"、"镜花水月"等虚无蹈空的一面，强调了王学中

① 黄宗羲：《明儒学案·东林学案》三。

② 顾炎武：《日知录》卷七。

“知行合一”、“事上磨炼”笃实践履的一面，从而赋予阳明学期于致用的品格。王夫之不仅扬弃了程朱、陆王之学，批判地总结了宋明理学，而且精研易理，熔铸老庄，旁及佛道，博取质测之学，使中国朴素唯物辩证法的理论形态发展到了顶峰。

从宋宁宗绍熙五年(1194)朱熹集理学之大成始[①]，至明天启元年(1621)间实学成熟，历经四百余年漫长、艰难、曲折、迂回的历程，从程朱道学中产生了明清之际的“实学”。它一经出现，就在资本主义萌芽的沃土中茁壮地发育、成长，呈明清之际学界一代风采。

3. 实学思潮的形成借助于西学东渐之风

16、17世纪，海外传教士东来，附带地也带来了欧洲比较新颖的科学知识。自然科学和物理学水平尚处于“制器尚象”的幼稚阶段的中国科学家，接受了外来自然科学的影响，迂回曲折地反映到学术文化上，遂成为明末清初实学思潮的重要内容。

从16世纪末到18世纪末，天主教士纷纷来华传教。其中有著作可考的早期有利玛窦、龙华民、艾儒略等，晚期有汤若望、南怀仁等七十余人。而明末，在资本主义萌芽的驱使下，中国爱国的知识分子把对于科学和新技术的追求作为历史的必然课题。他们渴望从外来的文化中得到富国强兵的启示，因此与传教士接触频繁。如徐光启、李之藻、王徵、韩霖、瞿式耜、沈德符、虞淳熙诸人，他们可以说是中国向西方追求真理的先行军。他们在会通西学的基础上，开始打破中国古典科学的狭隘界限，开辟了中西结合的新的学术路线。他们对西学追求的热

① 参阅张立文：《朱熹思想研究》，第74—75页。

情、对科学探求的开明态度、对文化革新的精神，正反映着中国启蒙时代的历史要求：为富国强兵，必须提倡科学、反对蒙昧，学习新学、改造旧传统。在西学的启迪下，出现了徐光启、李之藻及稍后的梅文鼎、王锡阐、孙兰等杰出的天文算学家，接着王征、薄珏等人阐述了物理学和机械学，写出了《奇器图说》等书，在历法、水法、火器、机动物理学等方面都多有发明。徐光启等自然科学家在天文历法、农业水利、医药植物、物理算学、机械工艺、地理山川各个方面取得的科学成果，成为明末清初"经世致用"、"利民厚生"实学思潮的重要内容。同时，这些科学家也看到了西来传教士的弊处。如方以智就指出："万历年间泰西学入，详于质测而拙于通几；然志士推之，彼之质测尤未备也。"[①] 这是讲泰西学问长于"制器尚象"，而不长于明理。孙兰曾从汤若望学习天文地理，著有《柳庭舆地隅说》一书。他曾怀疑汤若望总想灌输给他耶稣会士的教旨，而不大愿意教他天文历算之学。因之，他主张"精研西学而不师其教"。由此可以看出中国爱国学者追求的是西方自然科学，而不是其宗教信仰。他们在深慕西学的同时，又能采其长而弃其短。这种学风和气节，又从另一个侧面构成了强调科学精神和注重民族气节的实学思想。

西学东渐之风带给明末社会的另一影响是对于宋明理学的批判。西方传教士为了在中国传授天主教，利用了中国人的传统文化心理——对儒家学说的顶礼膜拜。从利玛窦开始，传教士就进行"合儒"的工作，即用天主教的"上帝"来附会儒家学说中的"天"或"帝"。但他们在"合儒"的具体工作中遇到了

---

① 方以智：《物理小识·叙例》。

困难。由于中国儒家最早的古籍中关于“天”、“帝”的记载一般是有神论的，这便于天主教用他们的概念进行偷换，但是宋以后的儒家学说另有一套比较完备、系统又汲取了佛、道理论（天主教士一开始就采取了联合儒家，反对佛道的政策）的思想体系，这就是宋明理学，不同于古代的有神论。这样，传教士的“合儒”工作就遇到了困难。于是，他们将儒家分为“先儒”和“后儒”，分别对待之。对于“先儒”，称之为“真儒”，而对于“后儒”（主要指宋明理学），斥之为“伪儒”、“俗儒”、“拘儒”。传教士的工作就是首先批判“后儒”，再返原于“先儒”，确立“儒即天、天即儒”的思想，达到用天主教的经院神学代替儒教的最终目的。为此，他们强调上帝不是“太极”，也不是“理”或“心”，进而否认了理学家提倡的“理气”、“阴阳”、“五行”、“心性”等重要范畴，对宋明理学展开了激烈批判。结果歪打正着：他们对于理学的攻击，客观上影响和启发了中国自然科学家和明清之际一代启蒙学者对空疏误国、不尚实际的理学的反省和揭露。如明末的徐光启就曾以主张“学问皆有根本，议论皆有实见”的求实精神，斥责理学有“迂疏之病”、“空谈之弊”，而他“平生所学、博究天人，皆主于实用”[①]。宋应星一生潜心于实学，对理学家不务实际、轻视生产的态度，深表不满。启蒙学者顾炎武认为：“明心见性”的理学危害极大，其结果是：“股肱惰而万事荒，爪牙亡而四国乱。神州荡覆，宗社丘墟！”[②]黄宗羲也指出，理学造成了明哲保身、脱离社会的陋习。“奈何今之言心学者，则无事乎读书穷理；言理学者，其所读之书不过经生

---

① 陈子龙：《农政全书》凡例。

② 《日知录》卷七。

之章句,其所穷之理,不过字义之从违。……”① 因此,抨击理学,就必须提倡学术思想不超脱社会现实。诚然,中国学者对于理学的反思和批判是中国社会政治、经济大变革在理论思想界的必然反馈。但是,西方传教士对于理学的指责,却以不同的方式在客观上影响了中国持变革主张的学者。这一点也是应该承认的。

明末,在西学东渐之风的吹拂下,中国社会涌现出了一批极有作为、颇有建树的技术派思想家。他们脚踏实地的求实学风,改革旧学、追求新知的科学热情,斥责迂腐之理学、谋求富国之术的精神,无一不是明清之际实学思潮的重要组成部分。

总而言之,实学扎根于明中叶以来资本主义萌芽这一特殊土壤之中,吮吸着宋以来学术思想演变成果的汁水,沐浴着西学东渐之风,而成为中国后期封建社会的独特社会思潮。

(二) 实学思想的发展阶段

实学,作为一股社会思潮,有它自身发展变化的规律性,呈现出不同的发展阶段。实学思潮大致可分为三个发展时期。宋明时期为实学的“形成期”,明清之际为实学的“鼎盛期”,清代为实学的“衰微期”。

宋明(下限止于明万历年间)虽属于中国封建社会的后期,但还有一定的发展。它是实学思潮的酝酿、形成时期。这是因为从北宋到明中叶的后期封建社会,在经济关系、阶级结构和社会矛盾等方面,区别于前后历史阶段而具有自己的特点:一方面封建经济高度成熟,地主土地私有制和封建工商业都比较发展,商品货币削弱了农民对土地的依附关系,土地兼

① 《留别海昌同学序》,《南雷文定》前集卷一。

并促进了农民革命的高涨；另方面，皇权专制日益强化，封建竞争日趋激烈，封建的政治统治和思想统治日渐完备，因而尽管宗法制的旧传统形成了顽固的历史惰力，整个社会的发展呈现出相对的停滞状态，但封建制度内外的尖锐矛盾必将导致剧烈的社会变革。明中叶以后产生的新兴市民阶层和地主阶级改革派，面对“沉疴积痿”病入膏肓的社会，发出了时代最强音：政治要修明，经济要变革，哲学要反思，科学要提倡，文学要革命，汇成了一股强大的社会思潮。

于是，在政治上，出现了以高拱、张居正为代表的社会改革家。他们针对当时的社会弊病，从富国强兵出发，提出了拯救社会危机的一系列方案。高拱大胆提拔潘季驯、戚继光等人，推行“南剿北抚”政策，世称“救时宰相”。张居正以“机阱满前，众镞攒体，孤不畏”的精神，主张节省朝廷开支，整顿驿站，治理黄河，清理逋税，清丈田亩，推行“一条鞭”法，取得了一定成绩。在经济上，随着资本主义萌芽的出现，城市和农村的经营方式发生了某种变革，必然导致生产力的提高，引起人际关系的变化。在哲学上，地主阶级进步思想家，目睹明末上层集团的大混战、农民起义的汹涌澎湃、清兵的乘机入关而造成的明王朝奄奄待毙的结局，痛定思痛，悟出了：远离社会、超脱国事的理学是造成国破家亡的重要原因之一。因此，只有摈弃空虚之学，倡导实学、实习、实用，才能有力量，才能强盛；只有立足于实际，凡事去取，才能有定准，否则坐而论道，空谈天理性命，奢论希圣希天，都无济于事。在科学上，由于资本主义萌芽的产生和发展封建经济的需要，明初科学冷落、沉寂的状况在明中叶得到了解冻、复苏，出现了一批著名的科学家和重要的科学巨著。在文学上，以徐渭、李拔、汤显祖、袁宏道为代表的新型的市民文学,冲破了前后七子① 的复古主义,以文艺的形式批判理学“存天理、灭人欲”的说教。他们或“借男女之真情,发明教之伪药”;或主张“本色论”,以畸农市女所喜闻乐见的艺术形式表现他们的日常生活,将他们的生活和情感上升为美;或力倡“性灵说”,认为只有任性而发,才能通于人之喜怒哀乐嗜好情欲。这是情欲对天理的斗争,是个性解放对封建意识的鞭挞。

这股来自政治、经济、哲学、科学、文学诸方面的变革思潮,是中国后期封建社会矛盾的产物,亦是在社会大动荡中诞生的婴孩。它一坠地,便以勃勃生机在社会诸领域中发挥着重要作用。

从晚明天启年间起,至清康熙中期,史称明清之际,这是明清实学思潮的鼎盛时期。中国几千年的历史证明:每当社会发生大动乱、大变革之时,伴随它就会出现一种新的思想理论武器。如战国时期是中国历史上的第一次大动乱时期,伴随它出现的是诸子百家思潮;第二次大动乱发生在秦汉之际,独尊儒术思潮是它的伴娘;魏晋之际发生了第三次大动乱,掀起了风靡一时的玄学思潮;第四次大动乱即五胡乱华,道统说伴之兴起;第五次大动乱爆发于五代十国,它蕴育出了程朱道学和陆王心学这一对新儒学的双璧;第六次大动乱、大变革就出现在明清之际,实学思潮是它的产儿。以后,中国历史上还有两次大动乱、大变革,即辛亥革命运动,它推翻了几千年的封建

---

① 明弘治、正德时期文学家李梦阳、何景明、徐祯卿、边贡、康海、王九思和王廷相并称为前七子;明嘉靖、隆庆时期文学家李攀龙、王世贞、谢榛、宗臣、梁有誉、徐中行和吴国伦并称为后七子。

帝制，创建了民国，使用的思想武器是“进化论”；再一次是第二次国内革命战争、抗日战争和第三次国内革命战争，结果推翻了封建主义、帝国主义、官僚资本主义在中国的统治，建立了社会主义制度，它的指导思想是中国化了的马克思列宁主义即毛泽东思想。社会的大动乱、大变革，必然导致出现新的社会思潮，因为它是指引社会前进的思想理论武器。这是一条历史发展的客观规律。因此，实学思潮的高峰出现在近代社会的前夜即“天崩地析”的明清之际，是完全符合这一规律的，理所当然的。

之所以说明清之际是实学思潮发展的高峰，还因为：这股气势磅礴、生命力极强的实学思潮荡涤着当时整个社会的各个方面。锋芒所指，是那些清静冥思、坐而论道、空谈性命而无视现实、厌恶事功的道学家和心学家；是封建统治者所要竭力维持的纲常名教、所要竭力掩饰的社会黑暗；是要打破维系旧生产关系的旧道德、旧观念、旧秩序、旧伦理，创造出一个适合于已经和正在产生的市民阶层需要的新天地。故此，经这股进步社会思潮的冲洗、磨炼，明清之际一代卓越的文化巨人：政治家、经济学家、自然科学家、史学与考据学家、哲学家被培育、造就出来。如：《西游记》的作者吴承恩，创造了孙悟空这个叛逆的英雄形象，借以歌颂人民的反抗精神，由孙悟空喊出了“皇帝轮流做，明年到我家”这样具有明显反叛倾向的口号。《封神演义》的作者反复宣布：“天下者非一人之天下，乃天下人之天下也”，成为农民革命的理论根据。汤显祖作《四梦》（即：《牡丹亭》、《邯郸记》、《紫钗记》、《南柯记》），用以揭露封建礼教与青年男女的爱情矛盾，暴露了封建礼教在家庭关系上的虚伪、残忍，是向封建传统伦理的挑战。蒲松龄作《聊斋志异》讥讽八股取士的弊端，控诉了封建婚姻的束缚。孔尚任作《桃花扇》，揭示了明亡的历史教训，启导人们对历史进行沉思。哲学家罗钦顺著《困知记》，主张气是宇宙万物的根本，反对朱熹的理本论。李贽著《藏书》、《焚书》、《续藏书》，反对"存天理、灭人欲"的教条，主张穿衣吃饭就是人伦物理。李颙著《二曲集》，提出"明道存心以为体，经世宰物以为用"。唐甄著《潜书》，抨击君权专制："自秦以来，凡为帝王者皆贼也。"主张实行富民政策："为治者不以富民为功，而欲幸所太平，是适燕而马首南指也。"颜元《习斋记馀》批判宋明理学最烈："千余年来率天下入故纸中，耗尽身心力气，作弱人、病人、无用人者，皆晦庵为之也。"并主张七字治天下："垦荒、均田、兴水利。"科学家徐光启的《农政全书》和《几何原本》堪称中国科学史上的"坐标"，被誉为"回绝千古"的科学巨著，他成为总结中世纪科学史的大师。"千古奇人"徐弘祖所著"千古奇书"——《徐霞客游记》不但是一部著名的游记文学，而且也是中国第一部实地调查的地理学专著。宋应星的《天工开物》则是一部无与伦比的工艺学百科全书。此外，还有一批重要的考据学家、史学家、政治家如张溥、张采、孙奇逢、费道周、陆世仪、费密、毛奇龄、万斯大、万斯同等等。而站在群儒之首、代表明清实学鼎端的学者是明清之际三大启蒙思想家——顾（炎武）、黄（宗羲）、王（夫之）。顾炎武开一代经学之风，提出了"理学即经学"的指导思想，从此，"穷经致用"之风蔚起。黄宗羲作《明儒学案》，开启清代浙东学派重史、重实的新史风，又著《明夷待访录》，首次提出具有时代特色的"反君"、"民主"思想。王夫之以"入其垒，袭其辎，暴其恃，而见其瑕"的策略，以"六经责我开生面"的胸怀，推陈出新，创立了自己的哲学体系，与朱熹庞大精深的理学体系相抗衡。总之，明清之际是实学家群星灿烂的时代，是实学思潮达到鼎盛的时代。

清代中后期是明清实学由鼎盛到衰退的衰微时期。任何一种思潮都有一个历史过程，有其发生、发展、灭亡的历史。从这个意义上说，实学思潮也必然有停滞的时候。问题在于：从实学思潮为自己所规定的任务看，它停滞得过早了，以致未能完成自己的历史使命。它本来的历史重任是冲破封建禁锢，解放生产力，发展工商业，实现资本主义，完成中国社会的近代化。但它未做到就夭折了。其原因众多且复杂。当然也有实学本身的弱点，如在这股思潮的阵营内部，没有人或没有来得及进行高度的理论概括，没有形成明确的概念范畴系统，没有锻造出一个有力的哲学体系，这不能不说是导致其过早停滞的重要原因。除此之外，还有两个重要的原因，一是资本主义萌芽的被摧残，二是清统治集团的文化镇压。

清初资本主义萌芽停滞不前的原因之一是：清兵的大肆烧杀掳掠，使江南的许多繁荣富庶地区“庐舍邱虚，人烟沓绝”。清军的野蛮屠杀，使当时社会的人口和耕地锐减，到南明永历灭亡的清顺治十八年(1661)，人丁户口仅 1930 万，耕地仅 526 万余顷，一度兴起的手工业和商业经济受到摧残，失掉了跨入资本主义社会的时机。清统治者采取的民族歧视、重农抑工、重官轻商、控制海上贸易等政策，阻碍了工商业的发展。这是清初资本主义萌芽受摧残的原因之二。当时经营工商业被认为是下民，难与士大夫相提并论，即使在所谓“康乾盛世”时，官僚也很少与商人通婚。至于出海贸易，政府对于出海的船只、载重、人口、食粮皆有限制，防范极严，使海外贸易操于皇室之手，一般商人难以染指。所以，当时的商人、富户虽有发财致富、经营商业、同海外贸易的愿望，可是慑于政府法令的限制，缩手畏足不敢前进。这就严重阻碍了资本主义萌芽的发展。清代贵族和官僚，在"重本抑末"传统观念的束缚下，大都将搜刮来的钱财用以购买土地、吃喝玩乐，而经营工商者甚少。这乃是清初资本主义萌芽停滞的第三个原因。康熙的亲信臣子张英，以贤良见称。他在《聪训斋语》和《恒产锁言》中谈治家之道是：安分守己，归老田园，守财之道为多买田地，可百年相守。清代大官僚地主在张英辈的影响下，把做官剥削人民的膏血得来的钱财，全部投资买卖田地，使土地大量集中。又由于他们各自营私谋利，资金过于分散，不能集资合股经营工商业，更谈不到积累资金，从事再生产了。由于资本主义萌芽停滞不前，使实学思想失去了存在和发展的重要社会经济基础。

实学思潮走向衰退，还因为受清统治者文化政策的影响。清政府为了对抗实学思潮，利用权力大力提倡被实学家加以摒弃的程朱道学。如顺治十三年，敕大学士傅以渐撰《易经通注》；康熙编纂《性理精义》。康熙十二年上谕命编《太极图论》。康熙十九年敕大学士库勒纳等编《日讲四书解义》、《日讲书经解义》；二十二年敕大学士牛钮等编《日讲易经解义》；三十八年，奉敕撰《春秋传说汇纂》；五十四年，敕大学士李光地撰《周易折中》；六十年，又敕大学士王项令等撰《书经传说汇集》。雍正五年，御纂《孝经集注》。乾隆十三年，钦定《周官义疏》、《仪礼义疏》、《礼记义疏》；二十年，又敕大学士傅恒等撰《周易述义》、《侍义折中》；三十年，傅恒又奉敕撰《春秋直解》。与此同时，清朝政府还重用理学家。如理学家李光地奉命主编《性理精义》、《朱子全书》等，宣扬理学；理学家熊赐履治程朱道学，建议：非《六经》、《语》、《孟》三书不读，非濂洛关闽之学不讲。张伯行治程朱道学，编辑整理程朱学派著作，汇刻《正谊堂丛书》。与此同时，清统治者采取高压和怀柔相结合的两手政策。一方面，他们制造文字狱，杀害知识分子，焚毁进步书籍，以消弭民族情绪和维护清朝统治。令人发指的有：康熙时，浙江吴兴人庄廷铣写《明史》，因多有指责清人语，铣剖棺，其弟及作序人、参校人、刻字人、买者、卖者、地方官一律处斩，杀70余人。雍正时，翰林徐骏因诗中有“清风不识字，何得乱翻书”句，被认为讥刺满人，被斩。乾隆时全祖望因作文有“为我讨贼清乾坤”语，“贼”在“清”上，被下狱治罪，后营救免死。此外，清统治者还大量焚书，仅乾隆三十九年至四十七年间，兵部报毁书24次，538种，13826部。另一方面，其实行怀柔政策，这是指清初的“开科取士”，康熙十六年荐举山林隐逸，康熙十七年荐举博学鸿词，康熙十八年设立明史馆，召集文人编纂丛书、类书。编书的政治目的一是消除反封建的异端思想，一是围剿反满的民族意识。在这一历史背景下，知识界开始分化，出现了脱离实际、以宗汉抑宋为标帜的乾嘉学派，取代了实学。

从明中叶到清中叶，虽然实学思潮只有200多年，但它在中国思想史上却占有重要地位，曾起过一定历史作用，是不应该被泯灭的。

中国历史上出现的这股实学思潮，与日本和韩国历史上出现的实学思潮相比较而言，其最重要的和最基本的特点就是中国实学对“经世致用”思想的强调。笔者在拙著《中国、日本、朝鲜实学比较》一文中，对这一特点是这样论述的：

中国实学的基本特征和本质内容，可以用“经世实学”加以概括。这种“经世实学”是中国传统儒学中“外王”思想的一种延续。

“经世”亦即治世。这里的“经”字，在先秦典籍中往往与“纶”字并用，含有“匡济”之义。《周易》说：“君子以经纶。”《周易正义》释曰：“经谓经纬，纶谓纲纶。”《中庸》说：“惟天下至诚，而能经纶天下之大经。”朱熹注：“经者，理其绪而分之；纶者，比其类而合之。”“经世”并用，则首见于《庄子》。

春秋经世，先王之志，圣人议而不辨。秦汉以后，更常见“经世”、“经术”（经世之术）、“经实”（经世之实用）、“经济”（经世济民）等用语。它们大体都是指一种与消极遁世相背的价值取向，其精义在于引导人们经邦治国，建功立业。

“经世致用”是伦理——政治型的中国文化的一种传统精神，是千百年来士人赖以安身立命的信条。从孔子、孟子为代表的原始儒家始，便提倡“内圣外王”的理想人格，既讲求修身养性，提高个人的内在道德品质，更讲究“齐家治国平天下”的外王路线，努力把个人的内在道德外化，从而在社会实践中予以丰富和发展，以建功立业，兼济天下。至明末，知识分子对明亡的历史教训进行了深刻的反省和总结，一方面大力批判理学家只讲道德性命，不问治国安邦的治学弊端，另一方面加强对“外王”的落实和拓展，强调对自然世界的探索和对社会问题的解决。①

① 李甦平等：《中国、日本、朝鲜实学比较》，第262、263页。

日本著名学者源了圆教授将中国实学发展的系谱分为四个时期。第一期为宋明理学，这一时期实学思想的基本内容为“追求人间真实的实学”或为“道德实践的实学”。第二期为明末清初实学，这一时期实学的主要内容是“经世致用”和“利用厚生”。第三期为清朝实学。第四期为清末实学。①

可见，明清之际的实学的基本内容也正体现了中国实学的基本特点，即“经世致用”性。而在群星灿烂的实学家中，朱舜水可称得上是一颗奇特的星。之所以这样讲，是因为舜水学以其“经世致用”、“利用厚生”的学旨和内容，构成了明清之际实学的重要内容之一。

例如，舜水学哲学观所主张的“践履论”，舜水学政治观所主张的“事功论”，舜水学经济观所主张的“实利论”，舜水学历史观所主张的“致用论”，舜水学教育观所主张的“社会论”，其目的都是强调学以致用、经世致用、通经致用，其内容都是讲究济民、经世、实行、实利。可见，舜水学的本质是一种经世济民、经世致用的学说。舜水学的这一本质构成了中国明清之际实学的基本特色。从这重意义上说，舜水学又可以称为舜水实学。舜水实学最突出地凸现出了中国实学的“经世致用”的特点，所以，舜水实学是中国明清之际实学的一个极其重要的、不可缺少的组成部分。

① 源了圆：《近世初期实学思想研究》，第71页。

二、舜水学与日本实学

日本实学是指日本近世社会至近代社会所出现的具有合理性的进步社会思潮。日本的近世社会是指日本封建社会的晚期，即1603年至1867年的江户时代，日本史学家称之为“近世”；日本近代社会是指1868年明治维新至1945年第二次世界大战结束这一阶段。这一时期日本实学思潮的形成由其独特的日本社会的地理环境、藩校教育和政治思想结构诸因素所定。

（一）关于日本社会的地理环境

从自然地理和历史角度来看，江户作为幕府政治活动的据点，京都作为以朝廷为中心的日本各行业的中枢都市，大阪作为商业都市而各自发端，并带有鲜明的都市性格。而这些与实学的产生又有一定关联。例如：

1. 江户（东京）

江户在吉宗时代（即第八代将军吉宗一代），于农学、本草学等领域都出现了可喜的成就。如新井玄圭的《食物本草大成》（1688）、宫崎安贞的《农业全书》（1697）、贝原益轩的《大和本草》（1709）、稻生若水的《庶物类纂》（1715）等名著不断问世。幕府向全国派出了负责药园经营事务的采药使。江户于宽永十五年（1638）开设药园，小石川于贞享元年（1684）开设药园，下总国泷台野于享保七年（1722）开设药园。在这些药园里，为停止从中国进口草药以实现草药国产化，兴起了各种采药活动。在这方面，特别值得一提的是丹羽正伯（1691—1756）的《产物帐》。丹羽是稻生若水的门生，在负责经营下总药园期间，遵吉宗之命完成了《庶物类纂》(后篇)638卷的编写工作。享保十九年(1734)，老中松平乘邑通过大监察官向全国的天领、私领、寺社领发出公告，进一步征集资料。翌年，丹羽召集江户城的众看守，要求他们以《诸国产物》中的条目，特别是谷类、蔬菜、草木灯等可食物、喂养动物的食物及一般老百姓的食物、矿石金属类、药石及珍奇的土石类等一切天然物产为对象，进行详细调查。终于编纂出了流传全国的《产物帐》。

由于吉宗希望在德川文库长时期收藏的荷兰书籍中增加一些载有实利的书籍，所以，享保二年(1717)春，幕府文库收入了昂·羊士顿(1603—1675)的《动物图说》(1660年，荷兰阿姆斯特丹版)。德川幕府依靠当时的荷兰专家，利用他们的可用知识，发掘出许多应用型新知识。

有志之士在经过长期锁国时代之后，终于意识到了日本的科学水平已远远落后于欧美。为此，他们公开呼吁，统治者应对幕僚武士进行速成教育，同时，还应该不受阶级限制，不拘一格选用人才。统治者主张进行各种改革，如聘用外国人从事矿山开发活动，放宽交通运输的各种限制，使用蒸气机等等，许多不带封建色彩的以资本主义为立国方向的条款均包含其中。

这样，自德川开创幕府以来，江户的都市机能已作为“政治都市”而得到确立。政治当权者在“以事实为准绳”这一充满早期政治倾向的学科中，以权力为准则的实学色彩很浓，并随着时代的发展而不断增强、扩展。

2. 京都

自平安时代以来，京都一直作为日本的政治中心和文化中心。京都作为文化中心的一个原因，是其医学的高度发达。

自进入17世纪以后，京都涌现出了许多医学者，如直濑道三（1507—1595）、名古屋玄医（1628—1696）、后藤艮山（1659—1733）、香川修庵（1683—1755）、山胁东洋（1705—1762）、古益东洞（1702—1773）、贺川悦玄（1700—1777）、永富独啸庵（1732—1766）、小石元俊（1743—1808）等人。他们在中医学、妇产学、解剖学方面作出了不同的成绩。所以，从京都历史来看，日本近代医学由直濑道三迎来了黎明，再由古医术而实现了彻底的实验主义。然后，山胁东洋又果敢地推行解剖术，与传统医学理论分道扬镳，并逐步确立了这一新的医学发展。

与医学发展的同时，在荷兰语学习方面，也出现了令人注目的现象。如过兰室（1756—1835）是一位宫廷医官，通过长期自学，钻研荷兰语、俄语、拉丁语、希腊语等，在此基础上，创作了《荷兰语八笺》四十册。

可见，京都学者在探索、发扬传统求道精神和实学本质方面，作了重要工作，为实学的发展开辟了道路。

3. 大阪

大阪是一个商业经济都市，其地理位置恰好在江户和长崎的中间。作为关西海运业的一个据点，这里集中了全国的物产，因经商而致富的巨贾豪商比比皆是。整个城市充满商业气息，居住的是“商人”，流行的是“经商”哲学，许多理论亦以此为基础而形成的。在这里，不论什么事情，只要一出现“实益”，便会得到肯定、援助和扶植。大阪的尊重实学的精神和合理的批判精神完全是在“现实”的土壤中成长起来的。大量巨贾豪商们为理解和学习“经商”的合理性，意识到必须拥有自己的

“学问所”，于是便设立了怀德书院，也有人称为怀德堂。在西方学术方面，则有先事馆、丝汉堂、私塾等学术机构。在大阪，与实学有关的学术组织很多，其中主要有：

怀德堂：怀德堂是以宣传、学习儒学的一个重要场所。但是，怀德堂又有自己独特的学风。如一代堂主三宅石庵（1665—1730）致力于“诚”的宣传和普及。又如五井兰洲（1697—1762）努力设定“真知”、“实见”的概念，指出：“穷理之功夫，可真知实见天下之理，真实二字乃穷理之神明也。”基于这一立场，兰洲认为：“西洋人习惯使用计算之方法，颇通情理，以目观察事物，以仪器测量物品，对未核准之事不言不用。”他对西洋技术的理解，奠定了怀德堂兼容西洋学术的思想基础。

先事馆：与怀德堂有极深的交流关系，以当时处于顶峰时期的天文学研究为起点，以麻田刚立（1734—1799）为导师，至其两位高足高桥至时（1764—1804）和间重富（1756—1818）时期结束。麻田原为元丰后杵筑藩侍医，三浦梅园的亲友。他与藩主脱离关系后，于明和 6 至 8 年（1769—1771）到大阪，一边开业行医，一边继续天体观测。其治学态度与怀德堂的重视真知实见的学风不谋而合，相互之间的交流也非常密切。后来，他潜心编纂《历象考成后编》，发现了所谓的开普勒第三法则，提出了消长法案和求食法案。就麻田的研究实力而言，已超过了幕府的天文馆。

丝汉堂：这里指桥本宗吉的私塾。宗吉在大阪一边从事医学、天文、地理等书籍的翻译，一边协助间重富等人的观测研究。他著有《阿兰陀初制磁石究理原》一书，被公认为是物理学的开山鼻祖。

华冈塾：麻醉外科手术创始人华冈青洲（1760—1835）在

大阪开设的私塾。该私塾规定入门弟子必须严守塾规，修业期满后授予弟子学业证书，保证其进入和歌山高等私塾继续学习。

大阪的实学思想之所以能够发达，还由于大阪有一些鼎力帮助学者的富商，如木村蒹葭堂（1736—1802）、山片重芳（1764—1836）等。

从日本社会地理环境来看，江户（东京）、京都和大阪，是日本的三大主要都市。虽然它们各有特性和独立性，但在本质上都属于“开放自由型都市”。其中所谓“开放”，是指这三大都市因自身矿藏贫乏，资源稀少，为了维持人民生计，必须对外开放，积极吸取有用的学说、技术，大力提倡实利、实益，这一方面，大阪更加突出；所谓“自由”，是指这三大都市在历史上就没有因循守旧、清规戒律的旧俗，有才之士可以在这三大都市间自由流动，有用的学问和技术，可以从这一城市传向那一城市。借助于这一温床，日本实学思想从产生到成熟，发展迅速，时间较短。

（二）关于日本社会的藩校教育

日本实学思想的产生和发展，与日本社会的藩校（即学校）教育具有密切关系。

德川时代的教育，统治者与被统治者之间的理念，虽然有很大的差异，但是两者都是通过教育，使其能够适应现实的政治与社会的秩序。其中，以完善各自人格的形式为目标这一点是相同的。从广义来讲，都是为“实用”、“实利”的教育，含有一种实学的性格。

如对武士的学问与教育，强调“资于用”这一点，更是实学式的。由于武士是居于庶民之上而办事的职位，必须通过学问，博晓事物的义理，这是必不可缺少的。与“乱世的武士”不同，“治世的武士”强调治文的必要性，主张把对为政者有用的实学，视为其生命。

德川时代“实学”教育观的实学是以“日用实践实行”和“有用”为目的，换言之，是基于“用”与“实”。这是德川时代藩校教育的基本宗旨。如一部分藩校教育，明确地标明了以实学为目的，推行温和的教育。尤其是幕府末期，人才录用制度与教育牢固地结合在一起，以开发个人的个性和能力为目标。这不仅限于藩校，比藩校更持自由立场的私塾，则更为明显。众所周知，洋学系的大阪私塾、汉学系的吉田松阴创办的松下村塾，无不以实学为主体，对个人开展温和多样的教育而知名。

根据曾在私塾学习过的福泽谕吉和长与专离等人的回忆，亦已明确地得到证实，主张通过在自由的气氛中，根据实力主义和竞争原则，按照自己的特点，注重自己的学习态度，注重实事、实证和实验这种科学的合理主义等，无不充满现实主义的实学精神。

另外，松荫的教育也是极力主张不分身份、门第和年龄，广招弟子，重视个性与实力主义的学习，当然也十分重视教育的内容，包括兵学、经济学、历史、地理、数学等科目，培育科学合理主义的精神，始终一贯地表现了注重实践与实行的立场。这些都是注重于真实与实质的价值，是实学教育的本体。

另一方面，庶民教育也以求实利与日常的现实生活紧密地结合起来，表现出实学特征。“扬名立身处世，以求实利”这一说教，已成为一般事实。

（三）关于日本社会的政治思想结构

日本的实学思想与日本社会的政治思想结构密不可分。考释日本社会的政治思想结构，可以发现实学思想的产生是其政治思想结构变化的必然结果。

公元 6 世纪中国佛教传入日本。佛教在日本社会由分散的、模拟氏族制度发展为统一的、中央集权制的律令国家过程中，起到了一定促进作用，但佛教所宣扬的“虚无”、“虚幻”的务空思想也导致了日本社会“说玄道妙、言高谈远”的迂腐学风和不务实际、玄远空疏的社会弊病。在这种迂腐学风和社会弊病的影响下，使日本社会田园荒废、不理经济，严重影响了社会生产发展。因此，德川幕府成立后，积极提倡“追求人间真实的”朱子学，以朱子学的“真”和“实”批判佛教的“虚”和“空”。这就是日本实学之所以以朱子学为开端的社会原因。同时，这也是因为朱子学所宣扬的“大义名分”思想，适应了德川社会政治结构的需求。

德川幕府时代，社会划分为“士”（武士）、“农”、“工”、“商”的所谓“四民”等级。其中，“士”属于统治阶级，“农”、“工”、“商”是被统治的平民，上下尊卑，等级森严。在武士的封建领主阶层内部，又以幕府将军为首，划分出许多级别。将军之下有诸侯，诸侯亦称“大名”，他们割据一方，领地称“藩国”。故德川幕府的统治制度又称作“幕（府）藩（国）体制”。

在这种以幕府将军为首，层层界限分明的王国中，就产生了在伦理纲常的名义下，维护士农工商的等级关系和协调武士阶级内部矛盾的必要性。这种必要性作为意识形态的反映，便是对名分论伦理观念的需求。于是，为了维持作为幕藩体制特征的严密的士农工商的身份制和武士团内部的阶层结构，以维系封建身份制度为旨意的中国朱子学，作为统治思想，成了德川初期的官方哲学思想。

其实，早在镰仓时代，中国宋代的朱子学便传到了日本。

由于日本早期研究朱子学的人多是一些僧侣，他们往往从禅学角度理解朱子学、宣传朱子学，其结果使得朱子学不免趋于玄想、流于空谈。因此，德川初期虽然朱子学起到了维持封建纲常名教的作用，但由于它既没有完全摆脱佛教禅宗的影响，又具有玄远空疏的性质，还不能完全适应初期德川幕府企图发展农业生产和工商业以及经国理民的需要。幕府统治者在主观上希求将这种侧重于伦理学的官方哲学与经济论（经国理民的理论）相结合，使之臻于完善。客观上，进入江户时代后，武士的社会职能与生活方式都发生了重大变化。他们的主要职能已不再是战斗员，而大多成为行政官僚。因此，他们也希望有一种务实的指导性理论思想。

所以，为适应德川幕府统治者的需求和德川社会政治结构的变化，在江户时代中期，逐渐形成了一种来自朱子学，又对朱子学进行修正、批评的儒学思想。这就是日本实学。

关于日本实学的发展阶段，按照日本实学研究专家源了圆教授的观点，日本实学思想的发展，大致可分为四个发展阶段。

第一阶段：从近世初期的藤原惺窝开始，到荻生徂徕出现前的江户时期。

这一时期实学思想的主要代表者有藤原惺窝（1561—1651）、泽庵（1573—1645）、林罗山（1583—1657）、中江藤树（1608—1648）、山崎闇斋（1618—1682）、熊泽蕃山（1619—1691）、山鹿素行（1622—1685）、伊藤仁斋（1627—1705）、贝原益轩（1630—1714）、西川如见（1648—1724）、佐藤直方（1650—1719）、新井白石（1657—1725）等。

这一阶段实学的特点是追求人的内在的真实。即是以与经世济民有联系的人的内在性为基础的实学(追求人的真实的实学,实践道德的实学)占统治地位。

第二阶段:从荻生徂徕开始到1820年会泽正志斋思想形成的江户后期。

这一时期的主要实学代表者有荻生徂徕(1666—1728)、太宰春台(1680—1747)、大塚退野(1676—1750)、太宰春台(1680—1747)、石田梅岩(1685—1744)、平野深渊(1706—1757)、富永仲基(1715—1746)、三浦梅园(1723—1789)、中井竹山(1730—1804)、中井履轩(1732—1817)、杉田玄白(1733—1817)、本多利明(1744—1821)、山片蟠桃(1748—1821)、海保青陵(1755—1817)、藤田幽谷(1774—1836)、帆足万里(1778—1852)、窸濑淡意(1782—1856)、会泽正志斋(1782—1863)等。

第二期实学的最大特点是,实学者的注意力从研究内在的精神问题扩展到外部世界。即使在第一期的实学中也不是不关心外部事物,但其外部的事物是作为自我内心的延长,与心联系在一起的。而在第二期,外部的事物与自我内心的状态没有关系,就作为外部的事物而形成了实学。使实学的性质发生这种变化的是荻生徂徕。徂徕认为朱子站在春秋名义论价值观的立场上所著的《资治通鉴纲目》不是实学。司马光以史学为依据所著的《资治通鉴》才是以科学的态度写作的作品。在这里确立了避免受价值观的影响的实证主义的实学观。

第三阶段:从1820年开始至明治维新时期。

这一时期实学的主要代表者是大盐中斋(1793—1837)、渡边华山(1793—1841)、高野长英(1804—1850)、藤田东湖(1806—1855)、佐久间象山(1811—1864)、元田永孚(1818—

1891)、西村茂树(1828—1902)、吉田松阴(1830—1859)。

在国家危机、社会变革的情况下,第三阶段实学突出地表现出实践性。

第四阶段:指明治维新之后的近代实学。

日本近代实学的主要代表者是西周(1829—1897)、津田真道(1829—1903)、桥本左内(1834—1859)、福泽谕吉(1835—1901)、中江兆民(1847—1901)、小野梓(1852—1886)、田口卯吉(1855—1905)、志贺重昂(1863—1927)、德富苏峰(1863—1957)、北村透谷(1868—1894)等。

明治以后,是近代实学居于支配地位的时期。这里所说的近代实学,是立足于实证、合理的方法,对人们的生活有用的学问。

日本实学注重实证、实验,讲究实利、实功的经验的、合理的实学传统和作风,对日本社会的近代化,具有积极的推进作用。

而日本实学发展史第二期重要代表人物荻生徂徕和会泽正志斋都与舜水学具有一定的关联。

荻生徂徕(1666—1728)名双松,号徂徕,又叫物茂卿,江户(东京人)。荻生徂徕光大了朱舜水的实学思想,而成为日本实学派的著名学者和日本古学派的重要代表者。

在日本历史上,徂徕豪迈卓识,雄文宏词,笼盖一世,加之博览强记,聪颖好学,精力无比,故著书宏富,为开一代新风的学者。

在学术思想上,荻生徂徕致力于古文辞和实学,由此开古学派的"蘐园学派",又称为"徂徕学"。虽然在《朱舜水全集》中没有朱舜水与徂徕的来往书信及记载,但据朱舜水的弟子安积觉在写给他的信中所说:

> 文恭务为古学，不甚尊信宋儒，议论往往有不合者，载在文集，可徵也。当时童蒙，不能知其所谓古学为何等事，至今为憾。①

可以推测，徂徕对朱舜水及其学术思想不但有所闻，而且在某种程度上，还受益于朱舜水。

获生徂徕实学思想的形成，与他思想变化的历程密不可分。徂徕思想的变化历程可分为三个阶段。

第一阶段从幼年到40岁左右这一时期。徂徕从25岁开始在江户开设家塾。31岁成为幕府重臣柳泽吉保的家臣，也是五代将军德川纲吉的侍讲。他像当时的大部分儒者一样，尊崇朱子学，文学则崇尚重义理和议论的中国宋代文学。

第二阶段从40岁左右到50岁这一时期。徂徕从44岁时专事诗文创作和汉语研究。这时，他受到中国明代学者李攀龙和王世贞的影响，在文学方面开始接受"古文辞"。徂徕曾说："不妄藉天宠灵，得王、李二家书以读之，始识有古文辞。"李攀龙(1514—1570)和王世贞(1526—1590)是在16世纪的中国风靡一时的"古文辞"运动的领袖人物，是所谓明代"后七子"的中心。他们主张"文则秦汉"，"诗则汉魏盛唐"，"不读宋以后书"，反对宋代文学，倡导复古与摹拟。在徂徕同时代的中国，李、王的"古文辞"主张已被批评为"假古董"，早不那么行时了。但是，李、王的文学主张则诱发了获生徂徕的古学的形成。

第三阶段是从50岁到63岁去世这一时期。1717年以

① 《安积觉》，《朱舜水集》附录五，第819—820页。

后，徂徕先后写成《辨名》、《辨道》等著作，把李攀龙和王世贞的文学主张移植到儒学方面来，脱离朱子学，完成了他的独特的古学思想体系。徂徕认为古今的语言是有变化的，而宋代诸儒以及日本的朱子学派，都“以今文视古文，以今言视古言，故其用心虽勤，卒未得古之道者”①。他主张要真正理解“古圣人之道”，探得儒学真谛，无须借助后儒的解说，而应“以识古文辞识古言为先”。“知古今之文辞所以殊，则古言可识，古义可明，而古圣人之道可得而言焉。”②也就是说，“古文辞”的解读即古典的语言学研究，是荻生徂徕儒学研究的出发点和基本方法。

徂徕的“古文辞学”（即“古学”）以尊重“六经”即《诗》、《书》、《礼》、《易》、《乐》、《春秋》和荀子为招牌，强调经邦弘化治国之道，主张学为世用的经验之学，提倡治国理民的安民知人之政，具有近代经验论色彩。无怪乎日本哲学家永田广志评价说：“徂徕学清算了过去的儒学，为日本儒学带来一股清新之气。”③

这也诚如朱谦之先生所说：“徂徕之学不同宋儒，倒和颜（习斋）李（恕谷）学派极相似，而时间却稍后。”④徂徕主实学，强调具有客观实在性的“物”，因此更具有唯物论性质。

在徂徕学中，关于“物”的涵义，徂徕是在批判朱子学的“理”对世界作合理性解释过程中阐释的。他说：“理无理，故无

① 《日本思想大系·36 荻生徂徕》，第 200 页。
② 《日本思想大系·36 荻生徂徕》，第 251 页。
③ 永田广志：《日本哲学思想史》，第 144 页。
④ 朱谦之：《日本的古学及阳明学》。

准”，“盖先生之教，以物不以理。教以物者，必有事事焉。教以理者，言语详焉。物者众理所聚也。而必从事焉者，久之乃心实知之，何假言也。”①由于徂徕接触到了近代西方立足于实证科学之上的自然科学和技术，注重实行、实用，所以，徂徕学中的“物”指的是具有经验性、实证性意义的客观存在。这一客观存在在徂徕学中，表现为道、学、政三方面内容。

其一，“道”为仁者治国之道。

德川幕府为了防止幕藩制崩溃，先后进行过三次大改革：“享保改革”（1716 年）、“宽政改革”（1787 年）、“天保改革”（1841 年）。而第一次改革就是由荻生徂徕协助八代将军吉宗完成的。这次改革在理论上是从批判朱子学自然秩序观开始的。朱子学的自然观是以“天人相关”、“天人合一”这一“自然法则”为基础，从自然界的原理中引申出人类社会的现实秩序。这种建立在自然法则基础之上的社会秩序，只适用于现实社会本身非常稳定时期，当社会秩序失去了稳定性时，那种给这种秩序提供基础的“自然法则”便丧失了威力。在朱子学秩序观的威力开始丧失之时，徂徕从“道”的观点，即从强调人的作为的立场，批判朱子学的自然秩序观。他提出“夫道乃先王所立，不在天地自然之中”②的说法，肯定了先王的历史实在，主张“道”即“礼乐刑政”，是由人——“先王”创造出来的。而且，徂徕进一步指出，创造出人的行为规范的，并不只限于“尧舜禹汤”那些古代圣人，还有各个时代君主的“作为”。徂徕把八代将军吉宗视为当前“作为”的“主体”。由此可见，朱子学认

① 永田广志：《日本哲学思想史》，第 141 页。

② 荻生徂徕：《辨名》，见《日本伦理汇编》第 6 册，第 2 页。

为现实的社会秩序是以“自然法则”为基础，所以是绝对的，是不可变革的；而徂徕则认为这种社会秩序是“先王”、“圣人”、“君子”等“人”创造出来的，所以是相对的，是可以改变的。徂徕发挥了荀子强调“人”的作为和能力的思想，把“道”作为君主“治国平天下”的手段来把握，突出了“道”的人为性、实用性和变易性。正因为徂徕学具有由“人”通过“道”进行“变革”的理论，所以，徂徕学能够成为德川幕府第一次改革，即“享保改革”的指导思想。

关于徂徕学中的“道”，他认为：

> 道者所以平治天下也，所以陶冶天下也。①

这样，徂徕便把道视为仁者为治国理民而行使的术，也就是“仁术”。他说：

> 夫先王之道，安天下之道也，安天下之道在仁，故曰“一以贯之”。何以为贯之？仁——德也，然亦大德也，可能贯众德焉；先王之道多端矣，唯仁可以贯之矣。②

依徂徕看来，“仁”是圣人之道的核心，它的作用不外乎“养之道”、“治国家之道”、“长人安民之道”。这是对“仁”范畴最大的外化。“仁”最早由孔子提出，他视“仁”为人生的最高理想。仁

---

① 荻生徂徕：《论语征》，第 272 页。

② 荻生徂徕：《辨道》，第 20 页。

的本旨是“己欲立而立人，己欲达而达人”[①]，根本上说是“爱人”。由于仁是立人、达人，故为仁必须真诚实在地力行，否则，不力行，既不能自立自达，更不能立人达人。所以，“仁”也包含力行之意。《中庸》讲：“力行近乎仁。”只有力行，方能为“仁”。这层意义上的“仁”，已有外化趋势，但还只限于伦理道德方面。徂徕充分发扬了这一思想，将“仁”外化为“治国”、“安民”之术，并与功利主义相连。徂徕对此说：

> 仁以安天下为功，故至远焉。所以安天下之道者，先王之道也。孔子卷先王之道而怀之，岂远乎哉！若使孔子居王侯之位乎，下车而仁可得而行也，故曰：“我欲仁斯仁至矣。”[②]

可见，“仁”这个中国先秦哲学中的伦理道德范畴，在徂徕的哲学思想中，外化为一个经世致用、经国理民的实学概念。这是徂徕的一个功绩，亦是古学派打着孔孟的旗帜，而倡导实行实用、经邦弘化的实质所在。

其二，“学”为实用经验之学。

徂徕主张学为世用，即学要有实用价值。这种思想反映了日本元禄时代以后经验科学的进步。徂徕反对宋儒脱离实际的唯理之学，而主张：

> 先王之教，以物不以理，教以物者，必有事事焉。

---

① 《论语·雍也》。

② 《论语征》丁，第149—150页。

教以理者，言语详焉。物者众理所具也。而必从事焉者，久之乃心实知也，何假言也。言所尽者，仅仅乎理之一端耳。且身不从事焉，而能了然于立谈，岂能深知哉？……故不先以之事而能有成焉者，天下鲜矣。不啻先王之道，凡百技艺皆尔。①

人生斯世，当为斯世之用；若生斯世，而无济于斯世，则曾草木之不若，岂足为学乎？故曰吾岂匏瓜也哉。②

这些主张表明了徂徕不是站在思辨的立场上，而是站在经验论的立场上，一方面反对宋儒脱离实际的唯理之学，另一方面肯定了经验的必要，认为只有对自然和社会的经验认识，才是实学，才是有用之学。这一思想的形成，是由于他接触到了近代西方建筑在实证主义基础之上的自然科学技术，所以特别重视经验，主张实用。他认为人只要对社会有实用，即有一技一艺之能，亦有可称之处，不必人人皆为圣人。在这一点上，他的想法是有积极意义的。这种视自然和社会之经验认识为"实学"的徂徕学，在理论上越出了宋学——心性之学的狭隘框框，向着广阔的经验探索领域突飞猛进。

其三，"政"为安民知人之政。

在政治经济思想方面，荻生徂徕提倡一种哲人政治。他晚年为幕府写的《政谈》和门生太宰春台写的《经济录》，都属于这方面最出色和完整的著作。徂徕指出，政治的要诀是《书

① 《辨道》，第 8 页。

② 《论语征》壬，第 318 页。

经·皋陶谟》"在知人,在安民"这两句。他认为这两句话是"圣门的万病丸"。在《辨名》中,他说:

> 《书》曰:"在知人,在安民",是皋陶立智仁二德以为万世法。盖制作礼乐者,圣人之智,而非通下者焉,然至其所以平治天下者,则不出于此二言也。虽后世之君,杂霸之主,亦非是二者则不能成其随分之治也。至哉言乎!①

安民是"仁",知人是"智"。此二者是安邦治国平治天下的要诀。安民与知人,又以知人为先务。因为:

> 先王之道为安民设,则宜若莫大于安民者,而知人先之。孔子称智仁,亦智先于仁,是无它,安民之道,非知人则不能行故也。自古赞圣贤之君,必言其得圣人而臣之,而其他善政不遑及之者,为是故也,故智之为德,莫大于知人焉。②

而知人的方法,在知人之所长,而不必知其短。"大抵古所谓知人者,在知其所长,而其所短不必知焉;及其至者,则必称能知仁贤之人,谓之知人。"③而具有这种知人善任、先见之明本领的唯有圣人。所以,群众要绝对服从圣人。这就是他的哲人政

---

① 《辨名》上,第11—12页。
② 《辨名》上,第8页。
③ 《辨名》上,第8页。

治。这是一种复古的政治理想,但其中治国安邦的经世论思想不失其积极意义。

徂徕学源于中国,又影响中国。清代学者俞樾通读徂徕的《论语征》之后,从书中摘录通达可喜者十七条,在《东瀛诗纪》卷中说:

> 余尝见其所著《论语征》一书,议论通达可喜者多,……余已采取数十条,入《春在堂随笔》矣。[①]

另一学者李慈铭在读《春在堂随笔》时,看到了俞樾摘录的徂徕说十七条,亦很感慨,在《越缦堂日记》中作了如下记录:

> 如记日本物茂卿所撰《论语征》诸条云云,皆有关系实学。

后来,他又看了徂徕的《蘐园随笔》五卷之后,评论道:

> 其言颇平实近理。
> 皆有特识,议论颇为正大。[②]

这又是徂徕学对中国学者的影响。

从朱舜水—荻生徂徕—俞樾、李慈铭这条传播与反馈的链条中,可以看到历史上中日两国学者的友谊与相互仰

① 朱谦之:《日本的古学及阳明学》,第 176 页。
② 朱谦之:《日本的古学及阳明学》,第 176 页。

慕。

关于朱舜水与会泽正志斋的关系，也体现了舜水学与日本实学的一种关联。

会泽正志斋(1782—1863)是后期水户学派的一位重要代表者。[①] 而源了圆教授又将他作为日本实学发展第二阶段的一位代表者，是因为正志斋提出了一系列富国强兵、革新内政的务实政策和具体措施，成为后期水户学中的一名重要理论家。

从学脉上看，朱舜水与会泽正志斋并没有直接的学源。但是，朱舜水与水户学派的开创者德川光国有着极为密切的关系，而且，舜水居日的大部分时光都在德川光国的领地水户城(今东京)度过。舜水与水户学派具有深厚的直接的学源关系。为此，朱舜水的学术宗旨也会间接地对水户后期学者正志斋有所影响和渗透。

从徂徕学和水户后期学者会泽正志斋的学旨、学风中，看到了朱舜水实学思想的端倪。而这，就是舜水学与日本实学的关联。

---

① 关于水户学派及会泽正志斋的学术思想，详见本书第六章第二节。

第五章　舜水学与省庵学

梁启超说：

> 朱舜水与日本近代文化极有关系，当时即已造就人才不少。我们要了解他影响之伟大，须看他的朋友和弟子跟着他活动的情形。①

朱舜水在日本收徒讲学，历经二十二个春秋，堪称日本教育史上的一位大教育家。他以自己毕生的心血哺育了满园桃李，被日本人民尊称为日本的孔夫子。在日本，朱门弟子，英才辈出。他们其中有：日本国宰相、水户侯德川光国（源光国），关

---

① 《朱舜水先生年谱》，《朱舜水集》附录一，第729页。

西硕儒安东省庵(安东守约),天下学者四面归之的一代儒宗伊藤维桢(伊藤仁斋),日本古学开山鼻祖山鹿素行,幼师朱舜水、后成名震四方的大儒安积觉(安积澹泊)等等。在《朱舜水集》中出现的日本学者近百人,其中或是与朱舜水书问笔谈、切磋学问,或是恭候拜师、欲厕朱舜水门下,而读其书慕其人,间接蒙其影响的私淑弟子尤众。

从日本学术发展来看,不论日本朱子学、古学,还是水户学,都与朱舜水的思想有着密切关系。日本朱子学从宏观上可分为两大派系:一为主气派(以安东省庵、贝原益轩、新井白石为代表),一为主理派(以山崎阍斋为代表)。日本朱子学主气派着重继承、发展了朱舜水的经世致用思想。经世济民是其主要宗旨,主博学、尊知识、倡实行、蓄经验是其特征,由此构成了有别于中国朱子学而别具风姿的日本朱子学。日本古学沿着朱舜水批评宋明理学的道路,发展为具有无神论思想的朴素唯物主义学派,为实证科学在近代日本社会的传播,奠定了基础。日本水户学发扬了朱舜水重史、尚史、尊史的史学思想,结合日本国情,演绎为忠君爱国,倒幕维新的社会思维,成为明治维新原动力之一。在日本思想史上,这三大学派各以其独特的思想,形成了一种注重实证、讲究经世致用、倡导改革致强的思想潮流,推动着日本社会向前发展。由此,朱舜水可以称得上是日本历史上彪炳千古的人物。

现将朱舜水与朱门弟子有卓然成就者的关系,列表如下:

朱舜水日本学系略图

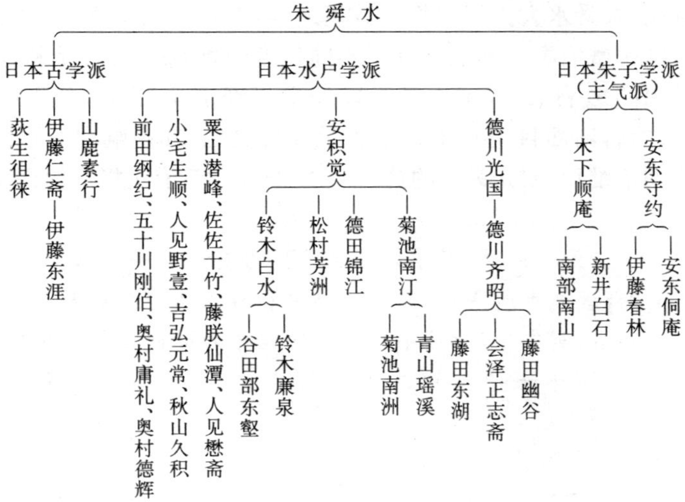

一、舜水学与省庵学

省庵学是日本朱子学的一个重要派别。

日本朱子学是中国朱子学的移植和嬗变。在中国朱子学走上衰落之时，别具一格的日本朱子学宛若一朵奇葩，怒放在日本哲学的百花园中，对日本社会的政治、经济和日本国民性的形成，发生了重要作用。而辛勤培育这株有别于中国朱子学的日本朱子学之花的园丁，便是朱舜水。

由于当时日本“通国皆学佛之人”，① 因此日本的最初传

① 《与佐藤弥四郎书》，《朱舜水集》卷五，第98页。

播朱子学者存有严重的脱离实际、偏于玄想的僧侣主义倾向。对此，朱舜水大力提倡经世致用之学，对日本朱子学中的空疏学风和僧侣主义倾向展开了不同程度的批判。在朱舜水学术思想的影响下，日本朱子学以偏重于经济论（经国济民的理论）的崭新面目呈现于日本哲学舞台之上，其影响之久远，波及明治维新。对朱舜水的这一功绩，日本学者有过极高的评价：

> 天佑以还，儒学以经世治民为要道，不务空理虚论，皆舜水所赐也。是朱子学之在日本由空想以及于实用，实先生启之。不惟后来明治维新受此良好之影响，即于朱子学说本身发挥而光大之，其功亦伟矣。①

朱舜水是通过他的知己、高足弟子安东省庵促成日本朱子学发生这一转机的。而安东省庵的这一系朱子学，又被称为“省庵学”。

安东守约（1622—1701）字鲁默，号省庵，筑后（今福冈市）人，仕柳河侯。省庵出身于柳川藩的名门大家，初学于松永尺五先生，后拜朱舜水为师，学益富，行益修，渐成为文武全才，名德优行的醇儒。

朱舜水和安东省庵情如父子，深情厚爱，成为中日文化交流史上的一段佳话。

当朱舜水为抗清复明奔波于日本和舟山之间时，安东省庵闻其事，慕其人，作诗赞他：

① 郭恒：《朱舜水》，正中书局1937年版。

远避胡尘来海东，凛然节出鲁连雄。
历忠仗义仁人事，就利求安众俗同。
昔日名题九天上，多年身落四边中。
鹏程好去图恢复，舟楫今乘万里风。①

当朱舜水决定定居日本，苦于日本政府禁留外人，因而辗转徘徊时，安东省庵苦苦恳留，四处央人，八方求情，最后使日本当局特为朱舜水开四十年不留外国人的禁令。对此事，友人赞誉安东省庵："其留住先生于崎港一事，尤彰灼在人耳目。其间多少窒碍，多少调停，悉心经营，遂成搢绅美谈。"② 但安东省庵却说：

守约尝读文丞相"我亦东随烟雾去，扶桑影里看金轮"诗，慨叹以为假令丞相来日本，则虽为之执鞭，所忻慕焉。然惜丞相不来，又不得同时也。今先生之来，盖丞相之意，而幸得同时，然不得供役承教，则向之所慕，亦叶公之龙耳。先生素知守约之丹心，勿以为虚饰也。③

朱舜水初来长崎，时人未知其学，安东省庵就上门拜师，成为舜水的第一位日本学生。

---

① 《朱舜水和安东省庵》，《朱舜水纪念会刊》，神田印刷所 1912 年版，第 91 页。

② 《与山崎玄硕书》，《朱舜水集》附录三，第 762 页。

③ 《上朱先生书二十二首》，《朱舜水集》附录三，第 747 页。

当舜水受灾遇难、生活贫困时，安东省庵将自己的薄俸之半相奉。他说：

先贤有以麦舟救朋友之急者。古人称师与君父，所在致死，况其余哉！然则义当悉献年俸，自取其三之一；然辱爱之深，恐不许之，故今取其中，以分其半。若非其义，非其道，则奉者受者犹之匪人。老师高风峻节，必不受不义之禄。岂以守约之所奉，为不义之禄乎？守约百事不如人，惟于取与，欲尽心以合理。若拒之则为匪人也，岂相爱之道哉！①

公元1663年，长崎发生一场大火。朱舜水的住所焚毁殆尽，只好寄居于皓臺寺的屋檐下，风雨不避，盗贼充斥，不保旦夕，处境十分狼狈。安东省庵闻讯后说："我养老师，四方所俱知也。使老师饥死，则我何面目立乎世哉？"② 于是，不顾病危的妹妹，立即赶到长崎，替老师另筹新居，情意绸缪。

安东省庵恳留朱舜水于日本的历史意义，得到了日本一代儒宗伊藤仁斋的重视和肯定：

承闻明国大儒越中朱先生，躬怀不帝秦之义，来止长崎。台下忽执弟子礼，师事之；且不蓄妻子，不恤衣食，奉廪禄之半，以作留师之计。其志道之高，行义之洁，非不待文王而兴者，岂能然乎。……倘若先生

① 《舜水先生行实》，《朱舜水集》附录一，第617页。
② 《舜水先生行实》，《朱舜水集》附录一，第618页。

之道，得大行于兹土，则虽后来之化，万万于今，实台下之力也，岂不伟哉！岂不伟哉！①

这一段史实遂成为中日友好的美谈。

朱舜水对他的这位日本高足亦关怀备至，感激不已。对安东省庵的苦留、分俸之事，朱舜水终身不忘，并在给孙男毓仁的信中告诫他的子孙后代永远铭记："此等人中原亦自少有，汝不知名义，亦当铭心刻骨，世世不忘也。"②

舜水作了水户侯的宾师后，亦不忘省庵倾心之笃，常寄黄金衣物，以表情愫。对于安东省庵与他脉脉相通、心心相印的情缘，朱舜水将不轻易许人的"知己"二字送给他，表示师徒二人志同道合的趣向。舜水在给安东省庵的书信中说：

不佞年逾六十，平生不敢傲妄。至于"知己"二字，他人以为寻常赠遗语，不佞绝不肯许人。两老师如少宰朱闻老，大宗伯吴霞老，骨肉之爱，最真最切，不佞亦未尝用此。惟少司马完勋王先生足以当之，今得贤契而再矣。如武林张书绅，庶几近之，而未可必。敝友陈遵之者，有无相共，患难相恤，胤息相子，未尝有形骸尔我之隔。不佞往时面谓之云："若足下可称相厚矣，不可言相知也。"他若威虏侯黄虎老，知之而未尽。其余比比，皆知敬爱，或者称许过当，总未能相

① 《答安东省庵书》，《朱舜水集》附录三，第781页。
② 《与孙男毓仁书》，《朱舜水集》卷四，第48页。

知。不佞于二字之严如此。①

朱舜水对于安东省庵"只好圣贤之学"的精神和刻苦精进的学风，称赞道："柳川安东省庵者，真贵国豪杰之士，学行俱超超足尚；其苦心刻志，更不可及。"②

安东省庵尊朱舜水为"大恩师"，朱舜水赞安东省庵为"白眉"；省庵在舜水的祭文中写道："我得其知遇，天也，亦神助也，千百世而一相遇者也。恩如父子，岂非族之云乎？"舜水在给省庵的信中说道："不佞之心，光明如皎日霁月，自信无纤毫云翳，而与贤契相信如金石。"据《朱舜水集》所载，朱舜水与安东省庵来往书信八十余封，探讨学术问题不下四十余次，仅安东省庵祭祠朱舜水的悼文就有四篇。在他们两人的往来书信中，有政治见解的研讨，亦有娶妻生子的祝贺；有学术观点的探索，亦有冷热病丧的关怀。

他们就是这样，在生活上相互关心，在学术上相互倾慕。

安东省庵之所以能够成为朱舜水的知己和高足，更是因为他们具有扭转日本朱子学界佛释之风弥漫、空谈之气充斥状况的共同理想和志向。安东省庵曾说："守约敬先生，本非为名；先生爱守约，亦岂有私，惟欲斯学之明而已矣。"③这表明他们治学的趣向是相符的。

以经世致用思想著称的朱舜水初到日本时，面对佛学和性理学的空疏，颇有学浅力薄之感。他在给安东省庵的信中，

---

① 《答安东守约书三十首》，《朱舜水集》卷七，第186—187页。
② 《答明石源助书》，《朱舜水集》卷五，第84页。
③ 《上朱先生二十二首》，《朱舜水集》附录三，第750页。

吐露心声说：

目下圣道榛芜，而贵国又处积重难回之势，若以仆之荒陋，而冀倡明绝学，是犹以素朽之索系万钧之石，悬于不测之深溪，岂有其不陨而坠之理乎？①

安东省庵深知老师的心愿和艰难，立志要做日本开辟圣学第一人。他对朱舜水说：

近世一种阳儒阴佛之辈，涂人之耳目者，不暇枚举。先生慨然以正学为己任，敬想天使先生继斯道之统，故守节不死，将及中兴之时也，宁不自爱乎？守约无他长，只好圣贤之学，未至者也。然知愚儒可怪，异端可排，伏乞书自上古圣贤至明儒道统图以赐之，岂不后生之幸乎！②

安东省庵这种"手披荆棘，力辟草莱，而欲奋然身任绝学"的精神，给了朱舜水以信心和力量。他表示：

省庵虽一介寒士，然其高才卓识，盛德虚心，则有不可及者矣。亲疏戚友之间，摇之者万方而终不惑，敝衣陋室而不耻，粝饭瓢饮而不悔，使大邦能振兴于圣贤之道，则若人诚君子而尚德者矣。使贤之志

① 《答安东守约书三十首》，《朱舜水集》卷七，第 181 页。
② 《上朱先生二十二首》，《朱舜水集》附录三，第 748 页。

意能如省庵,则不佞又何有世俗之虑哉?①

于是,朱舜水通过施教自由学风和经世致用思想,将安东省庵造就为“关西巨儒”,以成为他实现日本学术界转变的力量。这力量便是“省庵”学。具体讲,舜水学对省庵学形成的影响作用,表现在以下两个方面:

第一,舜水学的自由学风铸成了省庵学博采众家之长的特点。

朱舜水为不肯守一先生之说,常开导省庵说,博学多识之辈,不拘束于一家之言,不苟同于某氏之学,能遴其粹然者而取之,能慕其湛然者而学之。这种自由学风是他学术思想的一贯表现,亦是他针对当时日本学术界由佛学和性理学独霸的状况而发,所以,这种自由学风成为促成日本学术界发生转变的重要条件。他这种超脱于褊狭朱子学的自由学风深深地教育了安东省庵。在《朱舜水集》中有这样的记载:

问:朱、陆同异,不待辨说明矣。近世程篁墩《道一编》、席元山《鸣冤录》,其诬甚矣。然“尊德性”、“道问学”,陆说亦似亲切,奈何?

答:“尊德性”、“道问学”,不足为病,便不必论其同异。生知、学知,安行、利行,到究竟总是一般。是朱者非陆,是陆者非朱,所以玄黄水火,其战不息。……

问:阳明之学近异端,近世多为宗主,如何?

答:王文成亦有病处,然好处极多。讲良知,创书

① 《答奥村庸礼书十二首》,《朱舜水集》卷八,第268页。

院，天下翕然有道学之名；高视阔步，优孟衣冠，是其病也。……①

在朱舜水这种自由学风的熏染下，安东省庵以博采众家之长为乐。在学术思想上，省庵虽属朱子学系统，但又不固执于朱子学，对朱子学采取了分析、批判的态度。如省庵在一篇文章中论朱陆异同说：

朱陆鹅湖之议论不合，其门人不知其师之渊源。左袒朱者，以陆为禅寂；右袒陆者，以朱为支离。互相姗议，随声雷同，彼坚我白，操戈入室，其流弊甚于洪水之泛滥矣。

朱陆之同异，其说纷纷，终成千古未了之谈。余尝不自揣，为作辩曰：天下之水一，其支分派别不同者，流之然也，其源未尝不一也。圣贤之道亦然，其立教或由本达末，或溯末探本，其所入不同，其所至一也。

盖朱子以博文而渐次归约为教，陆子以顿悟而一跃至为教。夫以博文为支离，则一贯忠恕，何者非简易？其博文所谓溯末，其顿悟所谓探本，其归约至道，未始非从本末。然则本末之非有二，况其师尧舜，尚仁义，去人欲，存天理，其心同，其道同，是其支离禅寂，特其末流之弊而已。②

---

① 《答安东守约问三十四条》，《朱舜水集》卷十一，第396—397页。

② 朱谦之：《日本的朱子学》，第206页。

安东省庵这种博采众家之长的学风，还表现在他于宽文八年(1668)写作《初学心法》时曾引用过众多先圣语。如：

> 《立志篇》引用朱熹、王阳明之语；《存养篇》引用朱熹、陈北溪、胡敬斋、罗整庵之语；《省察篇》引用张范阳、陆九渊、吴临川、薛敬轩、陆澄之语；《教知篇》引用朱熹、黄勉斋之语；《勉学篇》引用杨龟山、陆九渊、朱熹、薛敬轩、王阳明之语；《力行篇》引用朱熹、薛敬轩之语；《克己篇》引用尹和靖、朱熹、薛敬轩、王阳明之语；《慎言篇》引用李延平、薛敬轩之语；《既道篇》引用真西山、王阳明之语；《杂论篇》引用杨龟山、李延平、朱熹、张南轩、吕东莱、真西山、许鲁斋、罗整庵之语。①

这表明安东省庵不拘束于一家、一派之学，能够站在超然于朱子学的学术高度，弃各家之弊，取各家之长。这种学风为他以后开创以务实为主的日本朱子学主气派创造了条件。

第二，舜水学经世致用的学风铸成了省庵学主张“理气合一”的特点。

朱舜水为了与空寂的佛释之学相颉颃，曾以儒家正统自居，把孔孟誉为经世致用的鼻祖，将儒家学说捧为圣学。在他这种思想影响下，安东省庵在《学蔀通辨跋》中也说：“学术最大弊害是佛教。它以空寂之谈，祸福之说，迷惑愚者。佛教徒

① 菰口治、冈田武彦：《安东省庵、贝原益轩》，第34—35页。

愈来愈多，而吾儒学道统愈来愈孤立。昔者杨朱、墨子堵塞正道，而孟子继孔子之传，又开辟圣道。其功绩不在禹之下”。①正是基于这种扭转日本学术界空疏之谈风俗的共同理想，朱舜水将经世济民，利用厚生的经世致用思想，灌输到安东省庵的思想中，并逐渐形成了省庵学注重实际的特点。

朱舜水从治学、作诗、践行诸方面对安东省庵进行经世致用思想的教导。关于治学，舜水说：

> 仲尼之道如布帛菽粟，诚无诡怪离奇，如他途之使人炫耀而羡慕。然天下可无云绡雾縠，必不可无布帛；可无交梨火枣，不可无粱粟；虽有下愚，亦明白而易晓矣。②

关于作诗，舜水说：

> 至于做诗，今诗不比古诗，无根之华藻，无益乎民风世教；而学者汲汲为之，不过取名干誉而已。即此一念，已不可入于圣贤大学之道，……③

关于践行，舜水说：

> 为学之道，外修其名者，无益也。必须身体力行，

① 菰口治、冈田武彦：《安东省庵、贝原益轩》，第 29 页。
② 《谕安东守约规》，《朱舜水集》卷二十，第 578 页。
③ 《答安东守约问三十四条》，《朱舜水集》卷十一，第 395 页。

> 方为有得。故子贡天资颖悟，不得与圣道之传，无他，华而不实也。①

朱舜水强调圣贤之学是明白平常、朴实无华的，实在无伪的；他不主张吟诗作赋，认为那于民风世教无益，对评诗，他褒杜贬李，认为杜甫的诗与民情世俗更贴近；他倡导实践、实行，认为治学之道尤在践履。这种"学问之道，贵在实行"，"圣贤之学，俱在践履"的合理主义思想，对省庵产生了重要影响作用。这种作用具体表现在他对朱子学的改造上。

正是在朱舜水合理主义思想的诱导下，安东省庵对朱子学的基本范畴"理"与"气"，作出了理气合一的解释。他是这样解释的：

> 天地之间，唯理与气，以为二不是，以为一亦不是。先儒之论，未能归一，岂管窥之所及哉？罗整庵曰："理须就气上认取，然认气为理便不是，此处不容间发，最为难言。要之人善观而然认之，只就气认理，与认气为理，两言明白分别，若于此看透，则多说亦无用。"
>
> 理只是气之理，当于气转折之处观之。往而来，来而往，不知其所以然而然，若有一物主宰，其间而使之然，此即所以有理之名。《易》有太极，即谓此。若于转折之处，看得分明，自然头头皆合。②

---

① 《舜水先生行实》，《朱舜水集》附录一，第624页。

② 安东守约：《耻斋漫录》。

安东省庵的这种"理气合一"论，是针对中国朱子学的"理一元"论而发的。

中国朱子学"理一元"论的实质是"理本"论，即它强调"理"的本体性、形上性。朱熹认为理的形上性是区别于气的形下性而言。他说："天地之间，有理有气。理也者，形而上之道也，生物之本也。气也者，形而下之器也，生物之具也。"①这里所谓形而上，是指无形无象的宇宙本体；所谓形而下，是指有形有象的物质存在。关于形而上之理与形而下之气的关系，朱熹认为"理"是形而上之道，是生物之本；"气"是形而下之器，是生物之具。因此，理(道)与气(器)之间，必须界线严明，不可混乱。例如"形而上为道，形而下为器，说这形而下之器之中，便有那形而上之道，若便将形而下之器，作形而上之道，则不可"。② 虽然形而下之器中有形而上之道，但不可以形而下之器取代形而上之道。这就是说，天地中间，上是天，下是地，中间有许多日月星辰、山川草木、人物禽兽，此皆形而下之器(气)。然而这形而下之器(气)之中，便各自有个道理，此便是形而上之道(理)。这表明，朱熹把日月星辰、山川草木、人物禽兽等都视为形而下之气(器)，而这些形而下之气(器)又都是那个形而上之理(道)的使然。理的这种形上性表明了它是万物的派生者，是宇宙的根本。

对此，安东省庵赞同明代哲学家罗整庵的观点，认为"理只是气之理"。这就把朱熹"气为理之气"的看法颠倒了过来。

---

① 《答黄道夫》,《朱文公文集》卷五八。

② 《朱子语类》卷四。

这一颠倒，标示着安东省庵不是把“理”，而是把“理气合一”或“气”视为根本。诚如日本著名哲学家井上哲次郎博士所指出的：省庵这种理气合一论，是主张理随气而有，与气一元论的见解甚为接近。①

这样，从学脉上讲，安东省庵是朱舜水的亲授嫡传。无论在学风、学旨，还是学术思想上，他都禀受舜水学。由此，开创“省庵学”。他一生著作甚多，已刊行者有：《三忠传》二卷，《增补历代帝王图》二卷，《续古文真宝》二卷，《省庵先生遗集》十二卷等，其中都贯穿了舜水学的基本精神。可见，舜水学是省庵学之源，而省庵学又开辟日本朱子学主气派之端绪，使日本朱子学向着经验合理主义方向发展。所以，省庵学在日本哲学史上具有相当积极的意义。对此，朱舜水赞誉安东省庵“此诚贵国之开辟而首出者”。②

二、舜水学与木下学

木下学指以木下贞干为代表的一系朱子学派。主要代表学者有新井白石、室鸠巢、雨森芳洲等著名学者。其中，木下贞干和新井白石受朱舜水思想影响较大。

木下贞干(1621—1698)号锦里，又号顺庵，私谥恭靖，平安(今京都)人。

木下贞干自幼强记，善读书写字。他十三岁时作《太平赋》，词旨淳正。后入松永昌三先生门，勤学厉行，日进月修，为

① 参阅井上哲次郎《日本朱子学派之哲学》，第158—159页。

② 《答安东守约书三十首》，《朱舜水集》卷七，第170页。

昌三先生期以大器。一时名士如安东守约、贝原益轩等咸退避弗敢与之并列。贞木为世所敬慕，远迩纳贽及门者，不可胜数，而成德达材者辈出，有桃李满门之称。其中，新井白石、室鸠巢、雨森伯阳(芳洲)、祇园伯玉、榊原希翊，后世谓之木门五先生。加之南部南山、松浦霞昭、向井沧洲、三宅观澜、服部宽斋，为木门十哲。这是木下贞干在日本文化史上占有特殊地位的原因之一。其原因之二是他对于日本文运的开辟有助成之功。正是由于他的这一贡献，朱舜水赞喻他是“文苑之宗，人伦之冠”。①

如果说安东省庵是朱舜水的“知己”的话，那么木下贞干则是朱舜水的“至友”。这种“至友”关系表现在木下贞干虽为日本文运之嚆矢，但他对朱舜水却非常仰慕和敬重。他不仅令其门徒源刚伯厕身朱门，专攻舜水学，而且还屈尊求教，二人过往甚密。木下贞干对于朱舜水经国理民的学术思想极力赞赏。他在《与朱舜水启》一文中说：

> 恭惟老先生，卓尔风标，醇乎学殖；胸蕴经纶事业，口吐黼黻文章。一生忠肝，拟折汉廷之殿槛；千古道脉，竟极考亭之渊源。②

朱舜水亦以经世济民、实用实功的思想启发、诱导木下贞干。他在《答木下贞干书六首》中明确地讲述了自己的思想：

① 《谢木下贞干君》，《朱舜水集》卷八，第203页。
② 《与朱舜水启》，《朱舜水集》附录三，第780页。

建国君民，教学为先，非欲其文辞遐畅，黼黻皇猷而已，诚欲兴道致治，移风而易俗也。[1]

圣贤之学，行之则必至，为之则必成。[2]

这里，朱舜水向木下贞干陈述了自己学术思想的要点，即“为学当有实功，有实用”的宗旨。这就是说，兴学的目的不是为了黼黻皇猷、文辞遐想，而是为了移风易俗、兴道致治，犹如农夫耕田种地一般，行之必至，为之必成，这才是真学问，才可称为圣贤之学。这种学问有实效的思想，是与空谈义理的学术习气相对峙的。正是在这种经邦弘化、治国理民思想的感召下，木下贞干为日本社会培育了一代经世致用之材。在木门英才中，有筹划国计民生的政治家，有应接外邦的外交家，有兴学办教的学者和教育家，尤其是在他门下涌现出了新井白石这位日本历史上重要的经世家。

被称为木门俊逸之首的新井白石(1657—1725)名君美，字在中，号白石，江户(今东京)人。

关于新井白石，《先哲丛谈》第五卷称：“古今著述之富，莫若白石焉”。[3] 从明治四十年(1907)图书刊行会编《新井白石全集》来看，其著书有七十九种，共一百九十三卷。著书内容有历史、地理、语言学、外事、军事、文学、哲学、经济等方面。由此可以看出，新井白石是一位全才学者。而这些学术著作又是与他的社会实践密切相关的。新井白石是一位政治家，在他的恩

---

① 《答木下贞干书六首》，《朱舜水集》卷八，第201页。

② 《答木下贞干书六首》，《朱舜水集》卷八，第202页。

③ 《先哲丛谈》第五卷，第16页。

师木下贞干的推荐下，当上了德川家宣的儒官，受到宠信。德川家宣当上六代将军（宝永六年，公元 1709 年）以后，他一直和间部诠房领导幕政。间部诠房（1667—1721）是江户中期幕府方面的执事官员，受六代将军德川家宣的宠信，又转佐七代将军，继续掌握政治实权，和新井白石一起主持政局。在间部诠房的协助下，白石主张努力加强幕府权威，施展他治国理民的才干，充分表现出一位出色政治家的素质。新井白石还是一位经济家，在德川政府财政困难之际，他提出改铸货币的主张，并提出五条纲领，即：第一，金银当如庆长之法；第二，不惜上之费；第三，不夺下之利；第四，选择改铸者人选；第五，不失诚信。虽然他的建议未被德川政府全部采用，但他货币论的基本精神，使他同熊泽藩山和荻生徂徕一起，被后来的儒者看作是德川时期经济论的三大创始人之一。新井白石亦是一位经世家，由于他对实证科学感兴趣，通过和潜入日本的意大利传教士西多蒂的对话，写出了《西洋纪闻》、《采览异言》等著作。西多蒂（Giovanni Battista Siaotti，1668—1715），意大利人，耶稣会会士，1708 年到日本，后被捕囚禁于江户。新井白石根据对他的审讯记录，写成了《西洋纪闻》和《采览异言》。这两部著作代表了德川时代日本人对世界地理和西洋文化研究的最高水准，白石也因此成了洋学（西学）的先驱者。由于新井白石试图根据政教的变革来划分时代，所以又成为科学历史学的先导。

新井白石虽不是朱舜水的亲传弟子，但由于他是木下学的重要代表者，并且在他的老师、朱舜水的至友木下贞干学术思想的熏陶下，白石对朱舜水储金复明之事十分敬重，如在《先哲丛谈》卷二《朱之瑜》中就有这样的记载：

> 舜水冒难而辗转落魄者十数年。其来居此邦，初，穷困不能支。柳河安东省庵师事之，赠禄一半。久之，水户义公聘为宾师，宠待甚厚，岁致饶裕。然俭节自奉，无所费，至人或诟笑其啬也。遂储三千余金，临终尽纳之水户库内，尝谓曰："中国乏黄金，若用此于彼，一以当百矣。"新井白石谓舜水缩节积余财，非苟而然矣，其意盖在充举义兵以图恢复之用也，然时不至而终可悯哉！①

白石还是朱舜水经世致用思想在日本的实践者。这主要是通过舜水学对木下学的代表者新井白石学术思想的影响表现出来的。具体表现在以下三个方面：

第一方面，新井白石继承了舜水学反对佛释的思想，积极主张排佛反鬼。

白石的哲学著作——《鬼神论》代表了日本当时的儒者对于神、灵魂、宗教的最开明的见解。白石在这部书中说："出生于天地之间者，何物非天地之气所生乎？"从阴阳之气是万物之根源这个中国自然哲学的一般命题出发，他认为鬼神不过是阴阳二气的作用。他解释鬼神的由来说：人的灵魂由天之气（阳气）而成，身体由地之气（阴气）而成。人死后，灵魂和肉体分别返回到原来的天和地之中，即其魄归地为鬼，其魂升天为神，从而产生了祭祀和感应的思想。"人贵，则其势大，其魂强；人富，则其养厚，其魄强。"祭祀与感应的规律为：越是富贵者，

① 《朱舜水集》附录一，第635页。

其灵魂的永久性和感应力就越大。这样，魂魄的强弱，便因其社会地位不同而不同，故鬼神之来由，亦有远近的差别。这是封建社会身份制度在白石思想中的反映。从鬼神不过为二气之作用的思想出发，他认为“非其鬼而祭之，谄也”，从而排斥“僧道之邪术”、“巫蛊之类”，他主张与其祭祀“毫无可尊”的淫祠，莫如积善才是享受“正祀”灵验之理。因而他的结论是：“然则曰积善之家有余庆，积不善之家有余殃，何谬之有？”新井白石的这些思想，对神道思想极盛的日本，具有重要的历史意义。①

从否定怪力鬼神出发，白石进而阐发了他的排佛见解。他在《排佛论》中对佛教进行了斥责：

> 教化之于风俗，所击大矣。岂可不慎哉！顾其导之之术何如耳。佛氏之教，传自百济，初我俗未习，或废或行。……大抵佛氏之教，其言善云者，归之也；其言恶云者，反之也。忍辱柔和，是为人因，报怨无愤，而纲常伦理，置之不问，遂率天下，俾莫知有礼义廉耻之节。②

白石这些维护儒家纲常伦理的话语，在佛教充斥的日本，宛如一石激起千层浪。白石之后的排佛者簇簇涌出。新井白石以他的学说和行为扩大了朱舜水排斥佛教、力倡儒学的影响，从而使日本学术界发生转机。

---

① 参阅永田广志《日本哲学思想史》，第 117 页。

② 《排佛论》，《白石先生遗文拾遗》卷下，第 1 页。

第二方面，新井白石禀承了舜水学重视实用技术的思想，努力提倡西方自然科学和技术。

新井白石通过同传教士西多蒂的问答写成的《西洋纪闻》一书，是日本禁教以后第一部研究西方的著作。在这本书中，他阐述了如下思想：关于西方的基督教，他断定说："凡其天地人物之始，直至天堂地狱之说，皆按佛氏之说而造其说，是又悉无需论辩"，"荒诞浅陋，不值一辩"；[①]而关于欧洲的科学技术，他认为"自天文、地理，直至方术、技艺之小者，无不悉皆有学"[②]。他把西方的自然科学同基督教有关造物主、天堂、地狱、不灭的灵魂等观念区别开来，承认前者的优越性和后者的非科学性，这是一个卓见。他打破了当时认为西方文化和基督教分不开的一般偏见，明确了西方文化的价值，为以后移植西学打下了思想基础。新井白石对西方先进的自然科学和技术的重视及提倡，显示了一位经世家的卓识远见，这亦是他经世济民思想的驱使。而这与朱舜水寻求好经验、新方法，以期治国理民的经济思想又是脉脉相续的。

第三方面，新井白石承袭了舜水学古为今用的史学思想，开创了日本史学研究的新阶段。

新井白石的史学著作，如以当代史为题材的《折焚柴之记》（享保元年，1716 年）、以武家时代为对象的《读史余记》（正德二年，1712 年）和《藩翰谱》（元禄十五年，1702 年）、研究古代史的《古史通》、《古史通或问》（正德六年，1716 年）等，在方法上较他的前辈们提高到一个新水平。他以科学头脑，在一

① 《西洋纪闻》卷下。

② 《西洋纪闻》卷中。

定程度上开始摆脱中国宋学的“通鉴”、“纲目”式的史学，为阐明历史的客观联系的合理方法打下了基础，从而成为日本科学历史学的先驱。对于历史研究，白石不满足于历史事件只作年代记述和只作伦理的评价，而是力图从“理”的观点，对历史上的因果关系作出合理的说明。他研究神代史，从“神者人也”这一命题出发，凡属传说之神的所作所为，都作为“人事”加以解释。这样，他试图从古典的记述上揭开神秘的面纱，把握其中隐藏的历史事实。

由此可见，新井白石在实证——考证的研究方面，应用了客观的方法，对于自然和社会各种现象进行经验的研究，起了启蒙作用，逐渐培育了自由的学风和科学思想。其意义在于扭转了日本学术界那种宋儒式的脱离社会实际的迂腐学风，使联系社会现实的学术思想蓬勃兴起。

就这样，新井白石以博学多识和经世之材，在日本德川思想史上，成为一颗最大的巨星而闪耀光芒。由此，可以看到舜水学对木下学的影响作用。

安东省庵、木下贞干、新井白石都属于日本朱子学主气派。日本朱子学主气派（包括省庵学和木下学）讲究实际、重视实功、崇尚经验、注重实践，最终演化为日本近代化合理思维的出发点和原动力。而这与朱舜在日本排佛兴儒、推进经世致用之学的努力，有着师承关系。从中也可以看到，舜水学对日本省庵学、木下学的密切关系和重要影响。

第六章　舜水学与水户学

一、舜水学旨与水户价值

朱舜水是奠定日本明治维新思想的先驱。这是因为他是德川幕府末期发动倒幕(推翻幕府统治)维新(变革社会)运动的日本水户学派的开山鼻祖。

日本水户学派的定义,众说纷纭。有人说,水户学是水户藩第二世德川光国的行动及其编纂《大日本史》的精神。也有人说,它是水户藩中期以后的尊王攘夷运动及其理论。还有人说,它是水户藩所设"弘道馆"的建学精神。更有人说,水户学乃是水户藩的尊王思想。总之,各陈其说,莫衷一是。笔者以为水户学乃是从德川光国编纂《大日本史》开始,历二百三十年时间所倡导的巩固封建社会制度的大义名分之学。其宗旨是：第一，国本主义，即水户学的爱国精神，强调一君万民、尊王贱霸。第二，文武不歧，即文武合一，即奉武神，又设孔庙。第三，尊崇历史，即寓经世之学，于明史、鉴史之中。第四，提倡科学，即反对巫术迷信，倡导文明开化。其特点是不尚空言、重实行、忠君爱国、尊王攘夷，由此，能够领导时代潮流，推动时代发展。

水户学派与朱舜水有着密不可分的关系。在朱舜水流寓日本讲学的二十二年中，有十七年是在水户藩度过的。他不仅被聘为德川光国的“宾师”和编纂《大日本史》的顾问，而且他的学术思想更影响、左右着水户学，表现在如下几方面：

崇忠孝：朱舜水亡命日本时期，始终服明朝衣冠，怀鲁王敕书，其恢复明朝之志，固无时或已。他为人刚毅严肃，不苟言笑，谈必忠，言必孝。而水户学崇尚忠孝不二，讲究大义名分，实乃朱舜水启发之功。

重实行：朱舜水之学，即实行之学，凡学力避空论，务求实行。故水户学的崇尚实行，实是受朱舜水的感化，绝非过词。

好学问：朱舜水学问渊博，通晓古今制度礼法，对于房屋建筑、酒酱酿法、耕稼播植等事，亦无所不知，且好学不倦，向不自满，纵令风烛残年，依然手不释卷。其丰厚知识和好学精神，有助于水户学派极多。

总之，朱舜水的思想和学说，演绎成了水户学派的学旨，朱舜水的德行和学风，嬗变成了水户学派的品节。他与水户学派血肉相依，心心相印。

由此，朱舜水被尊为水户学派的开山祖师。水户学派和《大日本史》的忠君爱国思想，开启明治维新运动的思源，故而，水户学派在日本历史上占有重要地位。作为对水户学派灌输这种思想的先导者朱舜水，亦成为日本明治维新运动的启蒙人、奠基人。朱舜水是通过水户学派中他亲手扶植起来的济济英才及其再传弟子，完成了把“忠君爱国”、“尊王攘夷”精神灌输到日本国民中间，渐而演变为维新思潮之潜流的任务。这诚如后藤新平男爵所赞誉的那样：

> 若明季征君朱之瑜，邻邦所贡之至琛又至宝也。道义则贯心肝，学术则主王业，不得行怀抱于故国，而却传衣钵于我邦。……之瑜既义不帝秦，坚守鲁连之志，遂来蹈东海，得义公之知遇，乃为与湊川之碑不朽千古之人。况于其纯忠尊王之精神，滂溥郁屈，潜默酝酿，可二百年。而遂发为志士勤王之倡议，一转王政复古，乃至翼成维新之大业，以至国运今日之蔚兴。我之所得于之瑜也固大矣！①

二、舜水学与水户学

德川光国(1628—1700)是水户学的创建者。字子龙，号梅里，为常陆水户城主赖房第三子。光国六岁时被定为世子。三十一岁时因父病逝而继位。但他以越兄为嗣而心不自安，袭封前一日跪拜父亲神主前请求以侄儿为嗣。诸弟恐有不测，乃劝之许久。光国继位就藩后，请割封内垦田分与兄弟诸人。一向

① 《朱舜水全集序》，《朱舜水集》附录四，第796页。

为人严毅。弗妄许人的朱舜水闻此事后，赞国光说："上公让国一事，为之而泯然无迹，真大手段。旧称泰伯、夷、齐为至德，然为之而有其迹，尚未是敌手。世人必曰：'古人高于今人，中国胜于外国。'此是眼界逼窄，作此三家村语。若如此人君而生于中国，而佐之以名贤硕辅，何难立致雍熙之理！"[①]且光国天资颖悟，自天象、地理、济民、行兵之要，至制度、典故、击箭、医药、算数、鸟兽、草木之微，尽综而贯之，著而学术。他倡尊王、正名分、尽心修史，修成巨著《大日本史》。德川光国随之彪炳于史，明治十五年二月，立"常盘神社"以祀其灵。

公元 1665 年(清康熙四年，日本宽文五年)，德川光国闻朱舜水耻食清粟，乞援日本的事迹后，敬重倾慕不已，立即禀明公庭，聘朱舜水为宾师，亲执弟子礼。朱舜水应聘至武江(今东京)时，以敬礼贤士著称的德川光国，礼节隆重，待如师友。朱舜水被引见谈论时，总是援引古义，弥缝规讽，曲尽忠告善导之意。此时，光国亦与舜水谈论经史，讲求道义，不以抗礼为傲，不以进言为忤。光国每遇疑难待决的事情，没有不请教朱舜水然后才做决定的，同时代的人，也没有比朱舜水更受光国尊重的了。光国待朱舜水以殊礼，寒暑风雨，必问起居，肴馔牲宰，莫不备焉。朱舜水初来水户时，光国为他建筑驹笼别庄(前东京大学农学院即其故址)。朱舜水七十岁寿辰时，光国为他设养老之礼。朱舜水八十大寿时，光国又就第祝寿，奉以衣裘、鸠杖、鹤屏等二十品。当朱舜水因逆虏未亡、故土为墟，而身在异邦、迟暮衰疾、嘘唏流涕时，光国必命奏古乐以慰之。朱舜水病重时，光国亲命医官奥山玄建诊察进药。朱舜水八十三岁倏

---

① 《与陈遵之书》，《朱舜水集》卷四，第 43 页。

然去世后，光国叹息不已，亲自送葬，亲题神主，将舜水葬于风景幽静的德川氏墓地，依明式成坟，光国题其碑字“明征君朱子墓”。次年忌日，光国与群臣议谥曰“文恭先生”，取古言“德道博闻曰文，执事坚固曰恭”之意。每年忌日，光国必亲举葬礼，以示追念。德川光国和朱舜水之间的深情厚爱是历史上中日学者间友谊和信任的结晶。

德川光国和朱舜水之间的友谊和信任更植根于两人间学术思想上水乳般的交融。作为封建政治家的德川光国，从朱舜水那里吸取了“加意民生日用”，以“善政”治国理民的经世思想。

如果说朱舜水将实现自己“实践实学”的抱负寄托于安东守约身上的话，那么，他又把将展现大同社会美景的信念寄望于德川光国。为此，舜水常用经邦弘化、康济艰难的经国理民思想，开导、劝诱国光：

> 惟望上公加意民生日用，以周家积德累仁为法，百姓登于春台，则人君之福寿，操左券而取之矣。①

舜水谆谆告诫光国，人君要关心民生疾苦，施以仁政，由此便可操治国胜券。而治国的要诀是：

> 更治善俗，经邦弘化，谨庠序之教，申孝悌之义，而为万古之光。②

① 《元旦贺源光国书八首》，《朱舜水集》卷六，第117页。

② 《答源光国问十一条》，《朱舜水集》卷十，第347页。

朱舜水奉告光国治国之道有三：一是经世济民，移风易俗；二是兴办教育，培育人材；三是援以孝悌之义。这便是朱舜水兴国理民的经世之道。他还举中国历史上仁者治民的典故，来开导光国。他说：

> 昔者张堪为渔阳太守，民歌之曰："桑无附枝，麦穗两歧；张君为政，乐不可支。"又言："世间声色货利，举不足以悦张君，惟望见嘉禾好麦乃笑耳。"郭伋为颍川太守，也祖敕之曰："贤能太守，去畿甸不远，河润九里，冀京师并蒙福也。"夫贤能之有益于世乃如此。
>
> 今上公以明睿之姿，秉盛壮英豪之气，力行善政，犹有青阳之发生，万汇无不芽出畅茂者矣。内则足以为子孙之法，远则足以为王者之师。①

舜水愿光国像张堪和郭伋一样，力行善政，做贤明君主，成子孙万代之榜首。他在《源光国字子龙记》中，以龙行"仁义"，资生万物之意，劝导德川光国施行"仁义"，以贤治国。他讲：

> 龙非仁义无以为灵，人君非仁义无以为国。……仁义兼施，赏罚明允，国以大治。于是南威齐、楚，西抗强秦，赫奕乎其有光也。是故进贤也，则曰"帝以不蔽"；讨罪也，则曰"恭行天罚"。其心兢兢焉，有贤不敢弃，有罪不敢赦，毫不敢以私意行乎其间，犹之乎

---

① 《元旦贺源光国书八首》，《朱舜水集》卷六，第116页。

龙之为天吏云。[①]

这是舜水对德川光国施以儒家仁政治国的教化。朱舜水的这些经世济民思想对德川光国发生了深刻的影响。光国在治国理民时，能以仁恕御众，虽卑贱疏远者，亦能推心置腹，假以辞色，故国人皆乐为其用。光国主经世之学，不仅严禁府下奢侈，而且尤留心于民事，当他告老后还时常巡行疆内，问民瘼，察冤枉，听断明审，反复参互，多从轻缓。对于死囚，尤曲为求生路。德川光国不愧是一位能体察民意，身体力行的封建政治家。

作为反对佛释乱神的德川光国，又从朱舜水那里吸取了无神论思想。

朱舜水针对日本用佛释乱神惑世诬民的种种旧俗陋习，警戒光国要崇尚德行，不陷迷谬之谈；鼓励光国要勇于破除数百年来的陈规陋习，以执邪慝之口。朱舜水还用中国历史上宋景公和楚昭公不迷邪说，坚信人事的实例教育光国。在朱舜水的佛释乱神"可以欺凡庸，而不可以欺豪杰"思想的影响下，德川光国即位就藩后，颁布玺令，严禁"人殉"，废除"以殉死者之众相诗"的弊习。此外，他还命令毁弃新建寺刹九百九十七座，废掉淫祠三千多个，并使受戒僧徒三百四十余人蓄发还俗。德川光国成为日本历史上有名的敢于斥"释"反"神"、开明通达的封建统治者。

作为学者的德川光国，还从朱舜水那里吸取了儒家的忠君爱国、大义名分思想和重史、尊史、尚史的史学思想。

① 《源光国字子龙说》，《朱舜水集》卷十三，第 444 页。

德川光国的水户家和纪伊、尾张的德川家一起作为“御三家”，处于特殊地位。但是，水户家不仅官位比其他两家低，领地也不过只有那两家的一半，因而在保持御三家之一的体面上，有些困难。由于这种关系，从德川光国时代就发生了家臣团的派系争执。光国不仅是封建政治家，而且还是学者，所以，为了确立名分思想用来作为控制家臣团的手段，他试图发起修史事业。在这一背景下，他作了朱舜水的门生。舜水向他灌输了大义名分、忠君爱国的儒家传统思想，与他心中潜伏的国无二君、民无二主名分论相契合。朱舜水为楠木正成①撰写的《凑川碑文》更深深打动了他的心。舜水赞楠木说：

忠孝著乎天下，日月丽乎天。天地无日月，则晦蒙否塞；人心废忠孝，则乱贼相寻，乾坤反覆。余闻楠公讳正成者，忠勇节烈，国士无双，搜其行事，不可概见。大抵公之用兵，审强弱之势于几先，决成败之机于呼吸。知人善任，体士推诚。是以谋无不中，而战无不克，誓心天地，金石不渝，不为利回，不为害怵。故能兴复王室，还于旧都。谚云：“前门拒狼，后门进虎。”庙谟不臧，元凶接踵。构杀国储，倾移钟簴。功垂成而震主，策虽善而弗庸。自古未有元帅妒前，庸

① 楠木正成（1294—1335），镰仓末期—南北朝初期的武将。他曾率领河内与天泉等地的武士参加了后醍醐天皇的征伐幕府的斗争。在斗争中，他承担了抵抗几十万幕府大军的重任。由于此功劳，在建武中兴时，被任命为“河内守”，成为河内、天泉的守卫者。日建武二年（1335），楠木迎战足利氏，战死于摄津凑川。楠木以智略兵法而著称于史，并有儒学教养。江户时代，随着尊王倒幕运动的勃兴，其忠烈和至诚得到承认，使维新志士受到感化。

> 臣专断，而大将能立功于外者。卒之以身许国，之死靡佗。观其临终训子，从容就义，托孤寄命，言不及私。自非精忠贯日，能如是整而暇乎！父子兄弟，世笃忠贞，节孝萃于一门，盛矣哉！至今王公大人以及里巷之士，交口而诵说不衰，其必有大过人者。惜乎载笔者无所考信，不能发扬其盛美大德耳。①

这就是被日本学者视为珍品的《凑川碑阴记》。碑文贯忠贞义勇之豪气于中。碑文明正统之有归，揭孤忠之大节，以昭示来世。德川末期，《凑川碑文》以其忠孝仁义、忠君爱国精神，被明治维新的志士们广为传颂，起到了激励幕末维新志士的作用。朱舜水—《凑川碑文》—明治维新，它们是脉脉相承的。

朱舜水又将中国浙东学派尊史、尚史的重史学风传给德川光国，形成了水户学派的最大特点——以研究史学而著称于世。在朱舜水重史思想的感染下，德川光国又设立彰考馆，集国内贤良学士之荟萃于一堂，编纂《大日本史》，并聘朱舜水为顾问。朱舜水为了开辟日本文明之机，以《春秋》的微言大意——尊周王、退诸侯、外夷狄，和朱子《通鉴纲目》明正统、定人道、昭鉴戒、著几微的体例，教导他的门人，并规定《大日本史》的编纂目的在于：叙述历史的史实，阐明国家的道德，明君臣的职分，严是非的辨别，正润皇统，褒贬人臣。在朱舜水这种思想的引导下，德川光国在《梅里先生碑阴并铭》中自叙编史的目的是：

---

① 《楠木正成像赞三首》，《朱舜水集》卷十九，第571—572页。

自早有志于编史，然罕书可征，爰搜爰购，求之得之，征遴以稗官小说，据实阙疑。正润皇统，是非人臣，辑成一家之言。

这是光国的卓识。他从三十一岁设彰考馆招致天下俊材编纂《大日本史》起，以后二百三十余年间，水户学者皆受光国精神的感化，完成了修史事业，开日本史学界新纪元，更造就了水户学一大学派。幕府末期，随着藩内下层武士势力日渐强大，及全国各地的倒幕力量逐渐壮大，水户学派被倒幕维新志士推上了反对幕阁派的上层地位。在这种条件下，水户学派及《大日本史》的尊王攘夷精神，对明治维新运动发挥了重要作用。这乃是水户学派创始人德川光国对维新鸿业的贡献，亦是他的知遇宾师朱舜水对日本维新大业作出的历史成就。

安积觉(1656—1737)，字子先，号澹泊，世仕水府。他是《大日本史》的总编辑，在编纂《大日本史》中发挥了重要作用。

安积觉从十三岁束发时，便奉父亲及德川光国之命，师事朱舜水，“敛枕簟，备洒扫，日祖供给”，形同父子。朱舜水授之《圣经》、《小学》、《大学》、《论语》句读，诱掖教诲，严立课程，逐日登记。在《朱舜水集》中，载有安积觉撰写的《书逐日功课自实簿后》，其内容为：

陆放翁《跋〈渊明集〉》曰：“吾年十三四岁时，侍先少傅居城南小隐。偶见藤床上有渊明诗，因取读之，欣然会心。日且暮，家人呼食，读诗方乐，至夜卒不就食。今思之，如数日前事也。”觉事文恭先生，亦年十三四，以至十五，才三年间耳。所读之书，不过《孝经》、《小学》、《大学》、《论语》。此数卷皆先生亲点句读所口授者也。

觉甫十岁，先人疾既危笃，而先生适以是年来水城，先人力疾跃然而喜，曰："此千载一时也。"禀明政府，以备弟子之列，从至武江。明年归省，而先人不起矣。间一岁，先生又来水城，以心许先人，遂有吴季札挂剑之喻。携还武江，晨夕课读，先生命觉作一簿，援笔而题，逐日书其功课，即此是也。当时并几横卷习句读者，今井弘济、五十川刚伯、服部其衷与觉四人。而三子者皆无簿领，不知何故于觉一人有此举乎？盖以顽钝无知，不能成立，故督责如此其严也。然其时共肄业者，或死或老，皆无闻焉。如觉者，不啻弗驰弗驱，真驽马之下材。不及数于远甚。而今兹蒙命校厘先生文集，细绎简点，沈潜反复，得与于斯文，岂非后死者之幸欤！虽轻尘不能增泰岳之高，抑亦足以酬先人之志之万一矣。今其朱点句读之书，宛然具在。①

关于这部《逐日功课自实簿》的起因，在日本天理大学图书馆珍藏的一份资料中，记有朱舜水告诫安积觉记逐日功课自实簿的原因，舜水在《逐日功课自实簿》的扉页，亲笔题辞曰：

① 《朱舜水集》附录三，第766页。

学者用功须是渐进而已，日计则不足，岁记则有余。若一曝十寒，进锐退速皆非学也。子夏曰："日知其所，六月无忘，其所能是亦可乎。骐骥一日千里，驽马十驾，则亦及之。倘自矜捷足而弗驰弗驱，则驽马先之矣。"今为尔严立课程，自非疾病及不得已礼际应酬之外，须逐日登记，朔望则温习前书，为令成诵，若其中无故旷废亦于朔望之次日稽考笞责，名曰逐日功课自实簿。每晚送簿填注，毋违毋忘。①

在《逐日功课记实簿》中，记有安积觉每日读书、学习的详情。例如：

三月十日，理小学；
十二日，理小学二卷；
十三日，理小学；
十四日，随入朝中午后归；
十六日，理书；
十七日，有事；
十九日，先生病；
二十二日，读书；
二十三日，入朝领赏；
二十六日，读书；
二十八日，读小学。

① 《逐日功课记实簿》扉页上的朱舜水亲笔题辞件，现存于日本天理大学图书馆古籍室。感谢天理大学图书馆提供这一珍贵资料。

从中可以看到朱舜水对安积觉的苦心教导和安积觉日夜精进的情况。正是在朱舜水的苦心教导下,安积觉晨读夕诵、用力周挚、才思盖世。故此,舜水赞扬他:

> 吾东渡授句读者多,皆不可,独彦六(安积觉小字)佳耳。①

安积觉尤锐意史学,得朱舜水史学真传。他于日元禄六年(1693)出任《大日本史》总编辑,修定史例、构立纪传、中其规矩、纵横贯穿,为编纂《大日本史》立下头功。德川光国为了表彰他的功劳,将朱舜水生前珍爱的小李将军画轴②送给他。安积觉对此特别珍爱,晚年诫其子孙道:

> 舜水先生自书《缘由》一卷,及小李将军画轴,义公(即德川光国)自镌"朱舜水遗物也"六字押印及紫檀笔筒,皆是朱先生没后义公所赐者,皆藏而实护之。凡我子孙当敬之如神明,其或沦落丧失者,非吾子孙。③

可见安积觉对大恩师的仰重。他在朱舜水去世后,先后写了

---

① 《安积觉》,《朱舜水集》附录五,第822页。

② 小李将军:《益州名画录》曰:"李昇者,成都人也。年才弱冠,志收山水,无纵生知,不从师学。明皇朝有李将军,擅名山水,蜀人皆称为小李将军。"

③ 板仓胜明:《澹泊安积先生传》。

《舜水先生行实》、《朱文恭遗事》、《明故征君文恭先生碑阴》、《略谱》、《祭朱文恭先生》、《祭朱文恭先生墓文》、《朱舜水先生文集后序》、《舜水朱氏谈绮序》等八篇文章，以表对先师的怀念和追忆。安积觉视舜水为恩师，证明了他学术思想所受的影响。这诚如室鸠巢所云：

> 当时宿儒安积翁，家学亲承舜水传，余姚一派流日东。[①]

又如荻生徂徕所书：

> 先侯业已即世，一时邹、枚之辈寥落殆尽，而足下独以朱先生高第弟子岿然以存，有如灵光。[②]

作为朱舜水嫡传的安积觉，主要继承了朱舜水纯忠尊王、大义名分的伦理思想和借古鉴今以振纲纪的史学思想。这些思想成为《大日本史》的指导精神。翻开巨著《大日本史》，其昭昭然如睹目前。概括之，有以下三点：

(一) 史书体例——仿中国史籍

《大日本史》的体裁，有过多次变动。公元 1683 年，曾编出纪传一百零四卷，但因讨论未精，其书体裁不满德川光国之意，于是“易稿重修”。直至安积觉担任史馆总编辑之后，该书体裁才基本确定。即参考中国史籍，取编年纪传之长。《大日

---

① 《安积觉》，《朱舜水集》附录五，第 821 页。

② 《安积觉》，《朱舜水集》附录五，第 821 页。

本史》的内容记述以及考核严谨之风，皆师《资治通鉴》。安积觉所以有如此作为，显然是受了朱舜水的影响。他在《朱文恭遗事》中说：先生“好看《陆宣公奏议》、《资治通鉴》。及来武江，方购得京师所锓《通鉴纲目》”①。舜水生前对《资治通鉴》的爱好与重视，成为日后安积觉治史的指导思想之一。

（二）治史方法——史学第一

德川光国指示安积觉对于《大日本史》的编纂务必作到“编纂要勤，考核要精，所引史实，务使核实”。为此，安积觉在《帝大纪议》中写道：“未有英明之一，能立不朽之事，卓识伟论，迥出众人之上，然非备大公至正之义，则不足臣服众人之心，而破万世之惑也。本邦上古之事，舍《旧事记》、《古事记》、《日本纪》无足为征者，而《日本纪》又其尤也。然神功皇后未尝践位，列之帝纪；帝大友储贰承统，黜而不书，编年记事既不足以考信，崇虚抑实，又不可以为训。今所修撰名实抑彼扬此，出于上公之明断，逐成千古之定论，不足伟哉！”②安积觉这种崇实抑虚。据事直书、名实相符的方法成为治史的基本方法。为使《大日本史》做到史实正确，他受光国之命，曾派人到全国各地搜集散佚书籍。对于古典所载史实，尽量加以考核；对于虚无的传闻，不作为史实载入史册；对于私家文书、日记，虽“核实该瞻，可以考信”，但因“年月不备，残缺相踵”，则“难辄为用”；对于僧侣撰写的编年书籍，因“非旧史之体，彤管之文，华实难付”，则“广搜旁罗，以待良吏之笔削”。从现存《大日本史》可以看出，在安积觉主持下，彰考馆诸儒的治史态度是十

① 《朱文恭遗事》，《朱舜水集》附录一，第625—626页。

② 《澹泊史论》卷上，第7页。

分严谨的。“凡纪传之文，根据正史，务遵其归”，“其正史所不载，事虽至要，旁无明据者，不辄补凑之”。这种注重史实，精勤考核的严肃治史态度和严谨学风，显然是出于朱舜水“史实”、“史明”、“史近”的史学思想。

（三）基本史观——大义名分

儒家的大义名分思想贯穿《大日本史》全书。日本自镰仓幕府建立后，以天皇为首的朝廷，大权旁落，威信渐衰。而水户学派公开尊重王权，安积觉就认为：“春秋之义，尊王为大”。综观整个《大日本史》，就是要改变君臣颠倒，权臣专制的现象，以正润皇统，整饬纲纪。因此，从《大日本史》在三件史事处理上，严格地贯彻了大义名分思想。第一件事是将历来被尊为天皇的神功皇后列入后妃传。其理由是其未践位。第二件事是天智天皇的儿子大友皇子列入本纪，“帝大友实天智帝之储贰，其缵大统明矣”，“今据《怀风藻》，《水镜》之文，创帝大友纪”。第三件事是将日本南北朝时的南朝作为正统皇系，以正润皇统为准绳，改变了对一些历史人物的评价。如对南北朝时期的忠王之臣楠木正成的评价，史书历来因他尊奉南朝、反抗北朝，而视之为逆臣。《大日本史》以南朝为正宗（理由是象征天皇权威的三种神器在南朝），因此，楠木正成得以正名。德川光国表彰楠木是忠臣，安积觉更进而称其是忠孝两全。除此三事而外，《大日本史》中字里行间亦都充斥着大义名分思想。例如，安积觉指出足利氏不能尊王，“几乎黍离麦秀之叹，而乱臣贼子，接踵相望，应仁以来，板荡极矣”。“右大臣织田公、关白丰臣公虽粗知尊王，而非出于诚心”，惟有德川家“神祖首使诸侯服王事，……又一议定法则，纲举目张，朝廷肃穆，遂为永世不易之重典，尊王之举，不亦大乎。”①这些都是对君臣大义而言。

《大日本史》宣扬大义名分，其目的是要“申以劝诫，树之风声”和“劝善惩恶，求肃将来”。故此，《大日本史》所以立“神祇志”，是要揭示“宗祠衰而氏族紊”以及“权臣专制而名教扫地，庶官为之旷废，礼乐为之崩坏，逐使庄田盛而财政乱，朝纲替而兵刑滥”的弊病，以使“后之观古者，其有所鉴焉”。② 所以立“氏族志”，是要揭示外戚专权，武人得势，及豪族争占郡乡，不事朝廷，逐使氏族之法紊乱的史事，从而申明“明伦而察物，反本以类族，王政之所重”③。所以立“孝子传”，是要阐明“孝，白行之本”，“非孝无以为教”之类的道理。所以立“叛臣传”和“逆臣传”，是要说明“一有间隔离叛，小则惩戒，大则诛戮，必除去而使之合，然后天下之治可得而成”，以及“一有弑逆之臣，则人人得而诛之”的道理。

《大日本史》的这种大义名分史观与朱舜水忠君爱国、拥皇除奸思想是相融洽的。安积觉从小就敬仰朱舜水俊伟的人格和忠贞的情操。他在《朱舜水先生文集后序》中追忆朱舜水矢志不忘抗清复明的行为时说：

> 漂泊艰楚，百折不回，非为一身之计，而韬藏谨密，举世莫有如其志者。惟能熟读其文，忖度时势，然后可审其志之所在，而知非苟全性命于乱世

① 《淡泊史论》卷上，第28—29页。

② 《大日本史》卷244。

③ 《大日本史》卷267。

者也。

当时唯见先生终年呕血，寥寥寡和。夏坐纱厨，冬拥脚炉。逾七之老，卷不释手。去乡万里，而竟不言及私亲；惟以恢复为念，未尝一刻少弛也。……①

这表明朱舜水誓铲奸佞、拥君复国的激情，潜移默化为安积觉正名分、核名实、奖名行的史学思想，并浸注到《大日本史》中。水户学派和《大日本史》在幕府末期成为倒幕维新运动的一面旗帜，其原因大概也正在于此。

在前期水户学派中，朱舜水的门人弟子英俊辈出。除德川光国和安积觉两位才卓之士外，尚有小宅生顺。他曾奉德川光国之命，访朱舜水于长崎，又为他扬名于水户。他在《西游手录》中称赞朱舜水说：

予今年奉命西游崎阳，汛交蕃客，欲得异闻，往往拈笔代译。所交数十辈，而有学者独有朱舜水而已。②

还有私淑朱舜水的森俨塾，做诗表达他对朱舜水的敬慕。他在《拜舜水先生祠堂诗》中写道：

先师如在雨楹前，清酌嘉蔬俎谷连。

① 《朱舜水先生文集后序》，《朱舜水集》附录四，第787页。

② 《小宅生顺》，《朱舜水集》附录五，第831页。

拜手鞠躬唯谨尔，八音高奏届玄天。[①]

此外，倘有：

前田纲纪：加贺金泽藩主光高之子。纲纪先师于木下顺庵门下，后慕朱舜水之名，拜舜水为师。在朱舜水教导下，儒学造诣颇深。他升任加贺藩主后，以儒家思想治理天下，厘革制度宪章，兴勤俭之风，又表彰南朝忠烈事迹，谋求朝典礼仪的保存。朱舜水去世后，纲纪命本藩儒臣源刚伯编辑舜水著作，为《明朱征君集》十卷，世称为“加贺本”。

源刚伯：加州儒臣。公元1675年（延宝三年）受加贺藩主之命，从水户府朱舜水受业，深得舜水学真谛。舜水去世后，又受命搜集、整理舜水著作。在源刚伯的精心编辑下，成《明朱征君集》十卷，后被收入明治末年稻叶君山博士的“稻叶本”中。舜水遗著能够保留至今，得源刚伯一份功劳。

今井弘济：字将兴，号鲁斋，又称小四郎。十四岁时受德川光国之命，从朱舜水学。最初，舜水教授课程极严，弘济颇不堪。于是，舜水复其兄弘润书曰：

> 令弟弘济穉子无知，然亦似有注误之者；近知悔过，乃是率德改行之渐。三四日颇有好光景。若如此不衰而加厉，则何善之不可臻也。极喜！极喜！

在舜水的苦心教育下，弘济学术日进，慷慨有奇气。为文雄瞻，颇善史笔。雨森芳洲称赞他：“今井小四郎从幼亲炙朱之瑜，深

---

① 《俨塾集》上卷，第95页。

通唐音,作文敏捷。余少年时问其弟子曰:'四郎读书专用唐音耶?'答曰:'固用唐音,训读亦不废。'意者此乃学唐人中之杰然者也。"①

公元1678年(延宝六年),朱舜水的孙男朱毓仁来长崎,光国特遣弘济携重金前往长崎慰劳。后朱舜水的同里乡党张斐闻弘济为舜水之高徒,寄书给弘济曰:"楚玙朱先生耻虏粟而逃之海外,亦夷、齐之流亚,可谓凌寒之松柏矣。又得门下为之桃李,春辉互映,古道照人。……弟固愿一见而吐其胸中之所欲言,区区之私,非伊朝夕。"②

今井弘济将平日从朱舜水处"所闻事物名称"分门别类作了详细记录,后与舜水另一弟子人见传的所闻所见记录,合于一辑,题名为《朱氏舜水谈绮》,流传于世。

人见传(野传):字子传,号懋斋。数从朱舜水游。质经义、考制度、商榷文字,不得其要不辍。人见传独得朱舜水经学嫡传,善治经,喜读《易》,虽身处要职,未尝一日不释卷,抄纂寻绎,至老不倦。为此 ,舜水称其纯笃,期以老成。

舜水除向他传授经学外,还寄厚望于他,希人见传协助德川光国治理好国民。舜水复人见传书曰:

> 自古以来,世不乏才能俊乂,特以不遇贤君圣主,故使瑰奇抱德之士,赍志而殁,良可深痛。今上公种种明德,直可迈越古来哲王。若夫敬之一字,尧、舜至于文、武,心法相传惟此耳。弘此远谟,万善咸萃,

① 雨森芳洲:《桔窗茶语》。

② 张斐:《莽苍园集》。

> 自然野无遗贤，自然至于“惠鲜鳏寡”。王道之行，于今见之。此政台际会之时也。惟冀共为敦勉，力襄至治。必期成贵国无前之美，必期为王者之法，方惬鄙怀。比之他州区区小善，人人所艳称而乐道者，不啻太阳爝火矣。仆虽衰朽远人，蒙上公破格隆礼，亦扶仗而观童叟之鼓舞，可藉手以雪胸中愦闷矣。①

人见传将向舜水“所问简牍素笺之式，质深衣幅巾之制，旁及丧祭之略”，翔实记载，送朱舜水。舜水“览而善之”，对安积觉说：“二者（另一者即指今井弘济的记录）宜合为一，补其遗漏，以行于世。”这就是今人看到的《朱氏舜水谈绮》。其印本为公元1708年（日宝永五年，清康熙四十七年），由书林茨城多左卫门寿梓、神京书铺柳枝轩茨城方道藏版所刻。全书计上、中、下三卷，分装元、亨、利、贞四册，卷首有公元1707年（日宝永四年）丁亥仲冬水户府下澹泊斋安积觉序。《朱氏舜水谈绮》是研究朱舜水思想的一部极珍贵的资料。其中，人见传的功绩不可没。

奥村庸礼：金泽藩国老，历仕前田利常、光高、纲纪三世。庸礼天资慎悫，才力高于一时。壮时好禅学，受教舜水门下后，以禅为妄，翻然改图。庸礼继承了舜水的“实践实学”，以躬行实践为学之要。他身生巨室，担负重任，机务之暇，笃学力行，朝野皆服其德。庸礼不仅自己拜舜水为师，还令其子也赴江户受学于舜水，并将舜水学视为家学。

除此而外，另有服部其衷，事朱舜水尤勤，卒后奉其祠。硕

① 《答野传书十一首·二》，《朱舜水集》卷八，第246—247页。

儒五十川刚伯欲厕朱门，书信笔谈，礼敬甚至。朱舜水称赞这些水户学者有“朝闻道而夕死”的学习精神，对他们涵育熏陶，亹亹不倦。在德川光国领导下，彰考馆诸儒生付诸毕生心血凝聚为《大日本史》。《大日本史》是在大义名分思想指导下，以正确的史实依据编辑成的一部日本史。其史学价值如板仓胜明所云：

> 国家文明，生若义公，以有为之材，举旷世之典，聘舜水朱之瑜，讲究春秋之大义，就僧契冲发明古语之难析，史馆诸人，亦极一时之选。列神功于后妃，揭大友于帝纪，以南朝为正统，盖公之义例，可为万世之史法。①

《大日本史》的社会价值在于：书中宣扬的尊王论和名分论成为幕末志士尊王倒幕、大政奉还运动的前奏和先声。明治维新的志士在《大日本史》尊王爱国精神的感召下，提倡尊王，废除幕藩，以建立统一的国家，为资本主义在日本的发展奠定基础。由此可知，作为《大日本史》史学思想导源人的朱舜水，对日本幕末维新的贡献是很大的。

如果说，编纂《大日本史》时代的前期水户学是以名分论的史学为其特征的话，那么，后期水户学则由于时势所趋，而以宣扬攘夷论为其特点。攘夷思想是对有关中华和夷狄之别的儒家名分论的引申。19 世纪 60 年代的日本，由于西学东渐，使日本上下均感压迫。为了对抗欧美诸国经济输入，阻止

① 《书澹泊先生史论后》，见《甘雨亭丛书》第 2 集。

农村自然经济的崩溃，一些尚未具有町人性质的农村地主和行将没落的下层武士，无疑要继续坚持锁国主义，这就必然要变成攘夷主义。尽管攘夷思想与开国论相比较，尚有不合理性，但在客观上却是更为进步的潮流。因为后期水户学的领导者（如德川齐昭等）一直把攘夷加以原则化，将它作为手段和策略来使用。对外，以攘夷来防御外来侵略；对内，以攘夷作为激励士气、富国强兵的手段，后又作为倒幕的战术。当攘夷论与尊王论结合起来后，"尊王攘夷"作为一面旗帜，号召日本国民投身于政治改革运动的激流，指出了日本社会从封建割据走向国家统一的方向。所以，不经过攘夷运动，就不可能实现明治维新；如果没有攘夷运动的领导者把武士群众和希望武士化的村吏、豪农、富商的力量集结起来，加以操纵和利用，并把攘夷加以原则化、策略化，明治维新也就不可能实现。而后期水户学的历史意义正在于它奠定了这个攘夷思想的理论基础。

如果说前期水户学是以德川光国和安积觉为其代表，那么，后期水户学派则以会泽正志斋和藤田东湖为其代表人物。

会泽正志斋(1782—1863)是后期水户学的理论家。名安，号正志斋（简称正志），常陆（今茨城县）人。他是"尊王攘夷"论的倡导者，水户学的集大成者。他一生著述甚多，约分三类：《思问编》以研究中国哲学为主，《息邪编》以排耶稣为主，《闲圣编》以宣扬"尊王攘夷"为主。而其中的《新论》宣扬尊王攘夷，代表他的中心思想。此书因触幕府忌讳，初不敢公刊，以无名氏写本传世。明治维新志士极喜爱，甚至将它与卢梭的《民约论》相媲美。此书把前期水户学基于儒家名分论的尊王攘夷主义从政治理论上加以定型化。即：第一，宣扬忠孝一本、祭政一致、一君万民，通过尊王仰藩，使日本从封建割据走向统一；第二，排斥泽教和泽学；第三，尊尚儒家的王道主义和重农主张，提倡通过农本主义，振兴国道，广用贤才，禁止奢侈，以达富国强兵的目的。这样，会泽正志斋在理论上就完成了前期水户学提出的尊皇爱国，王政复古的思想，即“尊王攘夷”的理论。

会泽正志斋的尊王攘夷理论，主要表现在以下两个方面。

一个方面是皇室中心主义。

在日本封建社会的内部矛盾中，幕府代表了封建割据的局面，皇室代表了封建国家统一的局面。两者比较，拥护皇室的思想，更接近于民族意识的觉醒。而这种尊皇思想的根源，亦是对于外国入侵、压迫的反抗，所以尚具有号召革新的意识。因此，这种皇室中心思想也就成为维新志士思想的前导。正志斋以儒家的忠、孝伦理思想和“天人合一”思想为其皇室中心主义的理论基础。如他从天、地自然之道，阐述忠、孝的观念说：

> 夫君臣之义，天地之大义也；父子之亲，天下之至恩也。又之大者与恩之至者，并立天地之间，渐渍积累，浃冾人心，久远而不变，此帝王所以经纬天地，纲纪亿兆之大资也。
>
> 夫君臣也，父子也，天伦之最大者，而至恩隆于内，大义明于外，大义立，而天人之大道昭昭乎其著矣。忠以贵贵，孝以亲亲，亿兆之能一心，上下之能相亲，良有以也。①

① 《新论》，第12、14页。

正志斋以为“忠孝”是天人之大道，只要提倡忠孝，就会有“太平之业”。他强调忠孝，是要维护国体的尊严，而强调国体的尊严，又是为了达到“天下仰朝廷如天神，以孝事君，同心一志，共输其忠，风俗以醇矣”①。而这就是“神道设教”。神道设教是日本封建社会中使“教”与“政”合一，用以统治人民的思想武器。政教合一出于中国的“天人合一”说，它通过使“民唯知敬天祖、奉天胤”，达“以民志一而天人合”，这乃是“帝王所恃以保四海，而祖宗所以建国开基之大体”。从这种政教合一中可以看出天皇是神圣不可侵犯的。“历代圣帝代天抚育万民，君道师道为一，治而且教，为万民除灾害，利用厚生，设百官，立纲纪，明赏罚者君道也。”②因为君权超于一切，所以君臣的名分一定而不可易，这即是“一君万民”。以一君临于万民之上，皇统绵绵。

另一个方面是日本中心主义。

会泽正志斋的攘夷论，在消极方面表现为锁国主义的儒家保守思想；在积极方面则表现为以日本中心主义为基础的富国强兵政策。

《守御篇》是他针对外国侵略而提出的积极防御政策。正志齐称其为守御之策四大纲。

其一，内政的革新。其具体内容有四项，兴士风、禁奢侈、安万气、举贤材。

其二，军令的整备。其具体措施有三项，汰骄兵，增兵众，

---

① 《新论》，第 40 页。

② 《新论》，第 22 页。

精训练。

其三，富国策。即关于武士生活的质朴和市民的经济活动问题。

其四，颁守备。即关于从前未设而今日宜创立的制度，如屯田兵的设置，侦察—传令机关的整备，军需品资源的确保，兵粮的储藏等。

这四大纲的宗旨就是富国强兵。他以为日本唯有走兵强国富之道，才能免受夷狄之侮，才能称霸于世。正志齐的富国强兵政策，在锁国主义保守观念的局限下，是不符合新兴商业资产阶级要求的，是保守的农本政策。

而作为这种"日本中心主义"哲学基础的正是中国的阳正阴辅，阳盛阴衰的儒家哲学。他认为"日神所开创"的神州是"阳"，是表示"朝气"、"正气"的，所以比表示"阴"，即"暮气"、"邪气"的外国优越，是"位于大地之首"。他说：

> 夫神州位于大地之首，朝气也，正气也。……朝气正气，是为阳。故其道正大光明，明人伦以奉天心，尊天神以尽人事，发育万物，以体天地生养之德。戎狄者屏舍于四肢，暮气也，邪气也。暮气邪气，是为阴。故索隐行怪，灭裂人道，而幽冥之说是讲，亵天，媚鬼，而荒唐之语是说，寂灭万物，而专由阴晦不祥之途。①

会泽正志斋视为理论基础的阴阳论，其实质乃是儒家"名分

① 《新论》，第216—217页。

论”的引申。所以,名分论—尊皇思想—日本中心主义,这是一脉相承、密切结合着的。由此观之,会泽正志斋的学术思想是前朝水户学派的中心思想——名分论的延续,不过在新的历史条件下,有所变易罢了。

会泽正志斋的“攘夷论”,其积极方面是影响了幕末一代维新人物。由于它主张反对帝国主义侵略,主张尊皇统、讲名分、主张富国强兵,这就为明治维新奠定了理论基础,作好了思想准备。其消极方面是它的锁国主张对保守人物的影响,使日本走上了自己曾经反对过的帝国主义侵略的道路。

倘若说会泽正志斋是后期水户学的理论家,那么,藤田东湖则是后期水户学的实践家。东湖遵循后期水户学“学问与事业不殊其效”的教义,强调学问即事业、专业即学问,矢志于理论与实践的统一。他一生的作为,无愧于德富苏峰对他的衷心赞美:“东湖先生不单以学问文章鼓吹指导天下之大势,先生其人实是活的水户学的权化。”①

藤田东湖(1806—1855)名彪,字斌卿,号东湖。他是后期水户学元祖、创建人藤田幽谷②的儿子,亦是他思想的继承人。他幼年时就从文学《孝经》,念文天祥《正气歌》。他从父亲那里继承的忠孝精神和政治素质,为他以后从事勤王实践活动打下了基础。

东湖一生精力贯注于尊王攘夷的实践行为。为此,他曾三度出生入死。第一次是攘夷之事。十九岁的东湖,为振国风,

---

① 高须芳次郎:《题解》,《藤田东湖全集》第1卷。

② 藤田幽谷(1774—1828),仕水府史馆为编修。在学术思想上,主张尊王攘夷论和名分论,这成为后期水户学的方向。

奉父之命，孤胆潜入夷船，质问夷狄。

第二次是拥立德川齐昭。西元1829年，当水户藩主哀公(齐修)病逝，举国上下一片混乱之时，东湖以“志士授命报国之秋”，“蒙出境之罪”，亲赴江户，举荐德川齐昭。德川齐昭继位就藩后，以其杰出之材，鼓舞一世。德川齐昭时代，君臣上下倡导水户一脉的尊皇论，使明治维新一代豪杰如西乡隆盛、吉田松阴等，皆闻风兴起。这些都是东湖的功劳。

第三次是德川齐昭因改革藩政而被谤者伤，东湖亦不可免。在谪居生活中，他写了《和文天祥正气歌》。诗文中那种“死为忠义魂，极天护皇基”的慷慨之情，使日本不少忠义孝烈之辈随之兴起，致使维新三杰之一的西乡隆盛称东湖为“先师”。从以上三件史实中可以看出，东湖一生就是以这样一种忠诚的政治活动震动一世，给幕末的勤王运动以极大的影响。

为了践履尊王攘夷行动，东湖主张文武不歧。这也是水户学的一大特征。他说：

> 夫尊皇室，攘夷狄，文武之最大者。①

他所谓的“文”，指“敬神”、“爱民”，“武”指“尚武”。其中，“敬神”是尊天神之盛德大业，尤重日神。因为日神是天皇的象征，天皇是承天日之祀，所以敬神是尊王的意思。这就是敬神的现实政治意义。“爱民”是关系君臣上下之间的事。他以为“君臣父子彝伦之犹大者，尊卑内外，名分之至重者”，如名分混淆，爱民便无根基，就会出现“海内涂炭，民无所措其手足”的现

① 《东湖全集》第2卷，第146页。

象。所以，他服膺孔子，崇尚他的“明伦正名之教，以至于尊王攘夷之训，苟可以推弘道之义，莫不服膺而遵奉焉”。①“尚武”即学剑术，习枪法。他犹重尚武，是因为他认为：尚武之风振，则夷狄自远，这样，天地之正气充，而神州之纪纲张矣。

为了实行尊王攘夷，东湖坚决提倡排佛、反佛。他以为要讲尊王攘夷，必须要主敬神、爱民、尚武之风，而敬神、尚武的最大敌人就是佛教。为此，他曾经建议德川齐昭为充实国防，“毁封内铜佛及梵钟，铸以造熕铳”，并称之为是变无益为有用。“今变而用诸海防，鏖腥膻之夷贼，济神州之生灵，以振起天下之怠惰，其用不亦大乎且予乎？”② 他站在尊王攘夷立场上所发动的排佛运动，实际上成为维新前后排佛运动的先驱。从藤田东湖重实行、讲名分、排佛释的学行中，可以清晰地看到前期水户学中朱舜水的文脉仍在跳动，活泼且有生命力。

无论是前期水户学还是后期水户学，其一脉相承的“尊王攘夷”思想对日本近世社会发生了重要影响作用。德川末期发生的关系到日本社会命运的尊王倒幕运动，皆应归功于提倡汉学。黄遵宪在《日本杂事诗》中曾咏及此事。他吟道：

叩阍哀告九天神，几个孤忠草莽臣。
断尽臣头臣笔在，尊王终赖读书人。③

德川时代，竭力弘扬汉学的便是明大儒朱舜水。朱舜水亲自撰

---

① 《东湖全集》第2卷，第264页。

② 藤田东湖：《回天诗史》，第167页。

③ 黄遵宪：《日本杂事诗》第1卷。

写的《湊川碑文》，曾被参加明治维新的志士们广泛传诵；在朱舜水亲自指导下编纂的《大日本史》，完成了将"忠君爱国"精神灌输到日本国民中间的任务。由此可见，在日本近世思想的潜流中确实存在着朱舜水输入的血液。

第七章　舜水学与仁斋学

一、舜水学与古学

古学派是日本德川时代儒学的一个重要分支。日本古学派形成于德川时代中叶。自17世纪始，日本就置于德川幕府的封建统治之下。德川幕府明令社会划分为“士”（武士）、“农”、“工”、“商”的所谓四民等级。“士”属于统治阶级，农、工、商是被统治的平民，上下尊卑，等级森严。为巩固这严格的封建等级秩序，日本朱子学在幕府保护下，占有特殊的独尊地位。但到了18世纪享保期（1716—1733）以后，随着商业高利贷资本的生长并侵入农村，使农业经济逐步走向衰落。由此引起德川幕藩体制在政治上、经济上的动摇和崩坏，封建主义逐渐瓦解，近代思想从封建体系中滋长并发展起来。这首先表现在学术思想上的分化，即古学派与正宗朱子学的对抗。

日本古学派尊信三皇、五帝、周公、孔子，排斥汉唐以后的儒学，认为儒学只有在古代才有真义，后来的全是伪说。它是一个以古代经典为依据的哲学派别，名为复古，实际上是在朱子学之外提倡一种与朱子学相对抗的新儒学，企图以复古的名义，从朱子学一统天下中解放出来。在政治上，日本古学派代表被闲置的贵族和中小地主阶层的利益，与占掌握实权地位的幕府官方势力相对而言，属于在野的民间势力。

关于日本古学派思想的学脉来源，它不像日本朱子学和日本阳明学那样单一，直接来自朱熹和王阳明思想，而是呈现出较复杂的情况。对此，中日学者有种种不同的解释和猜测。例如中国学者朱谦之、衷尔钜、王守华、卞崇道等都认为日本古学派受到明代吴廷翰思想的影响。如朱谦之说："古学派的创始者伊藤仁斋则接受了明吴廷翰思想的影响。"[①] 衷尔钜说："1645 年后伊藤仁斋读到吴廷翰著作，这非绝不可能之事。"[②] 王守华、卞崇道说："古学派伊藤仁斋的唯物主义思想，则主要是接受了(明)吴廷翰的思想影响。"[③] 日本学者太宰春台和永田广志也有这种看法。

另外，中国学者王家骅针对日本学者将古学派与中国清代戴震相比较的观点而提出了新的观点，认为日本古学派应与中国明清之际的顾炎武、黄宗羲、王夫之相比较。他说："在日本学者中，认为日本的古学与中国清代的考证学，特别是伊

---

① 朱谦之：《日本的古学及阳明学》，第 28 页。

② 衷尔钜：《吴廷翰哲学思想》，第 170 页。

③ 王守华、卞崇道：《日本哲学史教程》，第 93 页。

藤仁斋和清代学者戴震相比较的观点较多。……但我认为日本古学与顾、黄、王的学术思想和治学方法非常相似。他们的共同点,第一是对宋儒理论的批判,第二是对古典解释的方法,很相近。"①

而笔者以为日本古学派的直接思想来源是朱舜水思想,即舜水学。具体说,朱舜水对日本古学派的思想影响,表现在以下四个方面:

(一) 提倡古学

朱舜水认为明代朱子学崇尚玄理、高谈虚远,是导致明朝崩溃的一个原因。所以,他竭力提倡孔孟古学。他的学生安积觉就说过:

> 盖明末学者竞为尖新纤巧,心术既坏,风俗颓靡。世方以灵通为宗,斲丧淳朴,以祸社稷,而先生独为古学;世方以八股为工,缘饰制义,以邀利禄,而先生独为古文。②

由此可见,朱舜水"研究古学","蔚有洙、泗之风"的学行风范,成为古学派的学术宗旨。

(二) 提倡经世致用

朱舜水的学术思想以"实践实学"而标宗,反映在学风上就是主张经世致用之学。这种学风深深地影响了日本古学派,尤其是对荻生徂徕的学说,起到了规范性的作用。由此,经世

① 王家骅:《日中儒学比较》,第237页。

② 《朱舜水先生文集后序》,《朱舜水集》附录四,第786—787页。

致用思想成为古学派的理论基石。

（三）提倡道在彝伦日用

针对朱子学的“天理”说，朱舜水提倡“道在彝伦日用”，即指实实在在的具体事物之理、之道。而他的这一思想又是在批评谈玄说远的朱子学的过程中形成的。在此思想影响下，古学派学者针对朱子学的核心范畴——“理”，提出了“气”范畴。这样，朱舜水对宋儒的批评态度，演绎为古学派的一大特色。

（四）提倡无神伦

明末清初，是中国自然科学发展的又一个重要时期。在时代的陶冶下，朱舜水形成了鲜明的朴素无神论思想。在他这一思想的影响下，日本古学派的重要代表者伊藤仁斋父子成为日本学术界反对宗教迷信的勇敢斗士。因此，朱舜水哲学思想中鲜明的无神论思想成为古学派的重要标志。

总之，朱舜水的学行风范哺育了日本古学派，使之成为日本德川时代的一个重要哲学派别。日本古学学脉来自舜水学，同时，日本古学派又成为朱舜水对佛学和朱子学进行批评，以期在日本弘扬“实践实学”的得力助手。例如，日本古学派的先导者山鹿素行就与朱舜水学本思想有密切关系。

山鹿素行(1622—1685)名高祐，字子敬，号素行，陆奥(今青森)会津人。素行以品学卓越而冠绝古今，又以洽闻强识，通达干练而声震朝野。自王侯至庶人，出入于门者，日数十百人。称其门人者，殆四千有余。

据《先哲丛谈》记载，素行始讲宋学，左祖程朱。四十岁以后，有疑于理气、心性之说，宽文六年(1666)春，著《圣教要录》三卷，刊行于世。非斥程朱，辩驳排诋，无所忌惮，其意盖在于讽刺崇奉宋学者。当时世人，由王侯到庶人，尊信程朱为神明。

素行遂获罪，幽于播州赤穗整十年。为此，朱舜水对他很尊崇，特意作《子敬箴——为山鹿素行轩作》。称赞他说：

问学如何？徵乎素行。
素行如何？希贤希圣。
匪敢僭逾，勉承来命。
尧舜可为，人皆此性。
儒道非难，养至德盛。
懿美内涵，闻望外令。
文武张弛，维人无竞。
温恭诚允，端庄静正。
不在他求，是在子敬。①

山鹿素行也确实是这样一位文武双全、温恭诚实、弘扬古学的"希贤希圣"。

山鹿素行在《圣教要录》中说：

战国之诸子，汉唐之训诂，宋元之理学，皆非周公孔子之道。

予师周公孔子，不师汉唐宋明诸儒。

由此，开日本古学之先河。而山鹿素行的这一思想，受朱舜水思想影响委实不小。这诚如井上哲次郎博士所说的那样：

---

① 《子敬箴》，《朱舜水集》卷二十，第578页。

> 山鹿素行抱一家之见，主古学，所云古学，在舜水那里多少也有。可见，素行在学脉系统中，不能说与舜水全然无关。①

可见，在素行的学脉系统中，镂刻着朱舜水学术思想的鲜明印迹。其中，较突出的一个印迹，便是对宋儒的批评。

在日本，山鹿素行为破宋学之魁。井上哲次郎在《日本古学派之哲学》中引松宫观山的话，评价素行是日本破理学的魁首。

> 有甚左卫门山鹿子者，出自我先师之门而成家，著《圣教要录》，梓行于世。非陆也，非朱也，此方破宋学者，素行子其嚆矢也。世人皆以原佐伊藤子(即伊藤仁斋)为破理学之魁，不知素行子在其前也。②

山鹿素行对宋学的批评，具有两个特点：其一是贯彻了朱舜水关于学在日用彝伦之中的经世思想，其二是抓住了“理气”、“道”、“无极”、“太极”、“动静”、“性”等理学核心范畴，进行批评。

山鹿素行反宋学的基点是他的道统论。他认为“道统”在“日用彝伦之中”、“在天地人物之际”，具有“造化运行”、“治乱兴亡”的社会功效。关于道统的正传，他在《圣教要录》中作了扼要的叙述：

> 伏羲、神农、黄帝、尧、舜、禹、汤、文、武、周公之

① 井上哲次郎：《日本朱子学派之哲学》，第817页。

② 《日本古学派之哲学》，第58页。

> 十圣人，其德其知施天下，而万世被其泽，及周衰，天生仲尼，自生民以来，未有盛于孔子也。孔子殁，而圣人之统殆尽……及宋周、程、张、邵相继而起，圣人之学至此大变，学者阳儒阴异端也。道统之传，至宋竟泯没，况陆王之徒不足算，惟朱元晦大功圣经，然不得超出余流，噫！道之托人行世，皆在天，其孰强与于此乎！①

这表明，素行认为：有伏羲神农等十圣，次则仲尼以身立教，是儒道之宗、纲常之主、道统之序。孔子后的曾子、子思、孟子已不可企望，到了宋儒便“口唱圣教”，实为异端。所以，对宋儒的批判，是为了续“道统”、倡“古学”。

山鹿素行批评理学，矛头首先指向理学的基本核心范畴——理气。在理与气关系上，朱熹持“理先气后”说，这是宋学标准的宇宙观。对此，素行在《素行语类》中说：

> 凡理与气对，有此气则有此理，有此理则有此气，不可论先后，理气是阴阳之相根，而或有象、或有形、而有无共具。
>
> 愚谓理气更不可分，只理气妙合之间，有剩偏剩见正通，而其太极乃各同一太极也。
>
> 上天无形象，唯一气而已。
>
> 天地者阴阳之总管也。②

---

① 《圣教要录》卷上，第18页。

② 《山鹿语类》，第351页、650页、477页、471页。

> 盈天地之间以为造化之功者阴阳也，阴阳者天地人物之全体也，互消长往来屈伸，生生无息。①

从以上五条语录中，可以看出素行的基本思想为“理气合一”论或“阴阳妙合”论。他认为“气”（阴阳）是万物的终极因素，断定“理”是事物之间的条理，理与气相根相固，无先后差别。这就排斥了朱子学的“理”的形而上学性，因而也就否认了宋儒理先气后的理一元论观点。

宋儒好言“理”，素行好言“道”。他认为古人只言道，而宋儒专谓理，这乃是去圣人之教，贵清谈之风。其实，理是可思可言，道是可由可行。所以，举道而理在其中。何谓“道”？素行在《圣教要录》中说得很明白：

> 道者日用所共由当行，有条理之名也。天能运，地能载，人物能云为，各有其道，不可违；道有所行也，日用不可以由行则不道。圣人之道者，人道也；通古今，亘上下，可以由行也。若涉作为造作，我可行，彼不可行，古可行，今不可行，则非人之道，非率性之道。②
>
> 凡圣人之道，唯在日用事物之间耳。日用事物之间格物致知，则天地自然之妙，不言而著，不求而来。③

---

① 《圣教要录》卷中，第23—24页。

② 《圣教要录》卷中，第20页。

③ 《山鹿语类》，第655页。

这表明，素行的“道”是有条理的，是上下古今都适用的，它存在于天地人物之间，是人的意志不可违的。因此，道具有物质性。他以这样的“道”同理学家的“理”相对峙。

关于宋儒争论最激烈的“无极”、“太极”等问题，素行认为：朱熹以“无极而”三字冠于“太极”之上，“甚为圣人之罪人，后学之异端也”。其理由是阴阳之气相根相因，气化流行的结果使太极者象数已俱，人人共见。这表明太极是有形象的，若以无极言太极，则太极无形无象。太极既为无，那么从“无”中怎能生出“有”（有形有象的万物）呢？素行进而指出，朱熹这样做的弊处在于使后世学者忘日用事物之学，沉于精神，骛空玄妙，由此儒变老庄，儒变浮屠。

素行还从古学经典著作——《周易》“主动”论的世界观出发，批驳周敦颐《太极图说》中的“至静”论。首先，他指出周子的“主静”论，是拘泥于一个“理”字，而不合圣人之道。“孔门学者唯日用之功耳，今人开口则谈太极至理，下手则以寂然不动之事，是泥著一个理字，蔽塞偏倚，而不知圣人之道也。”① 其次，他又依据《周易》思想，论证“主动论”的正确。他说：日月运行，而生明焉；寒暑相推，而岁成焉；云行雨施，而物长焉；刚柔相摩，而物成焉。总之，“是皆变易交易，而后万物之用通也”。在素行的这些思想中，闪耀着朴素辩证法的火花。

人性问题是中国古代哲学家们极为重视的一个方面。在这个问题上，宋儒的基本观点是“性即理也”。素行认为性不是理，是理气妙合而有感通知识的作用。他以为若像宋儒那样，以天地之理为性，那么则和《华严经》的真空绝相观、理事无碍

---

① 《山鹿语类》，第 646 页。

观、事事无碍观意义相等。他的意思是讲宋儒的人性理论糅合着佛教教理。在批评宋儒人性论的基础上，素行将古学与兵学结合起来，阐明武士之道，成为日本武士道的创建者。德川时代以前的武士，由于长年驰骋于疆场，要求“视生死如一”，武士道德以“死之觉悟”为其核心。德川时代以后，由于兵农的分离、幕藩体制的完备、和平社会的出现，这样武士的社会机能和生活方式发生了变化，所以就需要一种新的武士道德与之相适应。而这种新的武士道德就是由山鹿素行完成的。他提出了“道之自觉”以代替以前的“死之觉悟”。所谓“道之自觉”即指武士要严格遵守“立本”、“明心”、“文武全才”、“自省”、“详威仪”、“慎日用”六项。其中，他特别重视“详威仪”和“慎日用”，强调武士的道德行为要在日用事物之间修炼。这样，才能使武士道成为利国、利民、实际有用的理论。

山鹿素行发扬了朱舜水对宋儒性理学的批评精神，这使他成为日本古学派的先导者。

二、舜水学与仁斋学

仁斋学是日本古学派的一个重要分支。仁斋学由古学派的创始者伊藤仁斋和其子伊藤东涯的学术思想构成。因为仁斋在京都崛川地方办学，故“仁斋学”又被叫作“崛川学派”；又因为仁斋的住所叫“古义堂”，所以“仁斋学”也被称作“古义学派”。

伊藤仁斋（1627—1705）名维桢，字原佐，号仁斋，私谥古学，平安（今京都）人。仁斋是日本古学派的创始者。据《先哲丛谈》记载：仁斋自幼颖异挺拔，异群儿。他一生主要在京都堀河家塾收徒讲学,长达四十年之久,受教育者多达三千人,被誉为一代儒宗,使天下学者四面来归之。在学术宗旨上,仁斋青年时代笃信朱子学,中年以后逐渐放弃宋学而倾向古学。

仁斋之所以能从青代时代朱子学的信徒,在中年时代转为一名古学者,归根溯源,是由于朱舜水的学术思想即舜水学对他的深刻影响的结果。

最初,仁斋从安东省庵的弟子那里知道了朱舜水,颇有从学之意。于是,仁斋写信给安东省庵说:“承闻明国大儒越中朱先生,躬怀不帝秦之意,来止长崎。……闻先生近以亲藩之招,将赴于武城(指武藏,即今东京、崎玉县一带),仆又欲竢侍养有人,德从先生于武城,不知先生许之否?若获为仆言之于先生,实大幸也,至恳至恳。”① 信中表达了伊藤仁斋向朱舜水求学的诚恳心情。但在当时,由于仁斋主治宋儒提倡的“心性之学”,与舜水学主唱的“实践实学”相牴牾,故舜水曾复信安东省庵,对仁斋的求学之意力辞再三。舜水说:

伊藤诚修学识文品,为贵国之白眉,然所学与不佞有异。不佞之学,木豆、瓦登、布、帛、菽、粟而已;伊藤之学,则雕文、刻镂、锦绣、纂组也。未必相合。

伊藤诚修诚贵国之翘楚,颇有见解。……彼之所为道,自非不佞之道也。不佞之道,不用则卷而自藏也。万一世能大用之,自能使子孝臣忠,时和年登,政治还醇,风物归厚,绝不区区争斗于口角之间。

伊藤诚修止之为妙。昔者刘惔与王濛远游而馁,

① 《答安东省庵书》,《朱舜水集》附录三,第781页。

有一人设盛馔招之。王濛极欲往，刘真长不肯，曰："小人未可轻与作缘。"前书所问，以此为己。①

朱舜水的这些话，既是对讲究心性之学的批评，又是对伊藤仁斋的开导和规劝。这诚如梁启超在《朱舜水先生年谱》中所云：

安东守约欲介伊藤诚修来见，先生数书止之。……先生于当时日本士大夫，皆取"来者不拒"态度，独于此人绝之。如此其亟，殆必有故。先王痛恨晚明讲学家门户主奴之习，其与黄梨洲同县，同在舟山军中，而始终不相闻问，似亦有不愿轻与作缘之意。右与安东守约两札，最足表先生自守之狷介，及其学风之平实真切，……②

正是在朱舜水这种平实真切学风的开启下，仁斋的学术思想发生了重要变化。他怀疑宋儒之学与孔孟之旨不同，而体用一源、明镜止水、冲漠无朕又出入于佛老淫辞。于是开门讲学，挂孔子像于壁，鞠躬致拜，或讲说经书，或设经史论题以命文。仁斋自云：

吾圣贤之书，必实语明实理，故言孝、言悌、言礼、言义，而其道自明矣，所谓正道不待多言是矣。若

① 《与安东守约书二十五首》，《朱舜水集》卷七，第162页、160页、167页。
② 《朱舜水先生年谱》，《朱舜水集》附录一，第697—698页。

> 二氏(指程朱)之学,专以虚无空寂为道,无形影,无条理,故谓有亦得,谓无亦得,谓虚亦得,谓实亦得,至于纵横捭阖,不可穷诘,正足以见其非正学也。①

仁斋在舜水学"实践实学"思想指引下,对虚无空寂的理学进行了批评,并且创立了与心性义理之学相对立的"圣学",即"气一元论"哲学体系。仁斋说:

> 盖天地之间,一元气而已。或为阴或为阳,两者只管盈虚消长往来感应于两间,未尝止息,此即是天道之全体,自然之气机,万化从此而出,品汇由此而生,圣人之所以论天者,至此而极矣。②

仁斋认为浩然宇宙间唯有"气"而已,鲜明地亮出了气一元论。可见,仁斋哲学思想的精华是他的气学理论。气学构成了仁斋学的基本内容。伊藤仁斋以"气一元论"思想从根本上破坏了盛极一时的朱子学,被官方哲学斥为异端之魁,而在日本哲学史上占有主要地位。

当仁斋从宋儒理学中解脱出来,并创立了以"气"为主要内容的"仁斋学"之后,朱舜水又给予伊藤仁斋极高的评价:

> 伊藤诚修兄策问甚佳,较之旧年诸作,遂若天渊。倘由此而进之,竟成名笔,岂逊中国人才也。敬

① 《古学先生文集》卷五。
② 《语孟字义》卷上。

服敬服！[①]

这时，仁斋也以朱舜水“受邹、鲁的传”的名义，将舜水学介绍到江户等地。这表现了中日两大哲人间相互敬慕的学术友谊。

舜水与仁斋的这种学术友谊，具体表现在舜水学与仁斋学的关系上。例如：

（一）舜水学的“道”论与仁斋学的“天地一大活物”说

朱舜水为了抨击“天理横流”的明末学术界的现实状况，针对宋儒的“理”范畴，提出了“道”范畴。朱舜水定义“道”为“道在彝伦日用”，“圣贤要道，止在彝伦日用”。这就是说，“道”不是形而上的精神本体，而是“万物自然之则”。一方面，“道”不能脱离开具体事物而存在，“道”在彝伦日用之中，衣食住行之间；另一方面，“道”又是一个抽象的概念，“道”标示着具体事物的性质。所以，舜水学中的“道”是普遍存在的，它不脱离开具体事物而又是具体事物的性质。

在舜水学这种具有实践性的“道”论思想开启下，提出了仁斋学的著名观点“天地一大活物”说。

伊藤仁斋在朱舜水学术思想影响下，不同意朱子学“理一元”论的观点。关于“理”，仁斋分析道：“理本死字，在物而不能宰物，在生物有生物之理，死物有死物之理。人则有人之理，物则有物之理。然一元之气为本，而理则在于气之后，故理不足以为万化之枢纽也。”[②]而若以抽象的理为万物本原，那么将陷入逻辑矛盾：“万物本乎五行，五行本乎阴阳，推而至阴阳之

① 《答安东守约书三十首》，《朱舜水集》卷七，第 194 页。

② 《童子问》卷中。

所以然，则不能不归之于理：归于理，则自不能不陷于虚无，所谓万法归一，一归何所也。”[①]而此便是佛老之学，与圣学之旨实天渊矣。在批驳以“理”为天地之本的思想基础上，仁斋又指出那种认天地阚之先为“理”、天地阚之后为“气”的开辟论也是荒谬的。他排斥邵雍以十二万九千六百年为一元的学说是“战国杂家讦纬诸书，迂怪不经之故说，互相附会耳。均之佛氏所谓无始，老氏所谓无极之前，亦皆妄诞而已矣”[②]。断言“今日之天地，即万古之天地；万古之天地，即今日之天地。何有始终？何有开辟？此论可以破千古之惑”[③]。他规定“所谓理者，反只是气中之条理而已”[④]。

关于“气”，他认为：阴阳之气浩浩荡荡，两者盈虚消长往来，不肯滞息，如同流水永流不止。这就是说，元气充塞宇宙，在时间和空间上无限存在，无生无死、无消无息、生化流行、生生无穷，是一元之气的存在状态。在气之生生无息的气化过程中，“万化出”、“品汇生”，因此“天地生生化化之妙也，盖圣人以天地为活物”。这就是他的“天地一大活物”说。仁斋的“天地一大活物”说在于通过宇宙的运动变化、万物的不断流变，以阐明万古不灭之气具有生化流行的功能。

进而，仁斋认为气之所以具有生化流行的功能，最终原因是由于气的流行和对待。一阴一阳之气往来不已，谓之“流行者”；天地、日月、水火、昼夜、寒暑无不有对，谓之“对待者”。而

① 《童子问》卷中。
② 《语孟字义》卷上。
③ 《语孟字义》卷上。
④ 《童子问》卷中。

对待又在流行之中，因为天地之间对待都是相对的，唯有一元之气的流行才是绝对的。仁斋讲：

> 盖“一阴一阳之谓道”，即流行之义；“立天之道曰阴曰阳”，明对待之理。盖物有两而后化，无两则无以化，此天地自然之理。至万物之生，莫不皆然，外此更无道理。①

这就是说，气的流行对待就是“道”。“道”是万物之本原。由于道字本活字，具有生生化化之妙用，因此：

> 《易》曰：“天地之大德曰生”，言生生不已，即天地之道也。故天地之道，有生而无死，有聚而无散；死即生之终，散即聚之尽；天地之道一于生故也。②

在道生生不已的作用下，日月相推，而明生焉；寒暑相推，而岁成焉。仁斋以“道”为万物之本原，并以此形容天地生生化化之妙用，旨在阐明气具有流行和对待的特性。

伊藤仁斋从对宋儒“理”的批评中，提倡气学。仁斋认为“气”先“理”后，“理”只是“气”之条理。宇宙之本、之体只能是一元之气。一元之气充塞宇宙，生生不息。仁斋从气之生化流行中，提出“天地一大活物”说；又从气之流行对待中，提出“道为万物本原”说。可见，仁斋学中的“道”是指气的流行对待。仁

---

① 《仁斋日札》，第18页。

② 《语孟字义》卷上。

斋认为，正是在气的流行对待过程中，“万化出”、“品汇生”。在这重意义上，仁斋视“道为万物本原”。

可见，仁斋学中的“道”范畴与舜水学中的“道”范畴相比较，是一个内涵更加广泛、哲学意义更加深刻的概念。

（二）舜水学的“性成于习”与仁斋学的“性即生”

在人性问题上，朱舜水从实践哲学观点出发，强调人的性取决于后天的环境、后天的各种因素。这就是朱舜水的“性成于习”的观点。这种人性论观点，无疑给予伊藤仁斋以影响。所以，仁斋提出了“性即生”这一重要人性论观点。

伊藤仁斋的“性即生”观点从气学立场出发，他认为“天地之间，无适不一元气”。气是万物的本源，而人又是万物中最灵者，所以，人之性只能来自气之生生。如仁斋说：

> 性，生也。人之所生而无加损也。①

这里的意思是说性是生，是人生后的本来面目。仁斋的“性即生”的意思是强调人性是气之生生，是人之生质，即指气质之性。就性的本源来说，仁斋认为性即气，性是气生化作用的结果，性不是超然于形气之上悬空的理，不能离气言性；就性的产生来说，性不是先天具有的，而是有生之后才产生的，它是人之生质。根据气是运动的、活泼的，理是静止的、死的理论，在人性问题上，仁斋主张以气见性，而不能以理见性。可见，仁斋以性即气即生的观点，反对朱子学性即理的观点。

这里，有一点要指出的是伊藤仁斋所谓的“性即气即生”

---

① 《语孟字义》卷上。

的提法，在于强调后天的气质之性，也就是人之生质。这一思想与朱舜水反对“性禀于气”的思想，没有本质的矛盾，反而是殊途同归于主张人性由后天的环境、条件等诸因素所决定。由此，也可以窥测到舜水学与仁斋学的内在关联。

（三）舜水学的“无神论”与仁斋学的“无鬼神”说

朱舜水反对迷信、反对陋习，批评佛教的思想，对日本学术界震动很大。舜水学的“无神论”思想对伊藤仁斋也起了一定的影响作用。这一作用就表现在仁斋从气之造化观点，提出了“无鬼神”说。

在宗教思想方面，仁斋不信鬼神，又斥卜筮之说。他的无神论思想集中体现在《语孟字义》和《童子问》这两部著作中。

仁斋认为天地的本原是物质的气，太极为一元气，气是第一性的。从这种“气一元论”出发，他反对卜筮等宗教迷信活动。“卜筮之说，世俗之所多悦，而甚害于义理”①。他也不赞成神秘主义。“人同草木生，亦当同草木腐”。② 对于佛老，仁斋批评得最为激烈。“佛老尚空虚，圣人尚实理”。佛老教人“舍父母，绝妻子”，以清静无欲、涅槃寂静为务，而不知天地之化，人伦之情，实则陷于虚无，背于纲常。而“圣人之道，以彝伦为本，以思议为法”。二者有天渊之别。

伊藤仁斋“无鬼神”论的特点是从“气一元论”立场出发，以“气”的造化、运动阐述所谓“鬼”、所谓“神”等宗教迷信。这一点即气学思想，也正是仁斋学的基本内容和主要特点。

伊藤仁斋的“气一元论”世界观，起到了揭露宋儒把“理”

① 《语孟字义》卷下。

② 《仁斋日记》。

这一虚无观念作为世界创造者的企图。由此,否定了空言心性的义理文学。而由仁斋开创的“气一元论”自然观,是日本唯物论哲学发展史上的重要标志。它标示着日本朴素唯物主义走上实证科学的端倪。

伊藤仁斋的气本论和无神论思想,被其长子伊藤东涯所继承和发展。

伊藤东涯(1670—1736)名长胤,字原藏,号东涯。据《先哲丛谈》卷四云:东涯博识洽闻,不减其父,且又温厚谦和。仁斋的一些著作多是经他补苴罅漏,张皇幽渺,笔削改窜,才得以刊行问世。在当时日本学术界,东涯声动海内,四方后学多辐凑,其门下俊杰辈出,使仁斋学得以发扬光大。尤其在哲学方面,虽然他秉其父学,但由于他注重广泛的经验知识,故此在唯气论和无神论方面都有所发展。竟然使古学派著名代表者服部南郭(1683—1759)说出“东涯之学问倍于仁斋”,“东涯学问之渊深,后亦决无来者”这样的话。

从学术思想渊源来讲,伊藤东涯虽与朱舜水没有直接的接触,但他一方面从其父仁斋处间接继承了朱舜水的学脉,另一方面又从安东省庵那里吮吸了朱舜水的思想。如在《朱舜水全集》中载有伊藤东涯书《霞池省庵手柬叙》一文,即是一证明。

> 曩者明氏失驭,神州陆沉,忠臣义士莫之敢支吾。时越中有朱舜水先生名之瑜,字鲁琦,文行著闻。尝被鲁王之徵,既而顺治纪历,九有沦于胡。先生义不食虏粟,抗仲连之节,来寓吾肥之长崎,流离困顿,百艰倍尝。

筑之与肥，垠相接也。筑之柳川，有安东省庵先生，世宦于本镇，为名族，人称笃学君子也。闻舜水之抵崎，负担而从之，抠衣执弟子之礼。先生俸岁百，分其半以廪舜水，而馆私塾。既而舜水应常藩之聘而东，时时递书音以相质难。盖舜水之在肥，在吾万治二年矣。舜水既殁，先生服心丧，辑其遗文曰《心丧集语》。其好善之笃，久而不渝，吁亦难得矣。

舜水之乡人有张斐字非文者，号霞池，尝附商舶来于长崎，欲造先生庐而叙谢，拘于禁而不得面，以柬牍词章互相酬答。予方髫，尝借于筑人，謄而衍之。属者，先生之孙守经，游学而寓辇下，来而请序。呜呼！先生之于予，父之执也，况乎不唯其好善之不可不传，亦风千载之下，使夫人兴起好善之心，乐为之序云。①

伊藤东涯从圣人之道以事实为根据的观点出发，将其具有家学渊源的仁斋学的气一元论和无神论思想，更推进了一步，具体表现在以下两点：

第一点：无鬼神论

在神国日本，东涯的无鬼神论思想可称为开辟崭新思潮的革命壮举。他立足于“其谄渎鬼神者，必不能专力于民义；其专力于民义者，必不谄渎鬼神”② 这一圣人之道，从实际出发，在《语孟字义》中，对鬼神论进行抨击：

---

① 《朱舜水集》附录三，第 781—782 页。

② 《论语古义》卷一。

按夫子论鬼神之说，载鲁论者才数章而止，至于孟子，无一论鬼神者。盖三代圣王之治天下也，好民之所好，信民之所信。……“樊迟问知，子曰务民之义，敬鬼神而远之，可谓知矣”；又曰：“子不语怪力乱神”；“子路问事鬼神，子曰：未能事人，焉能事鬼”；此皆见圣人深恐人之不务力于人道，而或惑于鬼神之不可知而言之也。……由是观之，则凡《礼记》等书，称子曰，或称孔子曰，诸论鬼神之言，皆出于汉儒之假托伪撰，而非孔子之言，彰彰明矣。

这表明东涯不信鬼神，他认为孔孟的话是告诫那些不修人道而谄渎鬼神的人，亦是为了塞源拔本，恐启后世之惑。

在批评鬼神论的基础上，东涯论证了“凡自非耳目之实接，举斥以为无”的观点。他说：

凡天下之物，有声者耳能听焉，有色者目能睹焉，有臭者鼻能嗅之，有味者口能尝焉；若夹无声无色无臭无味之接乎我，则何以穷其情状，质其有无。今夫鬼神之为物，以为有耶？……以为无耶？……黠慧之士，凡自非耳目之实接，举皆斥以为无。①

这样，东涯就否认了鬼神的存在。

继而，他又根据实际经验，试图解释鬼神的产生问题。东

① 《鬼神论下》，《经史博论》卷四。

涯认为所谓鬼神形成的原因,不过是“阴阳二气之良能也”,“造化之迹也”。即是说这是阴阳二气生化功能造化的结果。同时,仁斋还认为“鬼非能惑人也,人自惑于鬼,邪说非能移人也,人自移于邪说”。① 东涯这种认为不是鬼惑于人,而是人惑于鬼的思想是很难得的。他的无鬼神论实际上是对舜水学无神论思想的继承。

第二点,心身论

东涯所谓的“心”,是专就思虑发动而言。他认为心和身的关系是心(思虑、情感)不能离开人的肉体(身),这才合乎圣人之道。由此,东涯提出了独特的具有朴素唯物主义色彩的心身关系论。即:

> 心与血肉相待以有生,犹匏竹相围而声出,破之则哑;金石相戛而火发,离之则已。人之一身四肢百骸完具无缺,饮食不失其养,血气不失其平,阴阳不失其和,而后心灵能明矣。苟体几乏气,则心为之病,况肢体变减,骨肉消散,心何所寓哉?且私心小儿,活动未有知识,肤革日充而精神日灵,及其长壮也,形躯壮实则知虑随长。其老也须眉皓白,筋力枯瘁则精爽亦荒废。斯身变灭之后,斯心亦从而变灭,可知矣。故心与血肉相待而生,有血肉而后有心,非有心而后有血肉也。②

---

① 《闲居笔录》卷下。

② 《闲居笔录》卷下。

东涯的这些思想从经验知识角度，生动论证了“有血肉而后有心，非有心而后有血肉”的观点。即承认身（物质）是第一性的，是感觉观念意识（心）的承担者；而心（意识）是第二性的，是派生的现象，因为它是身（物质）存在的反映。同时，也形象地论证了“心与血肉（身）相待而生”的道理。即心（意识）和身（物质）相互依存、相互联系的关系。这是伊藤东涯对仁斋学气本论思想的深化，也是对舜水学务实思想的发挥。

可见，由伊藤仁斋和伊藤东涯父子创建的仁斋学以气学为本，而仁斋学这种朴素唯物论思想也不失为日本唯物论思想宝库中的一颗明珠。

第八章　畸儒朱舜水

梁启超称朱舜水为“畸儒”,《余姚县志》案语也称他“人为奇人”。①

笔者以为朱舜水之所以被后人称为“畸儒”,主要有三个方面的原因:一、关于对舜水学术地位的评价问题;二、关于舜水与日本德川文运的关系问题;三、关于舜水对中国近代维新的作用问题。朱舜水在这三个方面都有奇特贡献,因而获得了“畸儒”之称。下面,就分别加以阐述。

---

① 《朱舜水集》附录一,第641页。

一、常州学派的开源者

就学脉关系而言，朱舜水在明末学者中实为独树一帜者。明末学者或出于朱，或出于王，而张汉帜以抑宗帜者，唯有朱舜水和顾炎武。如果说顾炎武开乾嘉学派之先声，那么，朱舜水就是常州学派的不祧祖软。

朱舜水的学术思想渊源于西汉经学。他尊崇汉武帝和董仲舒：

> 表章六经，实为万代之功。若非汉武，则圣人之学久已灭绝矣。岂宋儒所能开关也。①
>
> 汉世学业近古，称大儒者惟董仲舒一人。②

青年时代的朱舜水就广汲"六经"。他的学生今井弘济、安积觉在《舜水先生行实》一文中就写道：

> （文恭先生）初从慈溪李契玄学。及长，受业于吏部左侍郎朱永祐及东阁大学士兼吏、户、工三部尚书张肯堂，礼部尚书吴钟峦，研究古学，特明《诗》、《书》。
>
> （先生）尝曰："大凡作文须本《六经》，佐以子、史，而润泽之以古文。……"③

① 《杂著》，《朱舜水先生文集》卷二十二。

② 《答桐山知几书》，《朱舜水集》卷五，第87页。

③ 《舜水先生行实》，《朱舜水集》附录一，第613页、624页。

《清史稿·遗逸传》中也记载说：

> 朱舜水，字鲁玙，号舜水，余姚人，寄籍松江。少有志慨。九岁丧父，哀毁逾礼。及长，精研"六经"，特精《毛诗》。①

西汉初年，自武帝罢黜百家，独尊儒术以后，经学成为中国古代社会文化的正统，其盛衰、分合、争辩，往往与当时社会政治相关联。董仲舒把阴阳五行说和今文经《春秋公羊传》相牵合，用以筑固皇权，成为汉初公羊学的大师。《史记·儒林列传》说："故汉兴至于五世之间，惟董仲舒名为明于《春秋》，其传公羊氏也。"

汉初，诸侯不断叛乱，大臣贵戚违法逾制，强凌弱、众暴寡，贫富严重分化，社会矛盾日渐剧烈。温情脉脉的血缘情谊和道德教化与尔虞我诈的政治现实，发生了尖锐矛盾。清静无为、放任不管，导致礼制废弛、等级混乱，对统治秩序造成了严重危害。在这种形势下，董仲舒大讲特讲"公羊学"，强调严肃宗法和政治的纪纲，严格等级秩序，提倡正名分、大一统等，恰是对症下药，反映了时代的特殊要求。对此，董仲舒把《春秋》和《公羊春秋》的基本精神概括为："是非二百四十二年之中，以为天下仪表，贬天子，退诸侯，讨大夫，以达王事而已矣"②，认为《春秋》的微言大义是别嫌明微，拨乱反正，严格以"三纲五常"为核心的封建等级制度，树立大一统的封建君主的权威。

① 《朱舜水集》附录一，第643页。

② 《史记·太史公自序》。

而明清之际，又是中国历史上一个波澜壮阔、天崩地解的动荡时代。朱舜水面对农民起义的烽火、清兵入关的威胁、党派斗争的残酷，效法董仲舒，试图通过阐发春秋公羊学的微言大义，寻找尊王一统、大同世界的道路，再现汉武帝、董仲舒时代的历史风采。于是，产生了他效法董仲舒《举贤良对策》的四道策问。

策问本由统治者提出，用以解决疑难问题。汉代著名的《天人三策》出自具有雄才大略的汉武帝，对策者为硕儒董仲舒。武帝以“改制有无规律可寻，上古改朝换代的根据是什么，用什么措施可以使百姓和乐、政治清明、天时正常、五谷丰登”等问题，诏举贤良对策。他所征召的章句儒生都对此心中无数，只有董仲舒海阔天空的议论使他倾倒了。

但历史不会重演，朱舜水不会像武帝那样可以化理想为现实。朱舜水的四道策问，集中体现了他的经学思想。

朱舜水在第一道策问中说：

> 问：《孝经》云：“不爱其亲而爱他人者，谓之悖德；不敬其亲而敬他人者，谓之悖礼。”诚千古之格言，圣人复起，不能易矣。而孟子诵法先王，在孔门称亚圣。其言曰：“君子以仁存心，以礼存心；仁者爱人，有礼者敬人。”是他人皆当爱、皆当敬也，何言之相戾欤？孟子犹私淑诸人，曾子则亲炙圣门，而独得其传者，何以于《秦誓》曰：“唯仁人，放流之，迸诸四夷，不与同中国。此谓唯仁人，为能爱人，能恶人”，独有取也？爱人者，煦妪燠咻，谓之仁矣；恶人者，放之流之，迸四夷，则残忍惨刻矣；乃亦谓之仁人欤！不独曾子

也，孔子亦尝曰："惟仁人能好人，能恶人。"何前后相刺谬欤？或言仁者爱人之贤者，而恶人之不肖者。①

根据《公羊》"三世说"，社会经据乱世、升平世，可进入太平世，实现大同社会。朱舜水认为理想大同社会的实现，并不在于奇谋异术，而在于仁者爱人。所以，在这第一道策问中，朱舜水探讨了何谓"仁者爱人"的问题。他认为仁者能好人之贤，恶人之不肖，进而以儒家孝悌忠信教导之，这样，才能实现他对德川光国所说的人们"不独亲其亲，不独子其子"，"选贤举能，讲信修睦"，而"以此为大同"。所以，朱舜水强调仁者爱人的目的，是为了实现他企盼的大同理想。"大同理想"这是舜水第一道策问的目的。

第二道策问的中心思想是"变法改制"。朱舜水说：

问：圣人之所以治天下，与天下之所以望治者，宜无古今异宜，中外殊俗已。是故"君子动而世为天下道，行而世为天下则"，"溥博渊泉而时出之"也。然何以同际有周维新之命，同居青、兖咫尺之乡，而治齐治鲁，或有不同？周公曰："不易不简，民弗能从。"问又曰："解其瑟而更张之，然后乃可鼓"也？圣人未生，道在天地；圣人既生，道在圣人；圣人已往，道在"六经"，则先王之道尚矣。而先儒乃曰："是欲以结绳之治，理乱秦之绪也。"而徐偃宋襄，行仁义而败亡相踵，抑又何欤？汉家自有制度者，似矣，而识者乃曰：

① 《策问四首》，《朱舜水集》卷十，第342页。

"乃翁以马上得天下",一时辅相诸臣,又皆厚重,椎鲁大略,悃幅无文,遂使汉治不能复古,至今伤之。子舆氏有言曰:"尧、舜之道,不以仁政,不能平治天下。"夫道至于尧、舜极矣,而仁政乃如斯重且要乎?是故仁心仁闻,民不能被其泽,法不可传诸后。故《诗》曰:"不愆不忘,率由旧章。"总之两言而决之曰:"徒善不足以为政,徒法不能以自行。"今文、武之政未坠于地;布在方策者,班班可考也。幸而处昌明之极运,不能更化善俗,而狃于浅近荒忽之谈,一则曰"如是已足",一则曰"何必改作",所以诵诗读书者,徒为呫哔之具,诔歌先王而已,岂不重辜先王之道哉!后有豪杰者起,将必非笑前人,因陋就简,不能作新旧邦,其又何辞以解之?愿诸君子摅其素蕴,悉心而对,为国家焕文明之治,著之史册,垂为典章,光耀万代也。①

面对山河变色的大明政权,朱舜水认为保国保种的唯一良策是变法改制。他发挥《公羊》三世说的"变易"思想,力主变革。于是,才产生了他这有名的第二道策问。在这道策问中,舜水赞美先圣周公"不易不简,民弗能从"的革新精神和汉室"马上得天下"的维新气魄,寄托了自己为使国家焕文明之治,而决心效法古人,力志改革的决心。

关于改革的具体方法,朱舜水在第三道策问中作了论述。

① 《策问四首》,《朱舜水集》卷十,第343页。

问：夏正建寅，殷正建丑，周正建子；周为天统，殷为地统，夏为人统；学士大夫，夫人而知之。王者易姓受命，改正朔，易服色，自古已然矣。是故夏以平旦为朔，殷以鸡鸣为朔，周以夜半为朔。盖殷革夏，周革殷，故不从其朔而改之也。若夫夏君以禅臣，犹子以继父也；未有所革，则无有所改也。而何以曰夏正？上古远不可考矣。然以草木之勾萌剥落为春秋，至于黄帝、尧、舜，皆制作之君也，独不可指而数乎？“钦若昊天”，“敬授人时”，似乎以寅为正矣；“以闰月定四时成岁”，乃反累其岁之首乎？璇玑玉衡者，斗也，斗柄东而天下皆春，既已察之，而乃昧其岁之首、时之首乎？“正月上日”何？月之正也；“月正元日”何？正之月也乎？摄位而告于神宗，亦曰“正月朔旦”矣，岂有嗣位十七年，一旦无故而改正朔乎？若然，则夫子而行夏之时矣。又曰“之杞”，而“得夏时”焉，未曾曰唐之时、虞之时也。其说必有所归矣。诸生学于圣人，独不闻“食哉惟时”乎？此为政之第一义也，……①

在这第三道策问中，朱舜水通过“改正朔，易服色”的道理，主张因物而异，实事求是。这里，舜水强调通经的目的在于经世致用，开物成务；强调学经的关键在于学以致用，用有所成。为此，他将经学与经济、与政治、与百姓日用之学相结合，开一代学术思想新风。

笔者以为正是朱舜水的经学思想，开启了清朝一代常州

① 《策问四首》，《朱舜水集》卷十，第 344 页。

学派（公羊别学派）。常州学派指清代的今文经学。创始人为庄存与和刘逢禄。主要代表者有鸦片战争前后的龚自珍、魏源，有光绪年间的廖平和戊戌变法期间的康有为、梁启超等。

梁启超在《清代学术概论》中说：

今文学之中心在《公羊》，而《公羊》家言，则真所谓“其中多非常异义可怪之论”（何休《公羊传注自序》），自魏晋以还，莫敢道焉。今《十三经注疏》本，《公羊传》虽用何注，而唐徐彦为之疏，于何义一无发明，《公羊》之成为绝学，垂二千年矣。清儒既遍治古经，戴震弟子孔广森始著《公羊通义》；然不明家法，治今文学者不宗之。今文学启蒙大师，则武进庄存与也；存与著《春秋正辞》，刊落训诂名物之末，专求其所谓“微言大义”者；与戴段一派所取途径，全然不同。其同县后进刘逢禄继之，著《春秋公羊经传何氏释例》，凡何氏所谓非常异义可怪之论，如“张三世”、“通三统”、“绌周王鲁”、“受命改制”诸义，次第发明；其书亦用科学的归纳研究法，有条贯，有断制，在清人著述中，实最有价值之创作。段玉裁外孙龚自珍，既受训诂学于段，而好今文，说经宗庄刘。[1]

常州学派的开创者是庄存与（1719—1788），字方耕，号养恬，武进（今江苏常州）人。乾隆进士，授编修，屡迁内阁学士，擢礼部侍郎。他精于“春秋公羊学”，然能以古文经学之《周

① 梁启超：《清代学术概论》，第 44 页。

礼》济今文经学之《公羊》。所著《春秋正辞》，据西汉董仲舒、东汉何休的"公羊学"，专力发挥《春秋》之"微言大义"，又兼治六经。于《易》有《彖传论》、《象传论》、《系辞传论》、《序卦传论》等；尚有《周官记》、《周官说》等经学著述。其著由后人编汇为《味经斋遗书》。

继庄而起的是刘逢禄(1776—1829)，字申受，江苏常州人。嘉庆进士。授翰林院庶吉士，任礼部主事。少从外祖父庄存与学，尽得其传，笃守今文经学家法。他以西汉董仲舒、东汉何休之说反对许慎、郑玄古文家言，主张治经重在研究"微言大义"。著《春秋公羊经何氏释例》依据何休《公羊解诂》，发挥"张三世"思想；撰《左氏春秋考证》，排斥《左传》，攻击乾嘉考据。

承袭庄刘思想的是龚自珍(1792—1841)和魏源(1794—1857)。梁启超讲："今文学之健者，必推龚、魏。""自珍性诶宕，不检细行，颇似法之卢骚；喜为要眇之思，其文辞俶诡连犿，当时之人弗善也，而自珍益以此自喜；往往引《公羊》义讥切时政，诋排专制；……晚清思想之解放，自珍确与有功焉。光绪间所谓新学家者，大率人人皆经过崇拜龚氏之一时期；初读《定庵文集》，若受电然。"[①]的确，"但开风气不为师"的龚自珍开创了一代新风。他冲破了埋头考据，不识时务的局面，开辟了"今文经学"与"经世致用"相统一的形势。当龚自珍二十八岁那年在京从刘逢禄学《公羊春秋》时，便很快对《公羊》微言大义心有感通，声称要作个公羊学家。为此，他作诗云：

昨日相逢刘礼部，高言大句快无加；

① 梁启超：《清代学术概论》，第44、45页。

从君烧尽虫鱼学，甘作东京卖饼家。[1]

但他不仅仅是要作一个恢复今文经学学术价值的公羊学家，而且要作一个托《公羊》微言大义以提倡社会改良的公羊学家。他以《公羊春秋》大义为理论武器批判社会腐败，抨击政治弊端，论证改革之必要，充分证明他所提倡的"公羊学"是"治世"之学，是"经世"之学。

与龚自珍同时代的魏源，是中国近代史上开通风气的今文经学家。他和龚自珍都曾师事刘逢禄，但他的抱负不在于只是学术上复兴今文经学，而是主张"通经致用"，把改良现实社会作为他提倡"公羊学"的宗旨。为此，他将"今文经学"与"西学"相结合，开启国人向西方学习的新途径。魏源重视《公羊》，是因为他强调"通经"应落实到"致用"上，而"致用"在当时主要为改良现实政治，以求强国之道，而唯有《公羊》擅长于发挥《春秋》"改周制而俟复圣"之义，更适用于"托经议政"这一政治需要。

就"通经致用"，借"经"提倡社会改良、政治改良这一视角看，龚自珍与魏源这一思想为中国近代资产阶级维新改良派所遵循。故此，梁启超说："故后之治今文学者，喜以经术作政论，则龚、魏之遗风也。"[2]

秉承这一遗风的是近代著名的今文经学大师廖平(1852—1932)。作为经学家，廖平从"改制救弊"和"保种爱国"的立场出发，对宋学的"空疏惝恍"和汉学的"烦琐考据"提

---

① 龚自珍：《杂诗，己卯自春徂夏，在京师作，得十有四首》。

② 梁启超：《清代学术概论》，第46页。

出了严厉批评，认为它们都是无用之学，必须摈弃，并精辟指出"通经"的目的不是为通经而通经，而是为了"致用"，即有利于国家和社会。为此，廖平认为通经致用要抓住《六经》的"大经巨领"，才能"合乎时宜"地达"改制"、"爱国"、"实用"的目的。遵循通经致用，廖平认为历史的发展是"日新不已"的。人类社会是不停顿地从低级向高级发展，而他最理想的社会则是公羊三世说的"太平世"，即"大同社会"。

对廖平的"大同社会"作出详细描绘的是戊戌变法的领导者康有为(1858—1927)。

梁启超称康有为是"今文学运动之中心"。康有为的今文经学思想主要是为他的变法维新提供理论根据。所以，他经学思想的特点是"不断断于其书法义例之小节，专求其微言大义，即何休所谓非常异义可怪之论者"[①]。例如，他在《大同书》中，设计了破除九界，进入"大同"的道路。即通过去国界合大地，去级界平民族，去种界同人类，去形界保独立，去家界为天民，去产界公生业，去乱界治太平，去类界爱众生，去苦界至极乐而进入"大同"社会。

"对于'今文学派'为最猛烈的宣传运动者，则新会梁启超也"[②]。梁启超(1873—1929)作为康有为的学生亦钟情于今文经学。他称赞康有为的《新学伪经考》如同"飓风"，《孔子改制考》如同"火山大喷火，大地震"。在他的宣传鼓吹下，今文经学作为戊戌变法重要的理论根据而大盛于近代政坛。

在清主近代的学术思想史上，庄(存与)、刘(逢禄)→龚

① 梁启超：《清代学术概论》，第 47 页。
② 梁启超：《清代学术概论》，第 50 页。

（自珍）、魏（源）→廖（平）→康（有为）、梁启超这一谱系，都以发挥《公羊传》的大义微言为手段，干预时政、抨击时弊，力主变法改革；都借公羊学的“三世托”为依托，倡“大同”社会之美好，绘“大同”社会之蓝图；都主张通经致用之学，致力于经世济民、开物成务之用。而这一切，又都与明末清初朱舜水的经学思想同出一辙。为此，笔者以为朱舜水的经学思想实为常州学派的滥觞。常州学派的思想渊源应导源于朱舜水。几百年来，朱舜水被埋没的这一学术地位，应当恢复。

二、日本文运的转机者

朱舜水是日本学术思想由迷津佛教、崇尚心性的朱子学，转向以经世治民、不务空谈为主旨的日本实学的转机者。

日本近代著名哲学家中江兆民有一句名言：“我们日本没有哲学”。古代（以明治维新为限）日本主要吸取中国的文化思想。中国佛教在公元6世纪传入日本。它一接触日本，就与日本社会的政治斗争紧紧纠缠在一起。例如日本社会的最高统治者锐意弘扬佛法，希冀普及佛教文化，佛教也就在最高统治者的荫庇下，迅速蔓延起来。公元5世纪的日本社会是模拟民族集团的奴隶制。这种奴隶制以大王（后来的天皇）为中心，由势力比得上大王的氏族族长组成朝廷，分担政务。如大伴氏和物部氏分担军事，中臣氏和忌部氏分担祭祀，苏我氏分担财政。他们的职务都是世袭的。氏族贵族拥有众多的氏人和属民。在这些有势力的氏族之下又分成若干势力较小的氏族。从5世纪末开始，随着朝廷直辖领地的扩大，掌握财政机构的苏我氏势力有所增大。在渡来人（从中国和朝鲜到日本去的人）

的支持下，苏我氏打算废除模拟的氏族制度，采取新的统治方式，即采取一种能够把每个大家族直接置于自己支配之下的新的统治方式。苏我氏的这种主张与日本历史的发展趋势相谐和，但却引起了他和反对派物部氏的摩擦。6世纪中叶，两派就朝廷是否承认和信仰佛教问题发生了冲突。当时提倡佛教的政治意义在于：接受佛教就意味着接受一种外来神，它超越于日本氏姓制度原有的诸神。这样，朝廷就可以用这种新的信仰来统一思想，同时也可以使中央和地方的氏姓贵族和群众对朝廷的威力产生强烈印象。在这场崇佛与排佛的斗争中，与苏我氏站在一起的是名垂青史的圣德太子。为了促使日本社会由分散的、模拟氏族制度发展为统一的、中央集权制的律令国家，圣德太子在推古女王的支持下，于公元604年制定了日本历史上著名的"十七条宪法"。不久，在"十七条宪法"精神的影响下，发生了日本历史上第一次国内大改革——大化革新。

大化革新发生于公元645年。改革的主要内容有：(1) 废止天皇和奴隶主贵族的屯田、田庄和部民，收归国有；(2) 实行"班田收授"和"租庸调"制；(3) 确立中央集权的国家制度。这次改革使日本社会成为中央集权的统一国家。在这次改革中，佛教作为统一国家的思想手段，发挥了重要作用。因此，佛教受到了最高统治者的青睐。

圣德太子之后，历代朝廷都更加致力于保护佛教。到圣武天皇时代，尊佛护教达到了顶点。圣武帝即位第二年，召僧六百人，诵读《般若经》，又塑观世音像一百七十七座，印佛经一百七十七卷。他以祈祷福祉为手段，旨在政治的统一。圣武帝时代的佛教，在庄严的法衣上，点缀着"消灾灭祸"、"干求福利"的织纹。佛教的形式虽见发达，但视其本质，似有"变桔为枳”之感。

平安朝时，日本出现了两位高僧——日本天台宗的开山祖师最澄和日本真言宗的开山祖师空海。他们创建了日本佛教理论。即使这样，佛教依然是密切地从属于国家政权，以替它祝福为使命（镇护国家），以为它增光添彩为职责（美喻国家）。

从1186年源赖朝开设镰仓幕府到北条高时灭亡，将近一百五十年间可谓日本佛教史的中心时代，亦即禅宗占据统治地位的时代。中国禅宗传入日本，始于唐。禅宗之所以盛于整个镰仓时代，是由于镰仓幕府是武士的天下。禅宗鼓吹的规矩严正、质朴寡欲、视生死难关如游戏的信条与武士的重廉耻、耻卑怯、崇节俭、轻生死的信念相吻合，于是，镰仓幕府上至天皇将军，下到地方武士，人人参禅究道，个个皈依禅宗。与此同时，为了迎合穷苦农民的需要，由源空开创的净土宗、亲鸾创建的真宗、日莲创立的日莲宗，也相继出现了。由于它们不倡导繁琐的宗教仪式和供奉，只须通过念佛和唱题（即“南无妙法莲花经”七个字）就可以到达天国和得到解救，所以，镰仓时代的佛教从城市走向山林，从上层走向民间，达到了日本佛教史的最高峰。

镰仓时代，佛教盛行。同时，中国宋代的性理之学也传入日本。宋学最初的传播者多是僧侣。南宋时日本入宋僧就有一百多人，去日本的宋僧约有十人。这些僧侣除了将宋版《大藏经》带到日本外，还将大量的宋学典籍介绍到日本。如著名的俊芿法师于1211年回日本时，除带回大量的佛教经论章疏外，还带回儒书二百五十多卷。当时集宋学之大成的朱熹已死，朱熹所著的《大学章句》、《中庸章句》和《论语集注》、《孟子集注》已刻板，因此，俊芿法师所带回的儒书中，“四书”以及有关宋学的书当不在少数。又如东福寺的开山圆尔辨圆于1241年自宋带回典籍达数千卷，藏在普门院（辨圆以前居住过的寺院）的书库中，并亲自著《三教典籍目录》（已失传）。据说其中儒书、医书、诗文集约有二百余部，合六百余卷。这些儒家典籍对于日本五山儒学的兴盛起了一定作用。辨圆的法孙、京都五山泰斗虎关师炼是日本最早研究宋学的僧侣。少壮时他曾住在京都的三圣寺和东福寺，阅览过普门院藏书。当他拜入日元僧一山一宁为师后，曾就扬雄的《太玄经》和程颐的《易传》之异同，质疑一宁，而获日本研究宋学先驱的美名。由于日本早期研究宋学的人，多是一些僧侣，他们往往从禅学来理解宋学，宣传朱子学，其结果使性理学更趋于玄想，流于空谈，而不切实用。

德川幕府处于日本历史上封建社会的完成和解体时期，又因为政治中心设在江户（即现在的东京），故又称江户幕府。幕府明令社会划分为“士”（武士）、“农”、“工”、“商”的所谓“四民”等级。士属于统治阶级，农、工、商是被统治的平民，上下尊卑，等级森严。在武士的封建领主阶层内部，又以幕府将军为首，划分许多级别。将军之下有诸侯，诸侯又称“大名”，他们割据一方，领地称“藩国”。故德川幕府的统治制度又称作“幕（府）藩（国）体制”。在这种以幕府将军为首，层层级限分明的王国中，就产生了在伦理纲常的名义下，维持士农工商的等级关系和协调武士阶级内部矛盾的必要性。这种必要性作为意识形态的反映，便是对名分论伦理观念的需求。于是，为了维持作为幕藩体制特征的严密的士农工商的身分制和武士团内部的阶层结构，以维持封建身份制度为旨意的中国宋学，经禅僧的孕育，作为统治思想，成了德川初期的官方哲学。这种官方哲学固然起到了维护封建纲常名教的作用，但由于它既没有完全摆脱禅佛的影响，又具有玄远空疏的性质，还不能完全适应初期德川幕府企图发展农业生产和工商业、经国理民的需要。幕府统治者在主观上希求将这种侧重于伦理学的官方哲学与经济论（经国济民的理论）相结合，使之臻于完善。客观上由于武士进入城市生活，使创造文化的主动力由僧侣转移到武士阶级，这对于摆脱佛教影响、发展独立的儒学起到了促进作用。这种主观、客观原因的合流，酝酿着儒学的转机。

而就在这个时候，畸儒朱舜水来到了日本，加速了这一转机的完成。

为了给禅风溺人、宋学嘘人的日本学术界注入一股讲究实学、倡导实践、注重实行、追求实功的清新学风，朱舜水积极反佛排佛。

舜水初到日本时，深感“嘘佛之气，足以飘我；濡佛之沫，足以溺我”[①]。他在给独立和尚的信中说：

> 东武户口百万，而名为儒者仅七八十人，加以妇女则二万人中一儒也。而其人又未必不佛。就此七八十人中，又自分门别户，互相妒忌，互相标榜，欲望佛教之兴，不几龟毛兔角乎？乃欲以此辟佛，是以蚊撼山也。[②]

可见，在佛教盛行的日本，反佛是极端艰辛的。

① 《答奥村庸礼书十二首》，《朱舜水集》卷八，第268页。
② 《与释独立书三首》，《朱舜水集》卷四，第58页。

但是，朱舜水力辟草莱，一方面，他指出释氏以空疏之理害人的弊端，他说：

> 然疏而近俚，荒唐而易见，……其最烈者，无如彼释氏之言。如佛图澄、鸠摩罗什、达磨、惠能、志公、生公之徒，遂能举天下之人心而摇之。高明者、昏愚者、贵者、贱者、善者、恶者，一鼓牢笼于其术中，惨亦甚矣。[①]

他揭露佛教用荒唐却易懂、空疏而近俚的语言佯诱人心的实质，并举中国的实例开导日本人。他举宋代伟人如韩琦、范仲淹、富弼、文彦博等功业闻望、炳耀人寰，却无力排佛，落于释氏之牢笼。又如苏洵、苏轼、苏辙父子，学富才隽，虽能以纵横捭阖之说，却难脱佛教高旷之谈。

另一方面，他积极创办学校，努力宣讲儒学。如他在为大村因幡守纯长作的《座右箴》中写道：

> 贵国近世无真儒，故使异端邪说，日新月盛，此诚世道之深忧，然亦理势之自然，无足怪者。台下欲学圣人之道，是欲以圣人之道驱除之也，是也。[②]

在朱舜水反佛思想的哺育下，德川时期出现了一批反佛排佛的思想家。这就是日本朴素唯物主义的奠基人伊藤仁斋和他

---

① 《答太串次郎左卫门书》，《朱舜水集》卷五，第 66 页。

② 《座右箴》，《朱舜水集》卷二十，第 577 页。

的长子伊藤东涯。仁斋学派对佛教及鬼神的批判，在崇佛万分的神国日本，起到了革新思潮的作用。而德川时代儒者的这种反佛排佛论进而演变为明治维新时废佛毁释的思想源流。这乃是朱舜水促成日本学术界发生转机的重要历史意义之所在。

与反佛同步，带着对明亡的阵阵隐痛，朱舜水力矫性理学的空虚之弊，使重行尚实蔚为风尚。他向求学问道的日本官员、学者，历数“说玄道妙，言高谈远”的迂腐学风导致明亡的惨痛教训，竭力宣扬治学为国计民生的道理。在朱舜水重视实践的儒学观羽翼下，孵化出了具有偏重经济论（经国济民）和批判性（对空疏之学的批判）特征的日本儒学。这就是日本朱子学派。日本朱子学以主博学、尊知识、倡实行、蓄经验为其基本特征而与中国朱子学相殊。可见，朱舜水重视实践的儒学观开启德川一代儒学，迎来了独具特色的德川儒学全盛期，形成了德川一代特色。在以经世济民、利用厚生为宗旨的德川儒学思想统治下，德川时期出现了国泰民安的盛景。无怪乎梁启超讲：

> 日本史家通行一句话，说“德川二百余年太平之治”。说到这句话，自然要联想到朱舜水。①

这是朱舜水促成日本儒学转机所带来的不可磨灭的功劳。当代日本哲学家将受朱舜水影响的德川儒学称为日本实学发展的一个阶段。日本学者认为这种具有求实风格的儒学与日本近代经验科学的产生有密切的关系。而导源于朱舜水儒学的日本实学在加速日本近代化过程中具有至关重要的作用。日

① 梁启超：《中国近三百年学术史》，第100页。

本近代史证实了朱舜水促成德川学术思想转机的历史意义。

称朱舜水是日本文运的转机者，还因为他是奠定日本明治维新思想的先驱。舜水通经致用的历史观曾深刻地影响了德川时期重史、尊史的一个学派。这就是德川末期发动倒幕（推翻幕府统治）维新（变革社会）运动的日本水户学派。前期水户学以彰考馆为中心，发展了水户史学；后期水户学以弘道馆为中心，发展了水户政教学。但不论是前期还是后期，其根本精神都是提倡大义名分、尊王抑藩、尊王（拥护天皇）攘夷（驱逐洋人）。而这些思想都可溯源于朱舜水。更重要的是水户学派完成的这种尊王攘夷的思想逐步发展成日本统一运动，影响深远，到了 1868 年，明治下令“奉还版籍”（即诸侯交出对土地和人民的封建领有权）。1871 年又下令“废藩置县”（即废除藩国制度，打破藩界，将全国行政区重新划分为三府和七十二县）。这就是日本历史上有名的明治维新。它奠定了日本成为现代强国的基础。而这委实又与朱舜水有着密不可分的关系。诚如后藤新平男爵和梁启超对朱舜水这一功绩的赞扬。

后藤新平男爵说：

若明季征君朱之瑜，邻邦所贡之至琛又至宝也。道义则贯心肝，学术则主王业，不得行怀抱于故国，而却传衣钵于我邦。……之瑜既义不帝秦，坚守鲁连之志，遂来蹈东海，得义公（光国）之知遇，乃为与凑川之碑不朽千古之人。况于其纯忠尊王之精神，滂溥郁屈，潜默酝酿，可二百年，而遂发为志士勤王之倡议，一转王政复古，乃至翼成维新之大业，以致国运今日之蔚兴。我之所得于之瑜也固大矣。[1]

梁启超说：

德川二百年，日本整个变成儒教的国民，最大的动力实在舜水，后来德川光国著一部《大日本史》，专标“尊王一统”之义。五十年前，德川庆喜归政，废藩置县，成明治维新之大业，光国这部书功劳最多，而光国之学全受自舜水。所以舜水不特是德川朝的恩人，也是日本维新致强最有力的导师。[2]

朱舜水对日本社会的影响力，绵延悠久，致今人不能忘却。

明治十五年(1912)六月，曾被朱舜水视为“知己”的安东守约之后安东守男，曾聘朱舜水为“宾师”的水户侯德川光国之裔侯爵德川赖伦、伯爵德川达孝等，于东京日本帝国教育会为朱舜水召开了隆重的纪念会，发行纪念刊，并于当时第一高等学校(今东京大学教养部内)树碑，书“朱舜水先生终焉之地”，四周环植樱花。可见朱舜水遗泽已深深印在他的日本弟子后辈人之心中。

昭和五十一年(1976)，日本知识界在茨城县为朱舜水树立纪念碑，以表怀缅之情。

昭和五十六年(1981)，为纪念朱舜水逝世 299 年，日本知识界的旅日华侨集会，隆重举行朱舜水三百年祭(日本风俗先

---

① 《朱舜水全集序》,《朱舜水集》附录四，第 796 页。

② 梁启超：《中国近三百年学术史》，第 101 页。

一年预祭），并成立朱舜水遗德显彰会。此会组织参观团来到中国，访问了朱舜水出生地——浙江余姚。可见，日本友人直至今日，尚没有忘却这位功高德重的先师。

朱舜水对日本人民的贡献和恩泽，诚如日本学者对他的赞喻：

龙山云气降豪英，时世屯难义志亨。
皇运何当开宝历？虏尘不敢汙冠缨。
鲁连愤耻蹈东海，枋得精忠事北行。
异境术空人亦去，汗青长照寸丹诚。①

朱舜水由于对日本德川文运转机的作用，而被后人称为"畸儒"。"畸儒"是对朱舜水这一历史功绩的肯定和称赞。

三、中国革新的催化者

在中国近代，朱舜水以其强烈的民族主义和爱国主义精神，对近代中国历史的发展，产生了重要影响作用。这是朱舜水的第三个重要业绩，也是他被后人尊称为"畸儒"的第三个原因所在。

在朱舜水以绝伦逸群的才识、光明俊伟的人格、纯挚和蔼的情感给日本人民以莫大的感化之时，他在中国却不被人知。但是，到了近代中国，特别是辛亥革命之际，舜水的思想和学

---

① 《舜水先生画像赞》，《朱舜水集》附录二，第 744 页。

说，在中国进步青年中却发生了极大的影响作用。

这是因为在中华民族的历史上，1840 至 1919 年的近代史，又是中国人民最感耻辱，最为痛苦的一段历史。鸦片战争一声炮响，意味着西方列强对中国实行殖民侵略的开端。从公元 1840 年的鸦片战争开始，中国陷入了西方列强频频压境的空前危机之中。公元 1856 年，英法联军发动了第二次鸦片战争；公元 1883 年，法国发动了中法战争；公元 1900 年，八国联军再次发动了侵华战争。在这些战争中，中国都以惨败而告终。伴随着战争失败的是一系列不平等条约——《南京条约》、《天津条约》、《北京条约》、《中法条约》、《马关条约》、《辛丑条约》等相继签订。这些条约的签订，使中国不论在政治上还是在经济上，都陷入了半殖民地的深渊。中华民族到了生死存亡的紧急关头。与此同时，鸦片战争一声炮响，也震醒了无数爱国的民众。戊戌变法运动、义和团运动和辛亥革命，就是被创巨痛的民族危机煎熬着的爱国人士的具体行动。“反清反帝—推翻帝制—创建民国”成为了中国近代社会革命的主旋律。而此时此刻，朱舜水强烈的民族气节和爱国情操正与这股强烈的革命思潮相契合。

清初，统治者采取文化高压政策，作为巩固爱新觉罗氏政权的手段之一。因此，清初学术界大多数人不得不以曲折的形式，以史论作为外衣，迂回曲折地批判清统治集团的罪行，宣传反清复明的主张。

黄宗羲以“明夷”卦隐喻自己的学说能把国家由黑暗引向光明，企盼着“明主”的求访采纳。所以，《明夷待访录》写成后，只能在亲朋间流传，并未刊刻问世。直到清末，才由梁启超大量翻印而得以流传。

王夫之隐姓埋名，改易衣冠，自称瑶人，颠沛流离于零陵、常宁的荒山野岭之间，并在瑶洞中写作《周易外传》和《老子衍》，借《易经》和《老子》阐发他的思想。

顾炎武亦从1645年夏到1657年春，整整十二年过着隐姓埋名的亡命生活。他有时潜居在金陵、镇江，有时乔装成商人，在淮安一带滞留。康熙元年(1662)后，他意识到在清朝的严酷统治下，于江南立足是万万办不到的，只得去边远的山西，企图在那里实施他的"边地立业"计划。

当时，如顾、黄、王诸公敢于冲出清统治者的牢笼，关心民瘼国事者，实属凤毛麟角。但真正敢于面对社会现实，斥责清统治集团，坚持民族气节者，则唯朱舜水可以当之。他身居异国他乡，无所顾忌地讲学著述。为陈述"阳九之厄"，他写下了著名的《中原阳九述略》。文中字里行间洋溢着他对明朝的缅怀之情，充斥着他对清统治者的仇恨之意。他拟有"虏害十条"，实是揭发清朝政府鱼肉人民的标语。他提出了"以天时人事合之，虏之败亡必矣"，乃是他反清复明坚定信念的表白。

作为明朝末年的民族志士，朱舜水虽然没有作过明朝的官吏，却关心国家的存亡和人民的安危，仍效忠于明王朝。为了匡复明室，他曾三赴安南(现越南)，五渡日本，奔走于厦门舟山之间，不惜向日本乞师复仇。为了表达对明王朝的忠贞，他誓死不履清土、不食清粟，蹈海全节，亡命日本，以传播中华文化为职志。在日本期间，他始终蓄发，著大明衣冠。七十一岁时，自己用桧木作好棺材，叮嘱门人：逆虏不亡，满清不出关，灵柩不可运回故国。他不但自己忠贞守节，还教导他的子孙不可作清朝的官吏。由此可见他对明王朝的耿耿忠心。

生于明清鼎革之际的朱舜水，对奸党的不齿，他坚决屡辞征召,沉寂无闻;对明朝沉陆教训的追溯,形成了他独具特色的儒学观;对清军入关的民族仇恨,铸成了他"亡国遗民真能不食周粟者"的铮铮铁骨;对亡国的忠贞,驱使他蹈海全节,定居异国。为此,朱舜水的学旨、品行和遗风,成为开启中国近代反清革新局面的催化剂。

所以,朱舜水的思想和学说,在中国近代,特别是辛亥革命之际,在进步青年中产生了极大影响作用。尤其是他强烈的反清思想像电流一般,触发了清末推翻帝制、创立民国的一代青年人。而在留日的学生中,引起的震颤,更加强烈。

> 夏峰、梨洲、亭林、船山、舜水这些大师,都是才气极倜傥而意志极坚强的人。舜水尤为伉烈。他反抗满洲的精神,至老不衰。他著有《阳九述略》一篇,内分"致虏之由"、"虏祸"、"灭虏之策"等条,末题"明孤臣朱子瑜泣血稽颡谨述"。此外《文集》中关于这类的话很多。这类话入到晚清青年眼中,像触着电气一般,震得直跳,对于近二十年的政治变动,影响实在不小。他死后葬在日本,现在东京第一高等学校,便是他生前的住宅,死后的坟园。这回大震灾,侥幸没有毁掉。听说日本人将我们的避难学生就收容在该校。我想,这些可爱的青年们当着患难时候,瞻仰这位二百多年前蒙难坚贞的老先生的遗迹,应该受不少的感化吧![①]

① 梁启超:《中国近三百年学术史》,第103—104页。

辛亥革命之际，孙中山先生在日本组织同盟会时，常常引用朱舜水反清的言论，作为革命的宣传。朱舜水常读的《礼运·大同篇》，更是孙中山先生所喜爱的，故而遇到有人向他求字，他总是题上“天下为公”四个大字。随着清末革命运动的发展，朱舜水的遗著逐渐传入中国。鲁迅先生也曾说过：“时当清的末年，在一部分中国青年的心中，革命思潮正盛，凡有叫喊复仇和反抗的，便容易惹起感应。……别有一部分人，则专意收集明末遗民的著作，满人残暴的记录，钻在东京或其他的图书馆里，抄写出来，印了，输入中国，希望使忘却的旧恨复活，助革命成功。于是《扬州十日记》、《嘉定屠城记略》、《朱舜水集》、《张苍水集》都翻印了……”①

这是因为朱舜水文集中强烈的反清言论和爱国思想在广大进步青年中引起了共鸣：人人思奋，个个感召，意图推翻清朝，创建民国。这便是朱舜水对中国近代社会发展所起的积极作用。

晚明大儒朱舜水对大明王朝呕血尝胆，至诚无息；对日本人民谆谆教诲，忠信笃敬。舜水其操守卓越古今，其德行刚毅不伪，其学究圣贤之堂，抱经济之大器，而有利于日用彝伦，有功于国计民生。朱舜水的人格如孤峰峙立万仞，朱舜水的学旨如日月灿烂彪炳，朱舜水的一生可谓精忠贯日，孤忠大节！

---

① 鲁迅：《坟·杂忆》，《鲁迅全集》第一卷，人民文学出版社 1981 年版，第 220—221 页。

附　录

参考书目

一、书籍

《春秋公羊传》
《论语》
《孟子》
司马迁:《史记》
班固:《汉书》
周敦颐:《周子全书》
张载:《张载集》
程颢、程颐:《河南程氏遗书》
朱熹:《朱子语类》
陆九渊:《陆九渊集》
王阳明:《王文成公全书》
王廷相:《王廷相集》
吴廷翰:《吴廷翰集》

黄宗羲:《宋元学案》
黄宗羲:《明儒学案》
章学诚:《文史通义》
梁启超:《中国近三百年学术史》
梁启超:《清代学术概论》
钱穆:《中国近三百年学术史》
郭垣:《朱舜水》
朱谦之:《朱舜水集》
朱谦之:《日本的朱子学》
朱谦之:《日本的古学及阳明学》
张岱年:《中国哲学大纲》
张立文:《中国哲学范畴发展史》
张立文:《传统学引论——中国文化的多维反思》
张立文:《21世纪文化战略构想——和合学》
李甦平:《转机与革新——论中国畸儒朱之瑜》
稻叶君山:《朱舜水全集》
雨谷:《义公和朱舜水关系的资料》
石原道博:《明末清初日本乞师的研究》
新井白石:《新井白石全集》
安积觉:《澹泊史论》
会泽正志斋:《新论》
山鹿素行:《山鹿语录》
山鹿素行:《圣教要录》
伊藤仁斋:《语孟字义》
伊藤仁斋:《童子问》
伊藤东涯:《经史博论》
荻生徂徕:《辨道》
荻生徂徕:《辨名》

荻生徂徕:《论语徵》
井上哲次郎:《日本的朱子学之哲学》
木宫泰彦:《日中文化交流史》
永田广志:《日本哲学思想史》
源了圆:《实学思想的谱系》

二、论文

胡行之:《朱舜水之海外因缘》
郭廉:《明志士朱舜水》
梁容若:《读梁住公著朱舜水年谱》
王宾容:《朱舜水的民族思想及其学旨》
施溪潭:《明末流寓日本的大儒——朱舜水》
梁容若:《朱舜水与日本文化》
陈克强:《朱舜水及其民族思想》
陆离:《朱舜水不回归》
陈鹏仁:《朱舜水先生在日本》
朱谦之:《朱舜水与日本》
李甦平:《朱舜水的哲学思想及其对日本的影响》
李甦平:《朱舜水的实践哲学》
中山久四郎:《朱舜水先生年谱》
石原道博:《朱舜水》
石原道博:《朱舜水十二考》

索 引[1]

人名索引

① 本索引各条目按汉语拼音字母顺序排列，同音时按汉字笔画由少到多的顺序排列，笔画相同的按起笔笔形一（横）丨（竖）丿（撇）、（点）乛（折）的顺序排列。第一字相同时，按第二字，余类推。

文献索引

词语索引

后　　记

1997年是中日建交二十五周年纪念。在这样的日子里，我们不能忘记为中日友好建桥铺路的前辈先人之一，被梁启超称为“畸儒”的朱舜水。

朱舜水是一位具有强烈爱国意识的知识分子。在明清嬗代之际，他对大明王朝真可谓卧薪尝胆，精忠贯日，孤忠大节。朱舜水是一位讲究实际的学者。他德抱经济之大器，学究圣贤之堂奥；他的著作朴素无华，却有利于日用彝伦，有功于国计民生。他还是一位传播中华文化于异邦的导师。他以诚朴和蔼的态度教诲日本人民，传中华之道脉，激东瀛之儒流，被日本人民称为是谆谆教诲、忠信笃敬的师长。……朱舜水的这些品格、精神、行为，对今人仍然是一种力量、榜样和启示。这就是笔者要为朱舜水作评传的原因。

本书写作过程中，得到了张立文教授的热忱帮助，并抱病审稿。潘富恩教授在繁忙教学之余，亦认真为笔者审稿。蒋广学教授电话教诲、赐书指导。对这些前辈老师，作为后学的笔者,深表谢意。并向这部书的责任编辑俞润生先生致以谢意。

李甦平
1997 年 6 月

图书在版编目(CIP)数据

朱之瑜评传 / 李甦平著. —南京：南京大学出版社，1998.12(2007.5 重印)
(中国思想家评传丛书/匡亚明主编)
ISBN 978-7-305-03178-6

Ⅰ. 朱... Ⅱ. 李... Ⅲ. 朱之瑜(1600～1682)—评传 Ⅳ. K827=49

中国版本图书馆 CIP 数据核字(2002)第 013574 号

中国思想家评传丛书
朱之瑜评传
李甦平 著

南京大学出版社出版发行
社址：南京市汉口路 22 号 邮编：210093
电话：025-83596923 025-83592317 传真：025-83328362
网址：http://press.nju.edu.cn
电子邮件：nupress1@public1.ptt.js.cn
南京爱德发展有限公司 印刷
开本 850×1168 1/32 印张 9.25 字数 207 千
1998 年 12 月第 1 版 2007 年 5 月第 3 次印刷
印数 2501—4000
ISBN 978-7-305-03178-6

定价：24.00 元